『同一条河流』系列丛书

涡河边的《老子》

许辉 著

全国百佳图书出版单位
时代出版传媒股份有限公司
黄山书社

目录

第一卷 《老子》感悟

上篇　道经

（共37章）

【原文】

道可道，非常道；名可名，非常名。无，名天地之始；有，名万物之母。故常无，欲以观其妙，常有，欲以观其徼。此两者，同出而异名，同谓之玄。玄之又玄，众妙之门。（共59字）

【译言】

“道”如果能够言说，那就不是恒久的“道”了；“名”如果可以说得出来，那就不是恒常的“名”了。“无”，这个可以表述天地的源起；“有”，这个可以称述万物的本根。因此，要从恒久的原生处观察“道”的精妙，从恒常的本根处观察“道”的边际特征。“有”和“无”同出一源而名称相异，它们都可以称为神秘深奥。加倍的深奥，这是前往所有精妙的总门户。

【音义】

道可道，前一个道，名词，在《老子》中有独特含义，一般可理解为宇宙的本源，事物的本义，万物的内在规则、规律；后一个道，现一般解释为言说、可以说出来、可以说明白。常，同“恒”，永恒，不变。名可名，前一个名为名称、称谓、名字，后一个名为名状之义，即说得出、称呼得出；因《老子》讲究音律，因此道可道，名可名句，有对文效果，都是说道只可意会，不可言传，《老子》盛行此种文风。无，名词，指道，或为道的别称。有，指名，或为名的别称。母，根源，根本。又有句读为：无名，天地之始；有名，万物之母。意思是天地之始时万物无可名状；能够命名时才能区分万物，但这种句读法似乎未能更紧密地将前两句联系在一起。故，因此，所以。欲，将，打算。妙，微妙，精微，精妙。徼，音

jiào 叫，边际，边界；意为所有名称都有一定的涵盖范围。玄，音 xuán 旋，黑色，引申为深奥、深远，即玄妙深远。

【重心】

寥寥数语，构建了一个哲学体系，并进行至关重要的命名。

【臧否】

极其高明的体系建构！

【困扰】

但道到底是什么？没有人说得出、道得明。

【智语】

道无形而有迹，道有迹而无踪。

【视野】

这一章是老子哲学体系的菁华、根本和源头。

从此中国和世界有了“道”的概念和体系，有了“道”的支撑，有了这一块独有独享的精神天地。

但“道”是什么？

谁也不知道。

谁能把道解释得让所有的人，或大多数人口服心服？没有谁能做到这一点。

如果真有这样的解说，那真要感谢他、崇拜他、信服他，因为是他的智慧和才华，让我们走出了困惑、烦恼和似是而非。

但如果真有人能解释得清，那也就一定不是恒久的“道”，不是老子的那个“道”了，因为老子早已说过，“道可道，非常道”，你咋还绞尽脑汁想去说清楚呢？

或者说，如果道是有章法可循的，那就不是普世的大道了，你还煞费苦心去找什么有规律有规则的道呢！

道是一种终极的道理，不是我们日常使用的一般的道理。道是一种终极的价值，不是我们日常使用的一般的价值。

道不可以说清楚；但不说清楚那又怎么知道什么是道、道为何物、如何遵道？

道无章可循；但无章可循的道又怎么可能用它去指导人生、指导生活、面对世界、顺应自然、改造社会？

道，真是一种不可捉摸的魔方、怪论、千古难解之谜！

为了绕开这个悖论，有人从句读上找出路，也是一种广开思路的探索。

“道可，道非，常道。名可，名非，常名。”

前一句语译过来就是：对道人们可以认可，也可以非议，但道本身不论人们认可与否都是恒常存在的。

哦哦，这是无数解读中的一种。

还是回到我们前面说到的悖论中去。

悖论真矛盾！

可又似乎真有道理。

道仿佛是存在、有形状、有大小、有体积、有内涵的，但又仿佛不存在、都没有、都不是、都不像。

可道又一定是有形象、有内涵、存在的，老子让我们相信了这一点，我们也对此坚信不移。可就是言说不清。真急人！

这恰是老子的高明。

20 世纪 80 年代我写诗歌、小说、散文，当时有个强烈的感觉，并写进创作谈里，就是我们的想法总是混沌不堪、丝丝入扣而且不可言说的，如果说出来，就一定是不全面、不丝丝入扣的了。

后来突然发现和老子“道可道，非常道”似乎有异曲同工、殊途同归之妙，自己的想法终于得到名人名言的“佐证”了，于是有了些许自信，发现我们所有人都面对世上相同或相似的万事万物，但我们缺少的还是感悟。

我从小到大生活在离老子家乡不远的地方，同在一个淮北平原（淮河北部平原），老子的思想已经深深进入当地人们的日常生活和习惯思维之中；或者说，老子正是从这种生活中发现和提炼出了他的哲学及思想。所以我的思维中有意无意早就浸透了老子的思想、老子的感情和老子的感悟。

因此，我自感对老子的“道可道，非常道”，有着非同一般的理解和认同。

老子的秘诀在于“模糊”。

又在于明确。

“道可道，非常道”，既模糊不清（何为道），又明确肯定（非言说）。

语言学上有模糊语言学的概念，这种语言是一种有弹性的语言，它的外延不确定，内涵不肯定，说起来不明确，用起来很有用。

比如我们说那个人很高。

“很高”是多高？1 米 9？2 米？还是 2 米 5？

但“那个人很高”这句话，我们谁都听得懂、看得明，十分简洁。

而哲学上的模糊，是概念上的明确，内容上的模糊。

哲学是关于人类对世界看法的学问，或者说是研究思想的思想。

这是一个宏观范畴。

因此老子宏观上明确，中观、微观模糊，恰恰符合了哲学的基本原则。

老子的哲学就是一套不确定、不量化、不固化、不僵化，如水随物赋形的系统。

正是由于概念上的明确和模糊、语言上的模糊和明确，“道可道，非常道”，几千年来，才得以恒久、传承、研究、丰富、迷人、征服。

绵绵无期。

【听雨花园笔记】

园长不在家。家里的“空中花园”暂时就归在我的名下啦。

立春不久，园子里不知从哪里来的小麦种子，长出了几株小麦。我们在园子里看见了它们，那时它们还小，我说是野草，园长说是小麦。我说就算是小麦也没有什么意义，几株小麦既没有商品性，也没有太多的观赏价值。但园长执意要把其中的数株小麦移栽到一个不碍事的偏荒地带去，另几株仍留在花盆里。小麦也有移栽的？没听说过。但人家是园长。多管闲事不合适，明智点，还是少言为妙，就由园长去做吧。于是这数株小麦就在园子里长起来了。现在，园长不在家，小麦长势旺盛，已经开始抽穗、灌浆了。草本的植物和蔬菜似乎都能移栽，今年早春在小花盆里育苗的无架豆和有架豆也都移栽成功了，但不知道长势和产量会怎样。

【原文】

天下皆知美之为美，斯恶已；皆知善之为善，斯不善已。有无相生，难易相成，长短相形，高下相倾，音声相和，前后相随。是以圣人处无为之事，行不言之教；万物作而弗始，生而弗有，为而弗恃，功成而弗居。夫唯弗居，是以不去。（共 87 字）

【译言】

天下都知道美就是美的话，丑就显露了；都知道善就是善的话，不善也就显现了。有和无相互依存，难和易相互成全，长和短相互对照，高和下相互依靠，音和声相互和谐，前和后相互接随。因此圣人按无为的准则做事，用不言的方式去教化；万物兴起而不刻意提倡，生养万物而不占有，培育帮助而不倚赖，功成而不居功。正由于不居功，反倒因此永存。

【音义】

天下，天下之人的略称，即所有人，整个社会。为，是。斯，则，就，那么。恶，丑，丑陋，与美相对。已，通“矣”，语助词，表示结束，肯定。相生，相互依存；生，存。相成，相互形成，相互成全。相形，相互对照，相互比照。相倾，相互依靠，相互依偎。音声相和，音与声相互和谐；音，音乐，此处或特指音乐中的主旋律；声，音乐，此处或特指音乐中的配合乐；和，音 hè 鹤，应和，引申为和谐。相随，相互跟从。是以，因此，所以。圣人，德才方面的典范人物；按照我的理解，在儒家理论中，主要以道德标准将人分为小人、善人、君子、圣人 4 个层级，老子与孔子大致生活在相同的时代，因此他们的德才标准或有相同或相近处。处，用，按照。无为，顺应自然。行，施行，按照。不言，不说话，即不发号施令。作，兴起。而，转折连词。始，提倡，启动。为，作为，引申为帮助，助力。恃，音 shì 是，倚仗，仗着。功，事业，事情，目标。弗，不。居，占据。夫，发语词；作实词用时一般音 fū 肤，作虚词用时一般音 fú 福。唯，正由于，正因为。去，离开，引申为忘却。

【重心】

事物的对立统一规律。

【臧否】

基本认同。

【困扰】

如果都能知道，那就知道怎么做了；难就难在不知道美丑、善恶。

【智语】

道有踪而无痕，道有痕而无色。

【视野】

这一章由两部分组成。

一部分说美与丑，善与不善，它们的关系相依相存。没有丑哪见得美？没有不善，就没有善。

同样的，没有无显不出有，没有难哪里有易？没有短则显不出长，没有下，才见不着高呢！没有声就衬不出音，没有后，前也不存在。

老子先说美丑，善与不善，说出美与丑、善与不善的互转关系，再引出谦虚的思想，真是了不起！

讲起来，美丑、难易、高下、有无、短长等等之间的互转和辩证关系，与谦虚的品德似乎没有必然的联系，这样的章节归分，也完全有可能是在后人的手里调整、成型。但老子的哲学开创了一种模糊的思想模式，正是在这样的模糊和似是而非的境界里，所有不同的思考领域，都可以找到联系点。

老子引出了谦虚的品德，但他并未直言，只是借生而不有、为而不恃、功成而弗居来说明。

谦虚和低调的品德，在中国由来已久，至少从老子这里开始，也已经两千多年了。

温和，仁爱，宽容，礼貌，和谐，谦虚，忠诚，淡泊，低调，奉献，闲逸，节制，勤劳，互助，好学，友好，大方，助人，孝心，感恩，公正，尊老，智慧，节俭，自尊，等等，都是中国传统的道德和精神品德。

中国传统品德，是中国人道德自信和精神优越感的源泉，是优质的非物质文化遗产。

这些传统的品德，有一些是儒家的，有一些是道家的，后来还有佛家的。

它们当然不能截然分开！但有些是儒家提倡的甚至可以说是核心思想，有些是道家提倡的甚至可以说是核心思想。在历史的演进中，它们相互促进、相互补充、相互映衬，相互完善，终至成熟。

先说一个词：谦虚。

在我的个人辞典里，谦虚起先是个上好的词，20 世纪六七十年代，“谦虚的美德”，这是全社会的共同价值观，即使在社会主义社会里，谦虚也是我们的精神支柱之一，没有人对此抱有丝毫的怀疑。

可后来，谦虚在我的辞典里变成了一个坏词，20 世纪八九十年代，改革开放初期，西方文化中张扬个性、独立自主、崇尚探索创新等理念，使我们虚空无力的谦虚变成虚伪和虚假。

再后来，2000 年新世纪以后，随着全社会物质等硬实力的高速扩张，我们的精神面貌再一次彻底改观，谦虚在我的辞典里，逐渐演变为实事求是的自信，我们一般都能对自信和谦虚做出比较适当的处理，该自信的时候，我们会尽情地表现自己，该谦虚的时候，我们也大致能够恰如其分地收敛。

如此看来，谦虚本身没有好坏之分、是非之别，但谦虚的背后必须有实力和自信作支撑，运用谦虚这一品德的时间、地点、方式、方法也十分有讲究。

“生而弗有，为而弗恃，功成而弗居”，老子以“赞”的态度谈论谦虚，认为这是谨需遵守的品德，“夫唯弗居，是以不去”，在终极的价值评判体系中，也予以最高的肯定。

这说明，老子著《老子》时是非常自信的，因为他肯定了谦虚的品德，这是他有物质的或精神的实力的外现；当然也可能是他那个时代有物质的或精神的实力的外在体现。

这是老子说这些话的潜在动因。

【听雨花园笔记】

一夜春雨，早晨起来，到听雨花园去，看见无数的蜗牛，在枯枝败叶上，在湿土地上，在植物的绿叶上，在花盆的边沿，在地面上，在墙面上，在大乌龟经常出没的墙角、小道上，在门窗的玻璃上，在所有的地方爬行。蜗牛总是在春天雨后大迁徙，我想这可能有其中的道理：雨后潮湿，借助雨水的湿滑作用，蜗牛的爬行比较容易，它们可以迁徙得尽可能远些。枇杷正在膨胀，但也有许多落果，种在大花盆里的果树，营养总是有限的啊。柚子要开花了，少数花蕾已经绽开了洁白的花瓣，有丝丝的香气飘散。

【原文】

不尚贤，使民不争；不贵难得之货，使民不为盗；不见可欲，使民心不乱。是以圣人之治，虚其心，实其腹，弱其志，强其骨。常使民无知无欲，使夫智者不敢为也。为无为，则无不治。（共 67 字）

【译言】

不崇尚贤才，使老百姓不因此而竞争；不珍贵难得的财物，使老百姓不因此而成为强盗；不炫耀足以引起欲望的事物，使老百姓的心思不迷乱。因此圣人治理天下，会让老百姓没有过多的想法，让老百姓肚子吃饱，让老百姓的志向弱化，让老百姓的身体强壮。永远让老百姓没有判断力没有欲望，让那些有才智的人不敢妄为。用顺应事物规律的原则去处理事务，就没有治理不好的。

【音义】

尚，崇尚。贤，道德水平高的人，或有才干的人。不贵难得之货，意动用法，不以难得之货贵；贵，珍贵，重视，过分看重；货，财物。盗，偷盗，强盗。见，音 xiàn 线，同“现”，显露，显示，炫耀。可，能，能够，足以。欲，欲望。虚其心，使动用法，使其心虚；其，代词，指百姓；虚，减少；心，欲望，思慕，想法。常，永远。无知，对事物没有判断分辨能力；知，音 zhī 织。为，作为，或可引申为妄为，为所欲为。为无为，以无为的原则去做事。

【重心】

老子式的统治术。

【臧否】

有条件地不认同。

【困扰】

到底怎样才是好的治理方式？

【智语】

道有色而无味，道有味而无有。

【视野】

哦，这是老子式的政治统治术。

从所有的价值层面看，老子的思想与我们400多年来（以意大利传教士利玛窦在中国为标志）学习、吸收和消化的西方文明的价值体系，表面看都是冲突的。

治理社会的，一直是儒教的理论，是儒家的价值观、方法论。老子仅在《道德经》中提到了“江海”而不是“河山”这样非中心主义的词语，就经常不受统治阶级的待见，就经常被边缘化或民间化。

一直以来，管理中国社会的是儒家，儒家以什么样的世界观、政治观和社会观管理社会，并不以老子的意志为转移。当然，根本上也不以儒家的意志为改变，那是控制着亚洲东部这块大土地的“道”决定的。

但又说回来，老子的思想虽然经常不受权势的待见，可他毕竟用言语介入了政治，并且表明了他的统治术，这就可以看出，《老子》不仅是一篇哲学文章，还是一篇有政治内容的大文章。

老子说不尚贤，不贵难得之货，不见可欲，让老百姓四肢发达头脑简单，以前有批判文章斥之为“愚民政策”。这种批判很直接，也没有办法否认这种批判。

可是，我们总不愿把老子这样的智慧化身想得像我们这么简单、粗陋。

老子不可能目光这么短浅，他的话一定是大有深意的！

那我们就尽量往远里猜。

那就是说：短时间内是看不出老子的政治观介入社会的效果的，如果老子的观点能够成为政治治理的准则的话，只有长远才看得出它的奇效。

道既是一种实体，也是一种抽象；既是一种标准，也是标准的对象；既是运动员，又是裁判员；既是深度，也是广度；既是时间，又是空间；既玩虚的，也来实的……人类的所有哲学、所有思想、所有宗教、所有有关道和宇宙观的学说，都不及其九牛之一毛，都不可攀附。

所谓的在做的关于道的研究、在探究的关于道的学问，都只不过是在“做”，都只不过是托词，都只不过是呆腐，都只不过是饭碗，都只不过是人类的装模作样、假模假式？

所以我经常觉得，老子的教导是不可以钻牛角尖的，老子的思想是不可以浅薄面对的，老子的哲学是不可以过于认真对待的。

老子确实老辣！

老子的哲学绝对“圆滑”！

在老子的哲学和思想面前，控制得不好的话我们将获益匪浅，控制得好的话我们将可能获益匪浅。

但不管怎么说，这都说明老子思想能量的强大。

你只要接近它，你就将被它沾染、辐射、同化。

【听雨花园笔记】

含笑盛开，听雨花园里香瓜或者香蕉的香气十分浓郁。呵，真香！真香！真让人愉悦！韭菜移栽后长得绿油油，地下的土松了、厚了，也肥沃了。白兰的叶子长得可真宽厚，它占用的面积也越来越大，逐渐成为一个要解决的问题。酒瓶兰在哪儿都能快速生长，它的大球根吸满了水分，二三十天的干旱奈何它不得哩。从花园里可以稍微地居高临下看到城市的中层和下层，这让人有比较宽敞的视野感，也让人有一点掌控欲，毕竟这与处于地面的状况有所不同，在地面活动的人都处于最低层。所以，差异是无所不在的，因为人的心态会随时随地发生变化。

【原文】

道冲，而用之或不盈。渊兮，似万物之宗；湛兮，似或存。吾不知谁之子，象帝之先。（共30字）

【译言】

道虚空无形，但使用起来无穷无尽。深邃啊好像万物之根本；隐而不现哦，又仿佛是实在和存在的。我不知道它是谁生的，它好像位尊于天帝之前。

【音义】

冲，虚空。或，又；或在古代汉语里，常用几义，一义为代词有人、有的，一义为有时，一义为有，一义为副词又。不盈，不满，不穷，引申为无穷；盈，满，充实，此处或引申为尽。渊，深远，深邃。宗，根源，根本。湛，深幽，隐没，不现。似或存，好像存在，似乎存在。象，好像，似乎。帝，天帝。先，前；根据前文谁之子推论，此先似应引申为先人、前人，即祖先义。

【重心】

道何生？何来？何象？何形？

【臧否】

精彩的文学式的描述，精彩的文学式的模糊。

【困扰】

在这里不禁要向老子提问：道，到底是什么？

【智语】

道有有而无无，道有无而无有。

【视野】

这是对道的赞叹。

以现在的文体观来看，《老子》是散文诗，是哲理性的散文诗。当代散文诗兼具散文的形式和诗的节律与内蕴，《老子》符合这一文体特征。

《老子》文字简炼，经常省去虚词等句子成分，还发挥想象，进行描绘，创造意境，很与诗的形式接近。

当然，《老子》本来就是韵文，或可能是有意识的韵文。韵文不一定是诗，但古诗一定是韵文。

也可能是由于当时文字留存条件的限制，客观上造就了它散文诗的意味与形式。摇头晃脑地吟起来：

道虚空无形呢，

但使用起来无穷无尽。

深邃好像万物之根本啊，

却又隐而不现，

它仿佛是实在和存在的，

我不知道谁生了它，

它好像是天帝的先祖呢，

天帝之先祖……

韵味无穷！

散文诗的写作有其内在的和表面的特点。它多属于灵感式写作，想到一段，就写下一段，受到事物的启发，就即兴写下一段；可一日数章，也可三天不写，五天不言；可以集中于一个主题，也可以想哪写哪，全无定规、定法。

譬如《老子》第四章论“道”，第三章言术（统治术），第二章谈哲理，第四章以后还分别谈了军事、养生、政治、修身等等。

这种灵感式或碎片化写作，十分灵活，也十分有文体感。

这样的文体看起来简单，实则对作者功力要求极高。没有深邃的内涵、思想和感悟，文章多会简单地重复，寡淡而无味。

好的散文诗创造出深阔的意境，缓缓上升，达致一种渺远的境界，似梦如幻，若实又虚。

对喜爱的东西，要反复把玩，才能得其妙。这或又是孔子知之者不如好之者，好之者不如乐之者的意思。

但，道，到底是什么？

我们还是不知道。

所谓缄默知识，就是不开口说话的知识，就是我们能感觉到，但说不出来、说不明白的知识，是一种隐性知识。

老子把缄默知识推向了极致！

【听雨花园笔记】

又有了半天在家中的闲暇时光，我走进听雨花园，在非凉非热的温度下，左看看，右瞧瞧，视察着多日不见的“熟人们”。园长远足北美，这段时间可就是园丁我在家中、在花园里称王称霸的时光啦！对园中琐事，我有三宝：多维持，不更动，任其长。哈哈，吉人天相，我持三宝，到时移交，不多不少。枇杷还在发青、膨胀，少数的几个稍稍现黄，不过园长不在家，关爱不够，枇杷结得少，落得多，留在树上的已不足20颗。新栽不久的红芋和茄子都在缓苗。含笑花继续盛开，香若香蕉、香瓜。柚子花已经大开，洁白如玉，香气扑鼻。

【原文】

天地不仁，以万物为刍狗；圣人不仁，以百姓为刍狗。天地之间，其犹橐籥乎？虚而不屈，动而愈出。多言数穷，不如守中。（共45字）

【译言】

天地不讲偏爱，把万物都当作祭祀用的草狗来对待；圣人不讲偏爱，把百姓都当作草狗来对待。天地之间，不正像风箱一样吗？空虚而无尽，愈鼓动愈多出风。说多了就会败竭，不如执守清虚。

【音义】

仁，仁义，仁爱，引申为偏爱，私爱；仁爱、仁义是儒家推崇的社会道德标准，对天地来说没有意义，天地也不可能受人类社会道德规范的约束。以，介词，把，用。刍狗，祭祀用的草狗；刍，音 chú 除。犹，好像，如同。橐籥，音 tuó yuè 驼月，风箱；古代风箱大致由风囊和送风管两部分组成，风囊里看似空无一物，但里面的风是永远用不完的，由此作比。屈，尽，枯竭。愈，更加。多言，说得多；就像两人谈话，说得多了往往就没了话题；或引为政令过多就没有招数了。数，或有几解；一解为运数，音 shuò 硕；一解为屡次、多次，音 shuò 硕；一解为通“速”，加快义。穷，尽，竭，困窘。守，守持，保持。中，通“冲”，虚空，虚静，清虚，即无为。

【重心】

天地自然，理性优先。

【臧否】

对前一段完全认同。对后一段有条件地认同。极其精彩的一章。

【困扰】

理性有没有边界？

【智语】

道有有而无味，道有味而无色。

【视野】

老子在这一章的第一部分里谈论“理性”，言简意赅，无人可比。

他又点到为止，不谈第二次。从此后各章中，再也找不到相同或相似的话题与内容。

真是奇怪。

非常奇怪！

老子为啥冷不丁地冒出来这么几句话？

让人防不胜防。

也令人刮目相看！

钦佩至极！

《老子》许多章节中的感性、文学性、模糊性、不确定性，全面压盖住了这一章的理性色彩。这也是人们总认为中国人重感性不重理性、没有理性传统的错误看法的一个根源。

什么是理性？理性就是看待或对待事物时采用判断、推理、规则、冷静和逻辑的方式，是逻辑推理的能力。

什么是感性？感性则是看待或对待事物时采用感觉、感情、印象、情绪的方式，是感觉、感受事物的能力。

理性的结果可以成为后事的参照，因为那是有规律、可量化、可分析的；而感性的结果无法成为后事的参照，因为那是无规律、无法量化、无法分析的，独一无二。

在我们的一般印象或一般感性里，理性更多是西方文化的优良品质，感性更多是东方和中华文化的特性。

从某种意义上看也的确如此。

西方由商贸经济培育出法制和理性文化，不讲究规则，不冷静妥协，不讲究理智对待，商贸的体制就无法维持下去。

而中国灿烂成熟的农耕靠天吃饭，古代的中国人已经在某种程度上了解了“天”，甚至在某种程度上“战胜”了“天”，例如我们兴修水利，疏导江河，养活了超级多的人口。

但是更多的还不是成就，更多的还是我们遭受“天”的戏弄、惩罚甚至毁伤；所以“天”对中国人来说，神秘莫测，不可解释，具有压倒性的优势，人是难以找到“天”的规律的，虽然“天”一定会有自己的规律。

老子论“道”，总是说道不可言说、道好像有形象又好像没有形象、道好像有大小又好像没有大小、道好像有深浅又好像没有深浅，都是凭借感觉和感悟。

甚至孔子都说“逝者如斯夫，不舍昼夜”，倾向于情绪和审美。

虽然理性能否最终压倒感性还不可臆测，但至少在我们这个时代，理性似乎是更需要占有的品质。规则、条理、冷静，常常是一个人最优良的修养，也是社会协作最不可或缺的要素。

好在，老子不仅有超级的感性，还有超级的理性。这使我兴奋万分，钦佩万分！

天地不仁，以万物为刍狗。天地不讲什么私情偏爱，它对待所有的事物，都一视同仁。

岂止是简单的理性，这种理性已经成为工具那样清醒和冷静的理性了。

如果我们摒弃西方所谓工具理性概念的种种历史和附着，那我们可以说，在此前数十年前的中国，我们所需要的，正是这种最大化地关注结果、无奈和适当牺牲部分价值观以及道德精神的工具理性；从另一个意义上说，这也就是有价值的价值理性。

这是一个动态、不息的过程。

老子的言说，为我们弥补了一个重大的民族品质缺失。

我最喜爱这一章的“理性”！反复多次地诵读也诵读不够，翻来覆去地品味真是一种莫大的享受！真是直抒胸臆，畅快万端！

该怎么做，就怎么做，不讲私情，不恋俗情，不溺感情，这正是传说中的理性呢！

这样是一定能做成大事的！

《老子》有理性，有感性，体现了《老子》对现实和思想复杂性的深度把握。

【听雨花园笔记】

园子里的一棵金银花突然盛开、怒放，让人吃了一惊，然后便且惊且喜。这棵金银花与书房外的金银花不是一个品种，书房外的金银花叶脉紫红，开出来的花，外表也是紫红的；而这一棵，叶脉是绿白色的，开出来的花，大而白。这段时间，园长不在家，而这棵金银花，打花苞时被我看在眼里，便暗暗地，每次都耐心地多给它浇水，于是就出来这么一个爆发式的集中开放。只见整个的一棵金银花树，一堆儿白，一堆儿黄，满满地裹了一大片。白的是初放的，黄的是经夜的：金银花所以叫金银花，正因为它会有这种变化，白的是银，黄的为金。一拉开空中花园的大门，香气就扑面而来，既是清淡的一种香，又是醇甘的一种香，百吸不厌。人到底是在森林里摸爬滚打进化来的，见到植物，就快乐得不得了。

【原文】

谷神不死，是谓玄牝。玄牝之门，是谓天地根。绵绵若存，用之不勤。（共25字）

【译言】

生养万物的神灵即道是永恒久长的，这就是深远莫测的母体。深远莫测的母体之门，就是天地的根本。连绵不绝如此存在，愈产愈出永无止息。

【音义】

谷神，天地万物的生养之神；谷或既指谷中河流，又指山谷，即两山之间水流、水汽、气息、生物等的通道、聚集地、滋养地；因谷位下，因而又具善下义；一说谷神为道的另称；一说谷神及下文的玄牝均为老子独创的有特别含义的名词；老子对谷格外亲近，《老子》中多次以谷作喻，并将谷的地理内涵提升至哲学层面。是，指示代词。谓，叫，叫作，称为。玄牝，生养万物的母体；玄，玄有黑色义，又有深奥义，老子将玄义提升至哲学层面，以此表示道的深奥神秘；牝，音pìn聘，雌性，一般指雌鸟雌兽。玄牝之门，天地万物的生养之门，这是一个比喻性的说法。根，来源，根源。绵绵，绵延不绝。勤，穷，尽，竭。

【重心】

道为母本。

【臧否】

不持立场。

【困扰】

万物终极的根源到底在哪里?

【智语】

道有色而无痕，道无痕而有踪。

【视野】

这一章，老子谈的是通道、门径与源泉。

老子既谈天地根本、万物规则，又谈通道、源泉和正统。

在《老子》第一章中，玄之又玄，众妙之门，也说的是通道、来源与源泉。

如果我们把这些词语用点和线联系起来，可以得到这样一幅图景：线性的通道进入母体之门这个节点，进入深远莫测的母体，经过无穷无尽和连绵不绝，终可达致那天地根本、永恒长久，即正统和不朽。

哦，我可能自己都不知道自己在说什么哦，也似乎更不可能自圆其说。

但我又认为自己说得处处在理，很有道理，仿佛讲出了万物的根本。

在老子的掌控下，我好像着了魔一般，经常不知所云、胡言乱语一番。

这又是老子的厉害：洗脑、净身术。

被他掌控了，就没有办法了。

可这倒是我自愿的，怪不得人家老子呢。

读《老子》等古籍，感悟甚至比理解更重要。感悟到了，说不出来，那有可能是“常道”；感悟不到，又要勉强说出来，那是“非常道”；感悟到了，又要尽力说出来，那是世界上最大的难事。

你看，我真是一个地道的东方人，看问题、看事物，不由自主就谈起感觉、感悟了，很难一出口就改成理性加逻辑。

美国有一位心理学家尼斯贝特做了一个试验，他向参与试验的人提供了一幅图画，这幅图画的左边是一只鸡，中间是一头牛，右边是一片草地，问题是图中哪两种事物最相搭？

我把答案捂住，凭感觉认定牛和草地最相搭。

看了结果我才知道，东方人多认为牛和草地最相搭，而西方人多认为鸡和牛最相搭。

我很吃惊！感觉奇怪！用中国人的眼光看，牛吃草，草地上有牛，这是最日常的景象，而鸡和牛则是风鸡牛不相及啊！

尼斯贝特总结说，这就是东西方思维的差异，东方人关注的是因果关系，牛吃草，草地上生长着牛羊；而西方人关注的是事物的属性，鸡和牛都是动物，这是它们最大的共同点。

我现在说读中国典籍时，有时候感悟比理解更重要，这还不是道地的东方人、中国人的思维定势？

怪就怪老子。老子比我们辈分长、智商高，假若我们得了成功，那是我们自己努力的结果；假若我们得了失败，那就推到老子、孔子、墨子、管子、庄子等先辈们头上好了。

但也确须如此（有时候感悟比理解更重要），才能更好地读懂中国的古典。

当然，以感悟、感情、感性看事物、看问题，和用理性、用逻辑看事物、看问题，谈不到孰优孰劣，关键要看用得在不在正确的时间、正确的地点、正确的环境、正确的节点。

但谁又能保证自己把握正确的时间、地点、环境和节点？

所以，人类办事不周全这是常态；人类办事周到而全面，那既不可能，也不合“道”理。

【听雨花园笔记】

哦，花盆里和移栽在地里的那几株小麦竟在陆续黄熟。最黄的那一株也许是秆高易摧的原因，从生节处折倒了，倒在靠近地面的一棵长势青翠的莴笋上，莴笋则用它肥厚实在的叶丛捧着它。我赶紧跑过去，扶起折倒的麦秆，让它直起腰身，能够接受更多的阳光和微风。金银花仍在开放，香气四溢，提神醒脑，让人愉悦而又兴奋，感觉到生活的美好意义。留而未弃的唯一的一盆夜来香，冬天放在楼上客厅里，仲春搬它出去时，发现它竟然前所未有地枯“死”了。园长说没关系，地上部分死了，地下还会长出新苗来，用塑料布蒙上花盆口，留一些小洞，如此可以提高地温，使地下的萌芽早日破土而出。果然，它现在已经从塑料洞里长出一根长的和几根小的新苗了，且深绿，且幽然，生机勃勃。

【原文】

天长地久。天地所以能长且久者，以其不自生，故能长生。是以圣人后其身而身先，外其身而身存。非以其无私邪？故能成其私。（共49字）

【译言】

天地长久恒寿。天地所以能够长久恒寿，是由于它们不是为自己而生，所以能够长生久存。因此圣人置身于后，却能被众人推前，把自己的存在置于度外，却能保证自身的存在。这难道不是由于他无私吗？因此能够成全他的自我。

【音义】

不自生，不为自己而生。是以，因此，所以。后其身，置身于后。身先，置身于前。外其身，将自己处于考虑之外。身存，自身存在。私，自身，自我。

【重心】

无私可以久长，谦逊方能永寿。

【臧否】

有条件地不认同。

【困扰】

低调和进取，孰优孰劣？

【智语】

道有踪而无迹，道有迹而无谓。

【视野】

古人的一句话，几句话，或几个词，就能造就今人的一种思想体系，一种观念观点，一种方式方法，一种道德规范，或一种进退精神。

“上善若水。水善利万物而不争”（8 章）；“人法地，地法天，天法道，道法自然”（25 章）；“道常无为而无不为”（37 章）；“道生一，一生二，二生三，三生万物”（42 章）；“为无为，事无事，味无味”（63 章），莫不如是。

为什么会这样？

我想，一是由于我们现在所读的古文，都是千百年筛选后留下来的，既然能留下来，自然是值得品味、值得研究、值得重视的。

二是古人离天地万物的物理和心理距离应该更近一些，那时城镇小，建筑少，人口稀，周围都是“万物”，不需要像今人，想接近自然时，须穿过重重人工的和心理的藩篱，还不一定能够到达。

所以，那时候的人，能说出离天地万物更近的话，似乎是有得天独厚的条件的，虽然他们表达出来的思想显得很朴实，但自然而然，更接近于天地万物，更接近于“道”。

这是外部的因素。

如果我们今天出不来大的哲学家和思想家，怪只怪我们今天的生活、思考环境不如古人离天地近。

这是“肯定”的。环境决定思想，没有相应的物质环境，没有相应的生活背景，没有相应的知识视野，很难或根本不可能取得相应的成功。

说我们今天出不来大的哲学家和思想家，既不符合现实，也没考虑标准的统一，其实只是想引出一些话题来。今人的智慧并不比古人智慧浅，今人的智慧也不比古人智慧少。但如果遵循“道可道非常道”的原则，那人类还有表达的可能吗？

这是两个层面的问题。

一个层面是言语的反和正是无穷无尽的，是说不完道不尽的，我们在言语上的“理屈辞穷”，并不表明“理”真的“屈”了，而只说明“辞穷”了，如果我们的视野足够宽，修养足够深，认知足够精，理就不可能屈。当然，人类的视野永远只能是相对足够宽，修养相对足够深，认知相对足够精，不可能视野绝对足够宽，修养绝对足够深，认知绝对足够精。这也正是“道可道非常道”的道理：能够说出来的，就一定说不清楚，就一定不是恒常的那种“道”，恒常的“真理”都不可言说，或不可明说，说不清楚。

另一个层面是人类已经约定俗成，建立了一整套相互间能够理解、体会、明白的话语体系，这种体系不可能完整、完全体现“道”，但完全可以在这个框架下生存、发展、进步。这就是“道可道”与“道不可道”的矛盾统一。

事物本身没有是非对错之分。

是非对错的观念，都是人为的标准。

【听雨花园笔记】

园子里，小麻雀叽叽喳喳，攀在正要黄熟的麦穗上吃小麦。呵，这还了得，园长知道了对谁都不好！赶紧对它们嘘嘘几声，它们噗噗都飞了，调皮样十足！在窗户玻璃上发现一些刚出生的极小极小的蜗牛，自我粘固在玻璃上。它们受到本能的驱使，爬到窗户玻璃的尽高处，粘在玻璃上，凝固在那里了。我动手把它们取下，放进湿润的花盆里，可有时觉得太远，够不着，只好作罢。凝固在玻璃上的蜗牛，不知道再下雨时，能否离开原地并找到适合生活的地方（有花草植物的地方）。从宏观的角度看，蜗牛们的迁徙是必要的，因为它们四散而往，会因此而找到新的生存地，它们的种群也会扩大，你找不到，它可能会找到，这一批找不到，另一批可能会找到，这一群失败了，那一群会成功，也总会有成功者。但对于蜗牛个体而言，走错了路径，就可能付出生命的代价，而又一定会有走错路径的失败者。这真是没有办法的事情。

【原文】

上善若水。水善利万物而不争，处众人之所恶，故几于道。居善地，心善渊，与善仁，言善信，政善治，事善能，动善时。夫唯不争，故无尤。（共50字）

【译言】

上善之人像水那样。水滋利万物而不与之争夺，位处大家不愿意待的低洼地，因此接近于“道”。姿态谦卑，心境如渊，交结仁善之人，说话遵守信用，为政精于治理，处事因物成形，行为合乎时运。因为不去争夺，所以没有过失。

【音义】

上，上等，上品，高级。善，美好，完善，引申为美好的品德、行为、形象；一般都将善解读为善人，这或是根据下文推断而来；但如果上善若水后为句号，把上善若水理解为上等的善像水那样，或更符合先秦文句的多义性；从社会实践看，人们一般会单独引用上善若水句，这说明人们既可能把上善若水句解读为上善之人像水那样，更可能把上善若水句解读为上等的善像水那样。善利万物，善长于利万物；善，副词，善于，善长。处，位于，处于，置身。所恶，讨厌的地方；所，代词；恶，音 wù 务，讨厌，不喜欢。故，因此。几，音 jī 机，近，接近，相当，差不多等于。居善地，以居于低洼地为善，以下六言句式同；因为水往低处流，水是居于低洼处的，而居于低洼处就既是水的特性，也是水文化所提倡的美好品德；肯定居于低洼处好，并非说人一定要居于地理上的低洼处，而是说人的心态要一直停留在谦卑低调的位置才好；居，居住，处于。心善渊，以心境如渊为善；内心，心态，心境。渊，深水，此处指内心深远沉静。与，同“予”，给予，引申为交友，结交。仁，具有道家而非其他价值观的人。政，行政，施政。治，治理，管理。事，做事，处理事务。能，灵活变通，胜任有余。动，行动。时，时机，时运。尤，过失，过错。

【重心】

润物随形，上善如水。

【臧否】

基本认同。引入水的概念使本章精彩不已。

【困扰】

感觉有理，但能做到却极不易。

【智语】

《老子》不乏包容性，但《老子》更充满了主体性。

【视野】

这一章是《老子》的思想核心之一。

这一章的核心，是舍弃阳刚，选择阴柔。

但这里的阳刚、阴柔，都充满了辩证法、包容性和主体观。

因为水本身就含柔蕴刚，载舟覆舟，柔情似水，灭顶之灾。

你理解它消极，它就十分消极，与世无争；你理解它随物成形，它就因地制宜，识时务而俊杰；你理解它刚强，它就无往而不至，掌控全局。

水是有历史的，河流，湖泊，山泉，都有历史。

譬如，老子生活时经常走来走去的涡水，已经发生了不少变化，这些变化即为这条河的历史的内涵。

水的历史也是人类与水互动的历史，是人类观察水、体验水、感悟水、认识水、利用水、管理水、防范水、治理水的历史。

不过这又回到了“人类中心主义”的话题。

“文革”时期，我们在学校搞大批判、大辩论，“文革”后期，我们到农村搞农业学大寨宣讲、搞大批判，再后来到农村插队，那时谁也不会对唯物主义特别是辩证唯物主义提出疑问，唯物主义是唯一正确的哲学思想。

物质，比如石头，一定是客观存在的，不会因为人的认识、承认与否而转移，你承认它，它存在，你不承认它，它比你祖宗的历史还长，你承认不承认，无伤大雅，并不影响它的存在。

但现在说到水的文化、水的历史，认为它的历史是因为与人有互动、有了人的观照才开始的，这还不是明显的唯心主义？

可这也不能说没有道理。

历史和文化，都因为人的存在才存在。没有人类的眼光，那所有的事物对人类而言都不存在。

如果它竟然还存在，那肯定就不叫历史和文化了，可能会称作××。

所以万事万物极其复杂，没有多种解读工具、思维机制、方式方法，那是没法搞定的。

当然，就是有了多种解读工具、思维机制、方式方法，也肯定无法完全和最终搞定。因为老子已经明确指出，能说明白的道理，就不是真正恒久的道理。

但有了总比没有强，多了总比少了强。

一个最典型的例子是象征人类学关于乳房的看法：

在婴儿的眼里那是食品，在商人眼里那是商品，在男人眼里那是性品，在政治家的眼里那是可以利用的机会，在医生眼里那可能是病灶，在顽固派的眼里那是万恶之源，在艺术家的眼里那是美。

乳房还是那个乳房，但在不同的视角里，它大多都不是乳房。

乳房并没有改变，改变的是人的眼光。

水的情况也是如此。

我们看到的水和别人看到的水不一样，我们在A时间和B时间看到的水也不一样。

长江北岸望江县有个武昌湖，湖水来自大别山区，湖面很大，水质很好。

我们乘快艇去下湖看荷、采莲、亲近夏水、聆听鸟啼。

又返回岸上，喝茶聊天。

渔业公司老总的一段话让我印象深刻。

我说，江淮地区的荷花一般都是六七月份开放，现在来确实有点晚了，所以看到的荷花很少，也有残败之感，想看荷花盛开，大概得明年了。

这是我的经验表述，因为我时常在野外走动，对荷花开放的大致时间，还是有个一般的概念的。

老总说，你说的是塘养的情况，塘养的荷开得又大又鲜，开得也早；如果是湖里野生或半野生的荷，一般都开得晚一些，花也开得小一些；像我们这里的荷，今年才刚开第一次。

为什么野生半野生的湖荷会开得小些？难道荷花还会分几次开？

老总说，塘里的水位是固定的，营养是充足的，所以花开得大，开得艳些；湖里的水位不固定，比如今年上游来水早，而荷花一定要在水面上才能开放，水上来了，荷花就要先把茎长出水面，再开花，它的营养都消耗在茎秆上了，花自然开得小些。

哦，原来如此！

荷花能获得的资源总是有限的，用在茎秆上多些，用在花上就会少些。

所以，我们看到的湖面，和老总看到的湖面，并非同一个湖面；我们看到的荷叶，和老总看到的荷叶，也非相同的荷叶；我们看到的荷花，和老总看到的荷花，根本不是同一种事物。

我们看到的无非是荷花，而老总看到的荷花，不仅仅是荷花，还有水面下的茎秆、上游的来水、半月或一月后荷花的再次开放。

哦，“道”无穷无尽。

水的“道”也无穷无尽。

【听雨花园笔记】

看见花盆的一角冒出一片荷叶似的小小叶片，这是毛芋头呢，一定是上年起挖时遗留的地下根茎，今年又自个儿生根长叶了，哪儿用别人的督促呢！着紧儿把它挖出来，移栽到水肥土厚的亮敞地，今年它们也一定能长得棒棒的！别处还有没有相同的遗留呢？转圈儿寻找，果然又找到一个，把它移栽到前一棵的附近，这样，它们就可以“协同进化”啦。

【原文】

持而盈之，不如其已；揣而锐之，不可长保。金玉满堂，莫之能守；富贵而骄，自遗其咎。功遂身退，天之道也。（共40字）

【译言】

与其一直保持满盈状态，不如趁早停下来；捶击使它锐利，不能保持久长。金玉堆满堂室，没有谁能守得住；富贵而骄奢，自己给自己种下了灾殃。功业成就后适时而退，才符合天地规律。

【音义】

持，或有两义，一义保持、维持，即一直保持满盈状态不放弃；一义手持、握持，即一直握持到满盈的状态。盈，满。已，停止、结束。揣，音 zhuī 追，捶击，锻打。锐之，使它锐利。莫，没有人，没有谁。之，代词，指金玉。骄，骄傲，骄奢。遗，招致。咎，灾祸。功，事业，事情。遂，成。

【重心】

物极必反。

【臧否】

有条件地认同。

【困扰】

那生活的目的又是什么呢?

【智语】

道有谓而无形，道无形而有象。

【视野】

《老子》似乎想到哪里，就讲到哪里。

《老子》并非同一个主题和内容。

用现代的文体去套，《老子》除了像散文诗外，还像智语体，虽然有内涵串接，但跳跃性也很大。

《老子》总的言论范围和语文特点，就不外乎“道”，还总要用水做喻，对天地情有独钟。

对社会的治理，对百姓的管理，人与自然，人与人，宇宙哲理，都在其中。想到了，就记录下来，成为文体。

老子在这一章里，谈的是价值观和人生之道。

所谓价值观，就是你认为什么是对的，什么是错的，什么是好的，什么是坏的，什么是值得的，什么是不值得的。

所谓人生之道，就是人生为人处世，要怎样去做，要怎样不去做。

适可而止、物极必反，就是老子在这一章里的价值观和人生论。

老子的价值观和人生论，多为现在的我们所接受。

适可而止、物极必反、如水处下、弃刚取柔，皆成为我们的精神遵循，思想指导。

但是，老子的这些价值观和人生论，2000 多年来，只解决了它的精神合法性，并没有解决它的政治合法性，至少从表面上看如此这般。

没有人愿意过刚而折，也没有人愿意适可不止，在我们的精神世界里，这都是我们自觉的守则，也是我们的经验积累。

可是，在政治现实也就是社会管理上，没有人能停得下来，或者似乎没有人能停得下来。

大概所有精明的政治家都明白适可而止的价值和意义，但是停下来并不容易。

西方文化更是一种停不下来的文化，至少现在还是一种停不下来的文化。

进取和探索的文化精神、道德提倡，如果停下来了，那就不是西方文化了，那就不知道是什么文化了，也许最多只是改良或修正主义的西方文化。

虽然我们现在还说不清楚是西方的进取精神最终合法、适道，还是老子思想最终合法、适道，但如果西方文化想适当地慢下来、停下来，它最应当读读《老子》。

当然，停不下来有《老子》的问题，因为它没能自主解决政治合法性的问题。

但这主要不是老子的问题，而是我们这些学生的问题。

《老子》或许是一门只管理论、不问实践的学问。它有标准在那里，你怎样领会，怎样执行，领会得怎样，执行得如何，那都是你自己或你们自己的事。

你或你们的水平高下与老子的水平高下，并无关系，《老子》是不会承担任何连带责任的。

【听雨花园笔记】

一场豪雨过后，听雨花园空气清新，土壤滋润，枝青叶茂。春雨贵如油。农耕文明的俗语既生动，又形象，还深玄。前两天气温有所升高，但一场雨过后，温度又有所下降。春温不定，这是季节的常态。在很大的花盆里养着的小些的乌龟大都钻进湿沙中去了，湿沙里避风躲雨，安全可靠；而大乌龟则在花盆后和落满枯枝败叶的小道上出没，不过它们现在还不太想进食，毕竟它们在生理上属于变温动物一类，没有持续的较高温度，它们身体的机能无法高速运转。在花盆和田地挡板组成的小道十字路口，我蹲下来拦住正在小道上漫步的几只大乌龟，和它们说些似懂非懂的话，它们歪着脑袋，佯装聆听，十分配合。我突然发现，小三子的双眼蒙上了一层白雾，哦，又有炎症了，这样会影响它的视力呢，得赶紧治疗。这时手机却响了。我去接手机。但我心里叮嘱自己：得想着这件事，得抓紧给小三子治疗呢！

【原文】

载营魄抱一，能无离乎？專气致柔，能如婴儿乎？涤除玄览，能无疵乎？爱民治国，能无为乎？天门开阖，能为雌乎？明白四达，能无知乎？生之，畜之。生而不有，为而不恃，长而不宰，是谓玄德。（共70字）

【译言】

守持精神与形体合一，能够不分离吗？聚合精气归致平和，能够达到婴儿那种状态吗？清除内心的芜杂，能够没有瑕疵吗？爱护民众治理国家，能够顺然而为吗？感觉器官和外界接触，能守静柔弱吗？明事理通四方，能有无知之明吗？生长万物，养育万物。产生万物而不占有，为万物做许多事而不自恃有恩，滋养万物而不主宰，这就是深远无边的至德。

【音义】

载，承载，守持。营魄，魂魄，灵魂。抱一，合一，指精神与身体合一，一即道。无，不。專气，聚合精气；專，集聚，聚合。致，达到，归于。柔，平和，柔顺。涤除，洗涤，清除；涤，洗。玄览，幽深的镜子，此处指丰富而深邃的心镜；玄，深远；览，镜子。疵，音 cī，缺点，毛病。天门，眼、耳、口、鼻等人体与外界相通的门户。阖，音 hé 合，闭，关。雌，喻柔顺平和。明白，明事理。四达，四方通达。无知，自认无知。畜，音 xù 序，养育。有，自有，占有。恃，倚靠。长，音 zhǎng 涨，滋养。宰，主宰。是，此，这。谓，叫作，称为。玄德，至德，达到极致的德；玄，深远；德，德行，品德。

【重心】

至德的标准。

【臧否】

这是言行的规则，理应守持。

【困扰】

老子的疑问，也是我们的疑虑。

【智语】

道有象而无门，道有门而无径。

【视野】

老子的思维不但有线性、有面性，还有立体和杂糅。

人法地，地法天，天法道，道法自然，这是一条线，因果关系，一环接一环，一环连一环，环环相扣、相衔。

无为、守静为面，是普遍真理，在为人处世、治国理政中，都要坚持不懈。

清静如婴，谦虚恭敬，奉献万物，适可而止，天地理性，宠辱不惊，立体而杂糅。

对《老子》的接受，因年齿而更迭，甚至有巨大的对立性的转变。

50 岁以前我读《老子》，尽是反面意见。认为老子的观念，和当代社会现实，完全对立，完全行不通。

如果真照老子的理论行事，不在社会上撞得头破血流才怪呢！

后来随着年龄的增长，慢慢地，觉得有一些观点，是可以接受的了。

聚合精气，归至柔顺，50 岁以后就渐渐看得清了，万事万物着急不得，欲速不达，着急则上火呢。

因为天地万物，都是永恒的，以短暂、急促来应对永恒，并不匹配。

爱护民众，治理国家，虽然看上去空泛，但古今中外，都是至理；现在政府要求去行政化，正是一种自然而为，是明政之举；巨细独揽，劳而少功，累死还不落好呢。

守静持弱，无知之明，都是极好的品性；心静自然凉，冷静自分明；世间万事，永无止境，因此，我们永远都是小学生，永远都有长不完的见识、学不完的知识。

自然，所有的观念都与时间、地点、分寸相关；把持不好，正反转换；好，可变为坏；坏，也能成好。

时空，决定成败。这，才是最最当紧的！

【听雨花园笔记】

离家到外地开会、学习一周，回到家休息两夜一天，终于休息过来了，又有心情到花园里悠游一番。气温其实不高，甚至还有点凉意呢，都立过夏了，昨天却还有寒流过境，把正在上升的气温活生生地逼迫下来。不过，这不热不冷的春天，倒是可以更持久些。几日不见，早春时种下的红皮水晶萝卜，叶片繁盛，把园子的一方都覆盖住了，伏下身拨开层层叶片看向地里，果然已经有些萝卜结成了，只是还不够肥大。忍不住馋虫的拱动，拔了一棵萝卜，洗净去皮，咬下去咂一咂滋味，有淡淡的辣，也有丝丝的甜，回味无穷。

【原文】

三十辐，共一毂，当其无，有车之用。埏埴以为器，当其无，有器之用。凿户牖以为室，当其无，有室之用。故有之以为利，无之以为用。（共48字）

【译言】

三十根辐条，集中到一个轮毂上，有了轮毂上的孔洞，才成就了车子的作用。揉和黏土制作器物，有了器物的中空，才成就了器物的作用。开凿门窗建造房屋，有了门窗墙壁之间的内空，才成就了房屋的作用。所以，看得见摸得着的器物给人提供便利，看不见摸不着的中空则是这种便利的实际作用。

【音义】

辐，音 fú 福，辐条，车轮上连接轮圈和车毂的细长部件。毂，音 gǔ 谷，车轮中间带圆孔的圆木，中心插车轴。当其无，有车之用，正由于有了轮毂上的孔洞，才成就了车子的作用；后两句句式相同，都是说物件有两个层面，一个层面是实，就是我们看得见的车、容器、房屋，另一个层面是虚，轮毂的孔洞、容器的中空部分、房屋的内部空间，表面上我们使用的是实际存在的车、容器、房屋，实际上我们使用的是看不见摸不着的轮毂的孔洞、容器的中空部分、房屋的内部空间。埏，音 shān 山，加水揉泥，用水和泥。埴，音 zhí 直，黏土。器，器物，器皿，或指陶器。凿，音 záo，打孔挖洞。户，门。牖，音 yǒu 有，窗；此处以门窗代指房屋。利，便利。用，作用。

【重心】

全面地看问题，不可轻视那不在眼前的。

【臧否】

洞见！

【困扰】

物质和思想到底是什么样的关系？

【智语】

道有径而无分，道有分而无合。

【视野】

老子在《老子》里列举的环境、器物及现象，透露出不少的文化信息。

老车、风箱、瓦罐、草人、川谷、河流，都是农耕结晶、农学成果，或农耕文化中常见的角色、符号。

文化是现象，文明是结果。

农耕文化的环境和物象是固定的，人们与土地相依，形成特有的生命意识；

游牧文化的环境和物象是移动的，人们与牲畜相依，形成特有的生命意识；

渔猎文化的环境和物象是晃动的，人们与水流相依，形成特有的生命意识；

工业文化的环境和物象是震动的，人们与机器相依，形成特有的生命意识；

商贸文化的环境和物象是算定的，人们与物质相依，形成特有的生命意识；

信息文化的环境和物象是假定的，人们与虚构相依，形成特有的生命意识。

农耕要研究、体会、感受、学习、了解天人关系。在农耕文化中，发展的周期是以年来计算的，春种，夏锄，秋收，冬藏，年复一年，十分有规律。

农业生产有比较充分的自足性，农业生产对人口的承载量是很大的。据台湾历史学家王明珂研究，在中国农业精华地区，不到一亩地便可以养活一个 5 口之家，而在内蒙古草原，20 亩草场才能养活一只羊，至少要 300 至 400 只羊才能养活一个 5 口之家。

农业生产也能够承受得起较大的灾荒，上一年的存储可以补充下一年的灾荒，下一年的洪水泛滥等灾害又会为第三年的生产提供有利的水肥等条件。又由于居有定所，环境稳定，日出日落，人们生产、生活，都可以作长远打算，人们可以专注思考，发明各种各样带门带窗的居住场所，发明牛车马车，制作黏土器物，发明文字纸张，规范章程法则。

老子在这一章里告诫我们要全面地看问题，不可轻视那不在眼前的，特别要了解那隐藏在背后的。

耳听为虚、眼见为实，眼见为虚、耳听为实，都需要随着时间的推移和认识的全面、深化而进一步肯定、调整、修正或更改。

有人说，一个人的两只耳朵不会有区别，但现在专家告诉我们，它们不但有区别，还可能有重大不同。

专家告诉我们，右耳的耳朵根更软，如果是右耳听进去的话，被认可的可能性会增加，如果是右耳首先接收到的命令，那么被执行的可能性会更大。人们接收外界的信息，也更多地会把右耳伸过去，这就是右耳优势。这与左右耳的分工也很一致：右耳获得的信息会被大脑左半球处理，而大脑左半球更具逻辑性，更善于解码口头信息。

动物选择不同的进化方式，因而成为不同的动物，有恒温动物，有变温动物（冷血动物），有介于恒温、变温两者之间的动物。恒温动物为了维持身体的温度，要经常“吃饭”，补充能量，人一天不吃心发慌，真是麻烦！乌龟、鳄鱼却可以半年一年不吃，也不会死掉。为什么人不按照那个路子进化，那多节约粮食！但是人可以在零下几十度的环境中生活、工作，乌龟和鳄鱼却不能。这大概就是机会成本吧，你要得到这样的机会，就要失去另外的机会。

现代人的情绪在哪一天最糟糕、最难熬、最不堪？以前有人说是星期一，也有人说是星期二，现在人们发现应该是星期三；因为星期六和星期日不用上班，想做什么就做什么，还能跟家人或朋友在一起，是最幸福的，星期一这种幸福和快乐感还在延续，星期二这种幸福和快乐感还处于末尾，没有完全结束，但已经急转直下，到星期三幸福和快乐感已经完全消散，人的情绪跌入低谷，星期四由于知道周末又将来临，因而精神逐渐振奋，星期五达到振作高点，迎接星期六和星期天的到来。

《老子》是老子在冬天决定写的吗？不然怎么会写出这么好、这么永久、这么永恒、这么经典、这么霸气、这么服人、这么艺术的名作来？现在还没有人能回答出来，但我想这种可能性很大。因为据科学家们研究，寒冷使人体内血清素等水平较高，昏暗和下雨下雪的天气则使人睡眠充足，人脑在缺少阳光的环境里更容易做出有理有据的分析、推断。而春天和夏天由于人们比较冲动或疲于应对不适的环境，则易于做出短视和考虑欠全面的决定。因而冬季有助于人们做出正确的重要决定。

我要为此去找出尹喜拦截老子、鼓动老子写书，而老子作出写作《老子》的决定是在冬季这种事实的依据来！这一定会是老学研究的一个重大突破！我这本小书也就会因此而热销不止啦！

老子的告诫现在仍未过时，要全面地看问题，最不可轻视那看不见的，更要了解那隐藏在背后的，这一直都很重要，对我们看事物和做决定来说，关系重大。

【听雨花园笔记】

终于又觅得一个可以在家中休息独处的下午和傍晚。我吁出一口积累多日的浊气，走进花园。金银花花期收尾，尚有余香。枣树则花香四溢，淡雅适宜。春天新插的无花果枝条竟已长成小树，令人瞠目，多么旺盛的生命力！做人做事，难道不应该像新插的无花果树枝，一经沾土、湿润，即刻法乎自然，扎根旺长，完成生命的周期，不辜负生命的机会？萝卜长成更旺盛的一大片，估计很快就可以走进花园，随手拔几棵够肥够大的水晶红萝卜吃啦！移栽的毛芋头长出了两朵叶片了，它们的叶片此刻向着东方太阳的方向倾斜。第一茬菜辣椒昨晚已经佐餐，嫩嫩的，生着吃，既极有营养，又不是辣味逼人。几只大乌龟在水盆草枝附近出没，老大把头没入水中，似在掩藏自己；小三子昂着头听我的声音。我蹲下仔细看小三子的眼睛，炎症依然未消，它似乎看不见周边的物体了，只是凭听觉和感觉探知周围的动静。明天，我一定要找到家里原有的龟液，来治疗小三子的眼炎了。明天一定要如此了……

【原文】

五色令人目盲，五音令人耳聋，五味令人口爽，驰骋畋猎令人心发狂，难得之货令人行妨。是以圣人为腹不为目，故去彼取此。（共 49 字）

【译言】

缤纷的色彩使人眼花缭乱，纷繁的音乐使人听觉减退，美食过盛使人味觉败坏，纵马狩猎使人心思狂荡，稀罕宝物使人道德品行下降。因此圣人满足最低生活需求即可，不去追求声色，所以，抛弃物欲，内心丰盈最好。

【音义】

五色，青、黄、赤、白、黑，此处指各种颜色。目盲，眼睛看不见。五音，宫、商、角、徵（音 zhǐ 止）、羽，此处指各种音乐。五味，酸、甜、苦、辣、咸，此处指各种味道。口爽，口味败坏，口感变差；爽，伤。驰骋，音 chí chěng 迟逞，纵马飞奔。畋猎，打猎，狩猎，这是同义词连用；畋，音 tián 田，打猎。行，行为。妨，伤害。为腹不为目，或存两义，一义满足最低生活需求即可，不去追求奢侈生活；一义追求内心丰盈，而不追求身外享乐。

【重心】

生活观，价值观。

【臧否】

有条件地认同。

【困扰】

可这正是市场经济的特征。

【智语】

过于强大，就会转向衰弱。

【视野】

老子在这一章里提倡一种道德修为。

老子谈淡泊、无奢、低欲。

道德即是修为，即是修养，即是修身，也是养生。

古文的解读和今译都要接近今人能够理解的意义。如果不这样的话，今人就无法理解，解读和译文就失去了意义，也没有了传承的可能。但这种解读是否就是古人当时写作的意思？这是无法保证的。如果我们了解历史和文化的延续是由真实和虚构两部分组成的话，我们就心安理得了。

文化是由真实和虚构两部分组成，例如神话、传说和道听途说，都有无数虚构的可能。历史也是由真实和虚构两部分组成，前人的言行永远不可能完整留存，永远会有缺失，永远会带来猜测、发现、研究和考证的必要，这都是虚构存在的土壤。

虚构无罪。历史和文化的虚构既是人类掌握信息不全面造成的，也是人类永远不可能全面掌握信息而形成的“天意”。在这种真实和虚构并存的文化环境中，人类习惯而安详。

把老子的提倡理解成修为、修身、养生，本身就隐匿着曲解和庸俗化的风险。但这也并非一无是处，也有扩展思路的好处。

养生现在成为一种大众化的琐事，我以前从未多加注意。

不过现在倒惹起我的兴趣，想尝试一下养生健身的暴走的状态。

我从中国第 5 大淡水湖巢湖北岸的中庙街道我的一个书房善水轩起步，看看当下人皆推广的暴走是个什么情况。

第一天傍晚，我走了 10099 步，约合7. 85公里。我从碧波善水轩起步，至白鹭湾，至巢湖大堤，穿过胜利村，返回善水轩。这一天天气十分理想，虽然是隆冬季节，但当天最高温度在 1 到 17 度之间，真是不可思议。人走在巢湖的湖堤上，只见堤外湿地里枯苇干白，堤内湖水迷蒙，有一只小渔船在微光粼粼的湖水里上下起伏。在湖堤上散步的人数总数不超过 5 人，都是男人，可见这里还是清静的。当时我已立志第二天行走的步数一定要超过这一天。手机里的计步器真能刺激人多走路，多锻炼呢！

第二天傍晚，我仍从碧波起步，这一天天气急转直下，西北风很大，虽然出了太阳，但气温很低。出环湖苑北行即是小港口，里面停满了渔船，每家船头上都用泡沫箱子种了蔬菜，大蒜、四季青、大葱等，有的人家种的少些，有的人家种的多。沿湖堤上的路南转西行，到白衣庵。白衣庵建在伸入湖中的一个岬角上，似乎是一整个熔岩石，从岩顶上往下看得很清楚，这里我也到过许多次了。西行至老港口，当然这里早就没有客船了，陆路太方便了。再西行是昭忠祠，清朝合肥人李鸿章建的，昭忠昭忠，彰显对皇上也就是对国家的忠诚之意，这里要彰显的，自然都是吃皇粮的，没有公职的进不了这个祠。昭忠祠西边就是中庙寺，这大概也就大半年或一年没来，中庙寺的大门改建成了紫红色的楼房。寺北面湖，今天正好是西北风，在这里看巢湖，湖里涌浪翻滚，不断向岸上扑来，有时浪大了，甚至能扑过护栏，落在观光道上，把道路浇得水淌。这一天近6时回到环湖苑善水轩。但是手机上的计步器告诉我，今天只走了9361步，约合7.27公里，没有达到昨天的水平，但用时比昨天多，这是我今天边走边看边和建筑工人、渔民说话的缘故。

对我而言，行走时和乘车时一样，都容易浮想联翩，也容易有许多好的想法出现在脑海里，甚至许多惯常想不出好办法、好主意的事情，也会在行走或乘车的胡思乱想中，突然佳招迭出、迎刃而解。

这两天的暴走，我至少有以下想法：

一、身体是所谓革命的本钱，也是生命的本钱，贵自身就是贵他人。用贵身的态度去治理天下的人，就可以把天下托付给他，用爱惜自己身体般的态度去治理天下的人，就可以把天下托付给他。相同的话反过来说就是，用贵身的态度去把好处都留给自己的人，就不可以把天下托付给他，用爱惜自己身体般的态度把好处都划拉到自家去的人，就不可以把天下托付给他。

二、对自身的关注，影响到对他人的关注，影响到他人的命运。所谓设身处地，为他人着想，正是这个意思。老子多次提及自然、自正、自朴、自均、自化，都是强调个体与集体的相互关系，肯定了主体积极性的价值，肯定了对个体的重视而带来的积极的群体效果和社会效益。

三、个人精神资源配置大有讲究。对生物界而言，不管是个体还是群体，可利用的资源永远都是相对匮乏相对不足的，这就使资源的配置管理成为有讲究的策略。植物的生存策略主要表现在资源配置的方向上，即生殖行为方向，因为这是植物生存的最终目的，没有完成开花结果（或其他相应的生殖活动）的过程，植物的生存即为失败。对人类而言，抛弃物欲，温饱就行，也是一种生存策略，目的是把相应的资源配置到更重要的方向。满足最低生活需求是最简单的生活法则，追求于己于人效益最大化则是最高贵的生存目标。

四、把个人从群体中解放出来，把“我”从我们中释放出来，这正是西方文化的显著特征之一。而老子贵身、爱身、惜身的态度，对“我”的自立、独立及“我”的积极性、能动性、开发性、创造性的催生、推动，与其有异曲同工之妙。

【听雨花园笔记】

早晨醒来时心情已经杂乱，为一个又一个近期的和中期的事务塞得满满又满满。但一转眼几十天已经过去了，小三子的眼炎不能再耽误。我到楼上杂物堆里翻找。哈哈，功夫不负有心人啊，其实只用了几秒钟，就看见那个黄色的小瓶子啦。找一只大点的桶，按要求倒点药液在里面，加些清水，把桶放在一棵大盆景的银杏树的后面，阴凉又有光。小三子在哪里呢？哦，小三子正在小道边的一些湿叶旁用鼻子捉潮虫和蜗牛呢。把小三子捉起来，学着园长的样子，和它说说汉语，说要用药水给它治疗眼炎呢，它也配合着，晃动晃动脑袋。呵呵，这件事真是完成了呢，心里深深地松了一口气。拔了几棵红皮蒜，打算中午或晚上用来生啖佐餐，这可是极佳的健康食品哪。柚子和山楂虽然开花很多，但陆陆续续落了果，留下来的并不多。这是植物的因地制宜：花盆再大，资源也十分有限，透支的愿望可以有，但天道的制约更是硬道理，不可违逆。

【原文】

宠辱若惊，贵大患若身。何谓宠辱若惊？宠为上，辱为下，得之若惊，失之若惊，是谓宠辱若惊。何谓贵大患若身？吾所以有大患者，为吾有身，及吾无身，吾有何患？故贵以身为天下，若可寄天下；爱以身为天下，若可托天下。（共 84 字）

【译言】

得宠和受辱就感到惊恐，重视自己的身体就像重视大祸患一样。什么叫宠辱若惊？得宠为上，受辱为下，得到宠爱感到惊恐，受到侮辱也感到惊恐，这就叫作得宠受辱都感到惊恐。什么叫重视自己的身体就像重视大祸患一样？我所以有大祸患，是由于我有这个身体，如果我没有这个身体，我还有什么祸患呢？所以，用贵身的态度去治理天下的人，就可以把天下托付给他；用爱惜自己身体般的态度去治理天下的人，就可以把天下托付给他。

【音义】

若，则，就。惊，惊恐，惊吓。贵，重视，珍贵，看重。大患，大的灾祸。身，身体。上，在上位，高等级。下，在下位，低等级。及，如果，假如。贵以身，以身为贵。为，作，治理。寄，寄托。爱，爱惜，珍爱。托，托付。

【重心】

推举治理者的准则。

【臧否】

不持立场。

【困扰】

过于关注自己，是不是自恋?

【智语】

过于庞大，就会转向瘦小。

【视野】

几天以后，我再一次来到巢湖中庙，住进善水轩，当天下午，就迫不及待地开始了这总计第三天的暴走。暴走从下午2时半起步，我离开碧波善水轩，到三户童村，右转走上巢湖大堤的慢道。天气和暖，我很快就觉得热了，于是脱下上身的外套，护在肚子上，以免受凉，身后则把两只衣袖扎紧。过白鹭湾、荆塘村、郑村、周村、三户梅村、河西村。巢湖波光闪闪，不时能听到断断续续的船用柴油发动机的嘭嘭声，一些较大的湖鸟在湖面上飞翔。湖堤上有村民在晒牛粪，还有一位村民正在把晒干的牛粪装进袋子里去，准备运走，看样子，牛粪这种生产资料，是很好的农家肥，在农村还是受欢迎的，不然村民们为什么要劳神费力把它们搜集起来晒干，还要及时运走呢?从云水湾左转，走上环巢湖观光大道，再左转，5时左右，回到善水轩。这一天总共走了20914步，16.97公里，远远超过前两次。

第四天的暴走从上午就开始了。2015年1月5日上午10点41分，我忙好上午的写作，离开善水轩，开车十几公里，来到四顶山风景区。因为不是双休日和节假日，所以四顶山风景区见不到一位游客。山脚下的村村通水泥路一直通到吴大海村结束，从吴大海村返回四顶山风景区停车场，把车停好，接一通电话，又打出去两通电话，然后开始爬山。山上有许多松树和一种叶子略显卵形的树木，山腰为红土，山腰以上为灰白土。松林里有妇女说话和斫柴的声音，但怎么看、怎么找，也看不见人，找不到出处。山应该并不高，20分钟后就到了山顶。山腰和山顶处都有一些大石堆在一起——当然是天工不是人工——使较为平铺直叙的山显出了些波澜。上山时稍稍地出了一点汗，下山时本以为会稀松平常，却没想到树林里有许多树叶，很厚，干厚，又绵软，上来时也有，没太注意，但下山时就感觉它们很滑——天气又二三十天没下雨，树叶都很干软。山坡上也没有人工阶梯：这是好的，原汁原味。于是小心又小心地从山坡上下来，拿捏得出了一身汗，还有两次差点摔倒，另有一次重重地摔在山坡上。倒真是有趣得紧！12时到了山脚下，拿出手机看计步器，这一次与上三次都不同，这一次步数仅2862步，折合2.13公里，已爬楼层却是使用这个手机计步器以来最高的：29楼。

我们还是接上上一章的话题，谈贵身、惜身、爱身。

把身体的重要性提升到影响他人、影响社会、影响统治的高度，虽然是事实，但也只有老子敢说。如果在以前，我会觉得这个话题小题大作，庸俗不堪。但现在看是老子说的话，却立即感到很重要，觉得其中必有大道理。这大概就是名人效应。

但怎样惜身、爱身、贵身？会引出很多的声音。20 世纪八九十年代气功热的时候，曾经就此有针锋相对的争论。最大的声音是，“生命在于运动”，相反的声音是，“生命在于静止”。

生命在于运动，这谁都不反对，但是细究起来，也需要有许多梳理。

生命在于运动的“运动”不是哲学意义上的运动，因为从哲学的观点看，物质界没有绝对的静止，所有的事物都在相对地运动。也不是头脑和精神的运动，因为那些运动似乎起不到锻炼的作用。生命在于运动的运动，大概指的是我们肉体的运动，因为只有如此，我们的身体才会强壮、才会健康。

《生命在于静止》这本书，就专门谈到这个问题。

人活着，就会有物质的转换、能量的积累和消耗、营养的吸收和有害物质的清除，这就是所谓的新陈代谢。运动和不怎么运动都会有新陈代谢。因为对动物而言，完全没有了新陈代谢，就是死亡的状态。

运动会加速新陈代谢，不运动会减少新陈代谢。新陈代谢过弱，不利于身体物质的转换、吸收和清除，三高人群医生都建议要多运动。而新陈代谢过强，又会加大损耗，不利于身体的平衡有序。当代医学告诉我们，有些疾病是由于新陈代谢过强，有些疾病是由于新陈代谢过弱。所以我们现在都知道，适当的运动有助于健康长寿，适当的静止也有助于健康长寿。

可是，最静止的乌龟是最长寿的，运动量超大的老虎、狮子也不最短寿。这怎么解释呢？或是基因决定寿命？

气候也是一个有价值的指标，冷环境里的人寿命会比较长久，热环境里的人寿命会稍微缩短。但冷环境里也有许多人寿短，热环境里也有许多人寿长。还有饮食，食素的人群会稍微长寿，嗜荤者或致身体衰弱。但素食者也会稍微短寿，嗜荤者或多体格强壮。

如此看来，面对广宇万物，只要有自然而然、应然而然、本然而然的态度，就好了。

正所谓：

仁者乐山，智者乐水；

仁者尊道，智者居下；

仁者宽厚，智者灵动；

仁者笨拙，智者活泛；
仁者扎实，智者机智；
仁者缓慢，智者快速；
仁者实密，智者清秀；
仁者深，智者阔；
仁者起伏，智者广远；
仁者烦琐，智者简洁；
仁者木木，智者灿灿；
仁者憨憨，智者朗朗；
仁者面面，智者线线；
仁者居后，智者超前。
皆无是非之分、好坏之别。

【听雨花园笔记】

天气突然暖热起来，早晨到花园里去，穿着长袖的内衣，很快就觉得热了，赶紧脱去，仅剩背心。天气预报说，今天的最高温度是30℃，而昨天才只有25℃左右。不过天气也是该热了，都公历5月20号了，淮河流域的小麦都大面积成熟了。猛地发现园子里那几株园长交代又交代一定要看管好的麦穗被小麻雀们啄得只剩下黄灿灿的麦壳了，呜呜，哇哇，这可怎么办呀，这往后的日子可怎么混呀，我没法交代呀。可我又不能责怪小麻雀们，在人们衣食无忧的年代，它们都是可爱的小动物，而不是人类必须的食品。我回到屋里，将此事第一时间向园长报告：就算你向小麻雀们献爱心啦，嘿嘿，嘿嘿，嘿嘿……

【原文】

视之不见，名曰夷；听之不闻，名曰希；搏之不得，名曰微。此三者不可致诘，故混而为一。其上不皦，其下不昧。绳绳兮不可名，复归于无物。是谓无状之状，无物之象，是谓惚恍。迎之不见其首，随之不见其后。执古之道，以御今之有。能知古始，是谓道纪。（共95字）

【译言】

看却看不见，称它无形；听却听不到，称它无声；摸却摸不着，称它无体。这三者没法追问穷究，因此它们混然一体。它的上面不明亮，它的下面也不显得昏暗。渺茫无际啊没法描述，最终又还原为看不见、摸不着。这就叫作没有形状的形状，没有具体形象的形象，这就叫作恍恍惚惚，似有若无。迎着它看不见它的前头，跟着它看不见它的后面。把握古已有之的道，用它来驾御现今的事物。能够了解宇宙的初始，这就是道的纲要。

【音义】

名，叫作，称呼。夷，没有形状，无形。希，无声。搏，抚摸。微，无形体。致诘，追问，深究；诘，音 jié 杰，追问。皦，音 jiǎo 搅，明亮，洁白，光明。昧，昏暗，阴暗。绳绳，渺远，无边际。名，名状，言说。复，返回，恢复。象，形象。惚恍，即恍惚，似有若无。执，遵照，掌握，依照。御，驾御，统帅。有，现存万物。古始，宇宙的初始。道纪，道的纲要。

【重心】

对“道”的描述。

【臧否】

太极啊！高明！

【困扰】

不说倒还明白，越说却越糊涂了。

【智语】

过于精细，就会转向粗陋。

【视野】

通篇看去，《老子》没有什么迷信的东西，这令人称奇。

老子的“模糊”，有一种文学的描述，有文学的价值，而不是迷信或虚假。

渺茫无际啊没法描述，最终还是看不见也摸不着。

这样的描述，不觉得虚空和假式，倒像是百分百的真和实。

不知道为什么，写下这些文字之前，我本来是想要向老子提出许多质疑和批判的，但写着写着，却变成了老子的拥趸。

看不见、摸不着、听不清、说不明的东西，难道不是违背了我们的习惯和理智？

一件本来应该看得见、摸得着、听得清、说得明的东西，你加上几个“不”字，要么是你作者自己就没闹明白，要么就是你要太极，绕人玩儿呢！

可是，有些东西，确实说不清楚，或当下还说不清楚。

小时候在安徽泗县农村大舅家，前一天听大舅、表姐和邻家说话，说邻家一位孕妇连夜送去医院了，因为孕妇做了个梦，梦见两条蛇缠斗，一条青蛇，一条白蛇，斗到紧要处，孕妇惊醒了，下身流血，赶紧连夜送去了医院。

我这个小孩在附近听得心惊肉跳。

这话是说在前头的。后面的事情还没发生。

隔了一天，又传来消息，说孕妇早产，生下来两个小孩，都没能保住。又听他们说，如果孕妇足月生产，都该在农历的蛇年。噫嘻，托梦寄人，孕妇的这个梦，竟“圆”得那么“圆”，我这个小孩在一旁听了，更加惊心动魄，终生不忘。

不过你可以说，蛇年的概念早已深入孕妇的内心，因念起梦，是很连贯的因果关系呢。

也很有道理。

只是暂无定论。

在电视上看记者去湖南与捕蛇人一道捕蛇。

捕蛇人与记者一行到了山区野外，发现一条毒蛇，捕蛇人赤手将蛇按在地上，用另一只手将蛇逆时针盘定，然后他先在蛇头上方画十字，继而再画一个圆圈，蛇就定住了，一动不动。如果需要，他可以反向解开蛇，蛇又活动了。

记者是个小女孩，也上前试一试，她先用细嫩的小手将蛇逆时针盘定，在蛇的上方画十字，继而再画一个圆圈，蛇也照样定住，一动不动。

记者问捕蛇人，他画十字和圆圈，有什么含义？捕蛇人说他并不知道有什么含义，不过就是自己无意间做了这样的动作，就发现了这样的效果。

捕蛇人又说，如果不反向解开蛇，两小时后蛇会在原地死掉。

可大家就是不知道这是为什么。

另外一次在台湾台北的宾馆看电视，说印尼某地有一位欧洲来的大厨，会把鸡定住。

那是一个普通的印尼小城，热带的日常生活勾起我在印尼访问的记忆。

电视里，记者和那位大厨前往市场随意买到活鸡，带回居处。大厨把鸡放在桌案上，把鸡按蹲下，然后他对着鸡讲了一番话，手再慢慢地松开，鸡就一动不动地蹲在桌案上了。

记者问他秘诀，他很神秘地说不能告诉别人。这就远比不上中国捕蛇人的朴实与忠厚了。

恍恍惚惚，似有若无，无形无状，却混若一体。

这不是道，可又相似道。

这不是事实，可又类于事实。

这不像迷信，可又仿佛迷信。

【听雨花园笔记】

连续多天最高温度都超过了 30℃，今天更高达 34℃，不过这是最高温度，早上还是凉爽的，温度只有 20℃，十分舒适。现在的高温和 7 月的高温不是一回事，7 月盛夏，一天中温差小，酷热难耐，那是真正的夏天。随着温度的持续上升，蔬菜们的长势发生了巨大的变化，它们开始放得开了：红芋用最快的速度在地面上圈出了最初的势力范围；茄子生发出多个侧枝，向空中猛烈冲刺；无架豆在花盆口上形成了一个绿盖，叶子由淡绿转成墨绿，这说明营养和水分的供给是十分充足的，也是高质量的；有架豆纷纷顺着菜架爬上高处，占据有利位置，最大化地获取光热资源；山药也深谙此道，攀至菜架顶峰后，又相互缠绕支撑，向不可预测的高空探视。对植物和蔬菜们来说，季节和天气现在是给力的。生命短暂，时间紧迫，它们要抓紧生长季的每一分，每一秒！

【原文】

古之善为道者，微妙玄通，深不可识。夫唯不可识，故强为之容：豫兮若冬涉川；犹兮若畏四邻；俨兮其若客；涣兮其若凌释；敦兮其若朴；旷兮其若谷；混兮其若浊。孰能浊以静之徐清？孰能安以动之徐生？保此道者，不欲盈。夫唯不盈，故能蔽而新成。（共95字）

【译言】

古代善于行道的人，精妙通达，深邃难以了解。正由于难以懂得，因此勉强地来形容描述：谨慎啊，像冬天涉足江河；犹疑啊，像提防四面的威胁；庄重啊，像在做客；融散啊，像冰在消解；淳厚啊，像未经雕凿的原木；空远啊，像深广的幽谷；浑厚啊，像混浊的水流。谁能在混浊中安静下来慢慢地澄清？谁能在安宁中启动起来慢慢产生？保持这种道的人，不求满盈。正因为不满盈，所以才能去旧成新。

【音义】

识，知道，了解，懂得。强，勉强。容，描绘，描述。豫，犹豫，谨慎，迟疑。兮，语气词。涉川，趟水过河。犹，犹豫，犹疑。四邻，指周围的威胁。俨，庄重，恭敬。涣，消散。凌，冰。释，融化，消散。敦，纯厚。朴，未经加工的原木。旷，空旷。混，浑厚。孰，谁，哪一个。浊，混浊。徐清，缓慢澄清。安，意动，在安定中启动。徐生，慢慢有生气。欲，打算。蔽，音 bì 必，通“敝”，旧，破败。

【重心】

对善道者的描述。

【臧否】

东方式的玄妙、模糊和深邃！

【困扰】

人生到底是实些好，还是虚点妙？

【智语】

过于深奥，就会转向浅显。

【视野】

道可道，非常道，《老子》开篇的这一句话，就框定了整个道之体系的框架和范围。

这个框架就是无框架。

这个范围就是没范围。

但你又不能说它没框架和没范围，因为它在文内已经说得很清楚：这就是没有形状的形状，没有边界的边界，没有范围的范围。

没有形状，就是一种形状，没有边界，也是一种边界，看不见范围，恰恰就是它的范围。

所以，不下定论就是最好的定论，下了定论才能最好地定论。

都有道理。

又都不在理上。

说它在理上吧，它却是感性的，具有模糊性、多义性和主观性，少了些精确性和客观性，似乎仅仅停留在对事物表象的描画上，停留在对自然物性质和状态的描述和记录中。

现代科学研究表明，咳嗽的速度可以达到每小时 140 千米，人一生的排粪约 4000 公斤，喷嚏在口腔中的运动速度高达每小时 955 千米，每人每周眨眼达 25000 次，如果一味地强调没有形状，没有边界，不能量化，这些数据都研究不出来。

可说它不在理上，它却又都见出深奥的道理和哲意，是一种最根本的万物哲学的探究。

学《老子》，学道论，最重要的，还是感悟。

这一章和前面的第十四章，是《老子》里最好的散文诗中的两个，吟诵起来真是逸兴遄飞、思接万里、淋漓畅快、无与伦比！

道与善道者，已经由理至道、由浅而深、由具体到抽象、由枯燥而愉悦、由生活而艺术，达致一个灵感通畅的极境。

还顾忌什么俗禁，还自受什么束缚，一概都挣脱了去吧，去听从了内心的道念才是最好的最好！

有了感悟，一通百解、一叶森林、一斑全豹！

不见感悟，百无一通、不见森林、难窥全豹！

可，感悟到底是什么？

到底是什么？

是什么？

感悟？感悟，哦哦——

看也看不见，听又听不到，摸还摸不着呢；

感悟混然一体，有形无形，有影无踪，渺茫无际，没法描述，不可还原；

感悟恍恍惚惚，似有若无，无头无尾，可道非道；

淳厚啊，深广啊，澄澈啊，湿浊啊，若满非盈，似持又懈啊……

谁知道感悟和道，到底是什么?!

【听雨花园笔记】

春季和初夏开过花结过果的果树和植物，现在都处于换叶发枝、积蓄能量的时期。含笑的叶子由淡黄转深绿；枇杷突然有一批叶子变成了金黄，然后脱落了，上层新的叶子已经长成，下层旧的叶子完成使命，离树枝而去；金银花开花后树形会变得凌乱，甚至凌乱不堪，叶子也不再鲜艳，有一片没一片的。这少妇变得太不讲究了，不过金银花被称为忍冬，冬末春初，它是最早绽放新芽、鼓起花苞的少数不畏寒的植物之一，到那时候，我们又能见得它不得了的风采；贴梗海棠花后也长得不甚好看了，同样的，冬末春初的时节，它艳丽的贴梗红花，每每令人激动万分！

休养生息如此重要呢！世界上没有永无止境的搏，因为那是不可持续的。所有的搏都预示着息的到来，需要补充能量，需要肯定或调整方向，也需要决定取舍。

【原文】

致虚极，守静笃。万物并作，吾以观复。夫物芸芸，各复归其根。归根曰静，静曰复命。复命曰常，知常曰明。不知常，妄作凶。知常容，容乃公，公乃全，全乃天，天乃道，道乃久，没身不殆。（共67字）

【译言】

达致极端的虚寂状态，守持彻底的清静心。万物共同蓬勃生长，我因此观察到循环往复的规律。万物纷繁茂盛，终究又各自回归根本起点。回归根本叫作静，静叫作回返本来如此的命途。回返本来如此的命途叫作恒常的规律，能够认识把握恒常的规律叫作明。不认识恒常的规律，轻举妄动就会闹出乱祸来。认识恒常的规律，就能包容，能包容了就能公正，能公正了就能周全天下，能周全了就能顺应天地，顺应自然就能符合道，符合道就能久长，一直到死都不会遭遇危险。

【音义】

致，达到。虚，虚空、虚寂。极，极端，顶点。守，守持，坚守。静，清静。笃，音dǔ堵，专心，专一，彻底。并作，共同兴起，共同兴盛。吾以，我得以。

观，观察，考察。复，循环往复。芸芸，众多，繁多，繁盛。复，又，再。归，回到，回归。根，根本，本源。静，宁静，清静，安静，或引为理性，智性。复，回复。命，天命，即天道的规则。常，恒常，即永恒不变的法则与规律。明，明智，明白，即能认识和把握永恒不变的规律和法则。妄，乱，妄为。凶，凶险，引为灾祸、灾乱。容，宽容，包容。乃，副词，才，就。公，公正，公平。全，普遍，全面，周全。天，天地万物。道，万物运作的内在规律和法则。久，永久，永远，恒久。没身，至死，终身；没，音 mò 磨，终，尽；身。身体，指生命。殆，危险。

【重心】

合道而归根，遵道而自胜。

【臧否】

说出了道之根本，因而佩服得五体投地！

【困扰】

万物的起点在哪里？万物的归宿又在哪里？

【智语】

知道满足，才可以拿捏好自己的行为。

【视野】

所有的存在都是符合规律的，所有的事物都是有用的。

所有的认识都是不全面的，所有的见解都可能是片面的。

所有认为人家不全面的认识都是片面的，所有认为人家片面的认识都可能是不全面的。

所有的存在都是合律的认识都是不全面的，所有的事物都是有用的认识可能都是片面的。

不要以为它们没有用，因为所有认为片面的论断都是片面的。

不要以为它们就有用，因为所有认为全面的论断也都可能是不全面的。

清静有为，福祸相倚。

还是植物学上的“协同进化”理论说得好。

所谓“协同进化”，就是生物间相互依存、共生、促进和进化的现象。

以下是我的个人理解。

比如在一个植物群落里，一棵树长得高了，周围的树也会相应地长高，因为谁都想占有更多的资源。

植物奉献出美丽芳香的花给动物，它取悦动物的目的还不是要它们传播自己的花粉到他处？

前些天在候机厅里等登机，看到报纸上一篇文章说，内蒙古草原上的牧民，是反对分草原到户的，因为许多种适合牛羊食用的牧草正在消失。他们说的不是政策的问题，而是生产经验。

草原失去了牛羊每年规律性的啃啮，许多适合于牛羊啃食的牧草就会逐渐消失。植物和草食性动物之间千百年来达成的协同进化规律遭到了破坏。

协同进化规律是复杂和多样的，植物也非常聪明、智慧。

比如一棵树和另一棵树、一群树和另一群树之间并非只有比着长高一条路。有些植物可以进化得十分耐荫，有些植物进化成藤本，还有些植物飘散至更广阔的地域生长。

协同进化的理论真好，真有启发性。

不过，协同进化的理论一定是片面和不全面的，因为所有认为事物全面的认识都是不全面的。

但你又不能认为协同进化的理论一定是片面和不全面的，因为所有认为他者片面和不全面的认识都一定是片面和不全面的。

这正是《老子》教导给我们的哲学的弯弯绕理论。

这也是《老子》的模糊理论的价值所在。

【听雨花园笔记】

天气愈热，我突然在正午最酷热晒人的时分待在园子里了。园长仍不在家，楼上楼下还都是我的辖区。我待在园子里，给蔬菜、花草和果树浇水，和乌龟们说话，喂乌龟们瘦猪肉，整理花盆和土壤，新种一些无架豆。从土壤里发现的红蚯蚓是小乌龟们的最爱，它们争抢这种优质食品，抢得热火朝天。我在一个平浅的水盆里看见了小三子，哈，小三子的眼睛好多啦，期望它更快地好起来哈！生姜冒出了新芽，虽然出芽晚，但只要水肥跟得上，它们很快就会蓬勃旺盛、占据一方。毛芋头长出了第三片叶子，它的叶子起初是卷起来的，一夜之间就能伸展开，这第三片叶子比第一片和第二片叶子可大得多了，从今以后，毛芋头就会进入大叶子时代，直到秋去冬来。夜来香也冒出了许多绿芽，哈哈，它的生命力旺盛，长得快着呢！

【原文】

太上，不知有之；其次，亲而誉之；其次，畏之；其次，侮之。信不足焉，有不信焉。悠兮其贵言。功成事遂，百姓皆谓："我自然。"（共44字）

【译言】

最好的统治者，人民感觉不到他的存在；次一等的统治者，人民亲近并称赞他；又其次的统治者，人民害怕他；又其次的统治者，人民轻侮他。统治者诚信不够，人民才不信任他。悠闲而不轻易发号施令的统治者是最好的。功成业就，人民都说：我们本来就如此的。

【音义】

太上，最好的统治者。不知有之，不知道有统治者存在，感觉不到统治者的存在。亲，亲近。誉，称赞，赞誉。畏之，害怕他，畏惧他。侮之，轻慢他，侮辱他。不足，不够，缺少。悠，悠闲，悠然。贵言，不轻易说话，此指不轻易发号施令。功成，功业告成。事遂，事业如愿。自然，本来如此；先秦典籍中“自然”一词没有现代汉语里大自然的词义，自然的意思是本来如此、自然而然。

【重心】

统治的境界。

【臧否】

超级高明！

【困扰】

显威望和隐威望到底哪个更有效？

【智语】

知道适当，才可以包容。

【视野】

到底什么样的政府才是好的政府？

到底什么样的政府才是一个叫百姓感觉不到它的存在的政府？或者百姓经常会称赞它的政府？或者百姓很害怕它、百姓根本不信任它、百姓轻看它、百姓厌恶它的政府？

就我所受到的教育，所读到的书，或者通过所有相关途径得到的综合印象，我对政府的看法大致如下：

在中国所谓奴隶社会中，因为有奴隶主，有奴隶，战争甚至完全可以无关乎道义，刑法可以极其残忍，如果让我到那样的社会中去生活，我不愿意。

在中国所谓封建社会中，由于是皇权社会，一个人或一个家族说了算，其他所有的人都要讨好那个人、讨好那个家族，你出的所有的力，都是为那个人那个家族出的，你贡献的所有的智慧，都是为那个人为那个家族贡献的，没有什么根本上的言论自由，没有什么根本性的民主，官员都喜欢贪污腐败，老百姓荒年还得吃草根树叶，如果让我到那样的社会中去生活，我不愿意。

西方的历史也好不到哪里去。欧洲一次瘟疫能死十几万人，还对有想象力的科学家施以火刑，欧洲的断头台也十分让人反感，欧洲人杀死新大陆土著毫不手软。如果让我到那样的社会中去生活，我也不愿意。

但是，《老子》《论语》《墨子》《庄子》《淮南子》等经典不都是那时候出的吗？《三国演义》《西游记》《水浒传》《红楼梦》，不都是那些朝代写的吗？小麦也是数千年慢慢种植起来的，其他好吃的像红芋、土豆都是陆续引进的，美食都是那些年代积累集成的，烧酒也是那些年代引进发展而成的。如果能生活在那个时代，和管子、老子、孔子、庄子等交流交流，喝喝小酒，品品美食，读读文学简著，不也是上好的一种日常生活吗？

这很让人纠结。

后来，西方变得很强大，中国封建王朝的制度不行了，国家要散板了，于是经历一番摸索，最后由中国共产党从西方引进马克思主义，找到共产主义的目标，成立了中华人民共和国。经过几十年实验，既取得很大成绩，也出了许多问题。

【听雨花园笔记】

早晨我到花园里去，第一眼看到是小三子。哈，小三子的眼睛快好啦，左眼几乎看不到炎症了，右眼还有，但不是那么严重了，哈哈，真好！第二眼看到的是萱草。花园里的萱草现在分别长在两个地方，一个地方是长山楂树的大盆里，另一个地方是闲置于花架下的无孔盆里的假山（松石）上。萱草俗称金针花、金针菜、黄花菜，最有名的名字叫忘忧草。萱草是中国古代文人的钟爱，唐朝诗人孟郊写萱草：“萱草生堂阶，游子行天涯。慈母倚堂门，不见萱草花。”宋朝苏东坡写萱草：“萱草虽微花，孤秀能自拔。亭亭乱叶中，一一芳心插。”明朝诗人高启写萱草写得全面：“幽花独殿众芳红，临砌亭亭发几丛。乱叶离披经宿雨，纤茎窈窕擢薰风。佳人作佩频朝采，倦蝶寻香几处通。最爱看来忧尽解，不须更酿酒多功。”萱草可作物质食粮，也可作精神食粮。幽思、感念、怀旧、忘忧、遣怀，是萱草常被附加的人文精神。1980 年前后的一个夏天，我独自一人攀上大别山主峰白马尖，看到山风凉意之中，草丛和石缝里开放的萱草，心里的感念真是无以言表。萱草在我家园子里，最初正式种在多个盆中，花色纯，气色雅，每年都倍加关爱。后来有一年，从花市的临时地摊上买回几株所谓“萱草”，花色秾艳，香气混浊，再后来竟把家里原来的淡雅品种也带坏了，于是就将它们随手弃于荒僻之处。现在留下的这几株，找到了自己的位置，恢复了本有的面貌，默默地生长，渐渐也就可人起来。本有的面貌，真的好！

【原文】

大道废，有仁义；智慧出，有大伪；六亲不和，有孝慈；国家昏乱，有忠臣。（共 26 字）

【译言】

调整整个社会的系统废圮（pǐ）了，才有仁义；机巧谋划出现了，严重的虚伪奸诈才会产生；亲人不和睦，才有下孝上慈；国家昏乱，才显现忠臣。

【音义】

废，废弃，抛弃，破坏。智慧，或指谋划、机巧、心机。伪，虚伪奸诈。六亲，三国王弼认为指父子、兄弟、夫妻，一说为父母、兄弟、妻子。和，和睦。

【重心】

事物相互依存的两面。

【臧否】

不予置评。

【困扰】

须放入当时的时代背景中去观察。但如此，它还有恒久的道理吗？

【智语】

知道满足，才可以多元。

【视野】

这是有前提的议论，即以理想社会为前提。

理想社会不是这样的：理想社会十分完美，不存在仁义、孝慈、忠臣，因为理想社会是完美无缺的，所有的道德呀，规范呀，都自然而然，习以为常，由于没有需求，所以无须供给。

只有理想社会的规则被破坏了，人们才需要进行补救。

仁义、孝慈、忠臣等等现在被认为是儒家的传统才会出现。

但中国历史上和现实中所有的社会，都是现实的社会，而不是理想的社会，这可怎么办呢？

这真是很麻烦！让老子绕这么大的弯子，后人也并不好理解。

只能认为这是哲学家的思考和角度。政治家和社会管理者无法用这种议论者的角度看待、对待社会问题。

2014 年 1 月中上旬，中国海南三亚的热带海滩上出现许多裸泳裸晒者，很快被当地管理部门禁止。

裸泳裸晒，以及裸泳裸晒被当地政府禁止，引起了公众舆论激烈对立的争论。

为什么在西方海滩上习以为常的现象，在中国的海滩上会引发争议？

裸泳裸晒这件事本身没有改变，而是文化道德环境改变了。

当社会出现了“问题”，管理者就要去管理和调整它，就要就事论事、实事求是、解决具体的问题。

但这道菜解决的只是具体问题、个别事件、表面现象。

调整深层的机制，遵从“道”的法则，要从另外一个盘子里汲取营养。

所以议论和批评作为制约力量，哲理性思考作为基础把握，必须存在。

从这个意义上说，一部《论语》治天下，半部《老子》修人生，依然成立。

因为儒家谈补救，《老子》谈根本；儒家重管理，《老子》修人生。

儒家要改造社会，道家要否定社会。

儒家看到的是社会内部的问题，道家看到的是整个体制的谬误。

它们不存在优劣之分，只因为视角和功用的不同。

【听雨花园笔记】

连续几天高温，河北多地达40多度，江淮也高达37、38度，都创下了几十年来5月气温的新高。很快的升温对植物和蔬菜们倒是好事。早晨到园子里去视察，所有的植物都生长得很得意。特别是前些时候冒出新芽的夜来香，有一枝主干，粗壮有力，已经超出周边所有的植物，窜出1米多高了，这种顶端优势会更加助力它的成长。在周边没有遮挡的环境中，它对光、热、风等资源，将会有最大化的利用。呵呵，真是了不起！它们是永恒的，哪怕它们曾经死亡，或将要死亡。它们的死亡也是永生，因为它们的顽强精神永生！我无条件地敬佩生存力强、不挑拣环境、遇水即生、见水即长的生命！它们是我人生的楷模！

【原文】

绝圣弃智，民利百倍；绝仁弃义，民复孝慈；绝巧弃利，盗贼无有。此三者，以为文，不足。故令有所属：见素抱朴，少私寡欲，绝学无忧。（共49字）

【译言】

弃绝聪明巧智，百姓可以得到百倍的好处；弃绝仁德义理，百姓可以恢复孝慈的天性；弃绝巧诈私利，盗贼就不见了。圣智、仁义、巧利都是做表面文章用的，不足以治理天下。所以，要让百姓的观念有所依循：显露单纯并坚持质朴，减少私心降低欲望，弃绝俗学没有忧患。

【音义】

绝，杜绝。圣，聪明。弃，抛弃。智，心机，机巧。利，好处，利益。仁，仁德。义，助人。复，重回，恢复。巧，机巧。利，私利。文，文饰，做表面文章。不足，不足以治理天下。令，使，让。属，音 zhǔ 主，归往，向往，遵循。见，音 xiàn 现，同“现”，显露，显现。素，白色，或没有染色的绢，引申为单纯。抱，怀抱，拥抱。朴，未经雕刻的木材，引申为质朴。学，学问，或指儒家学说。

【重心】

管理社会，有所依，有所弃。

【臧否】

不持明确立场。

【困扰】

哦，我们习以为常的，原来都可以不为常。

【智语】

理性长于治理，感性长于协商。

【视野】

以前常听人说，孔子从世，老子弃世，儒家入世，道家出世。但从《老子》里，我们看不到一个词是出世的，看不到一个字是弃世的。

中华大地的儒道释互补，2000 年来磨合融汇，最终形成中华民族的文化性格和价值理念。

老子关心、关注的，除了抽象的哲学思辩以外，还十分重视政治即社会管理，只不过老子强调的社会管理思路，与孔子完全不同。

老子强调管理社会的人，一定要清虚自控、谦卑自守。有为而治为表，无为而治为本。老子的政治即社会管理思路，是统治的根本原理，是终极式的社会道德管理，除此之外没有更高的境界了；而孔子的社会管理，是过程中的社会管理，是社会中的伦理，是政治艺术和政治技术，要解决随时遇到的具体问题。

老子主张无为无不为，无为是最好的统治，有为是技术性的治理；无为是最好的有为，有为的边界是无为；无为是最根本的有为，有为的权界是无为。

当代新兴的政治学或经济学，往往首先把人定格在自利的天性上，也把人定位于生而自由这样的前提下，由此而设计制度、社会环境和未来走向。

人是自利的，因为人首先要满足自身生存，然后才能满足他人生存；首先满足自身需要，然后才能满足他人需要；首先需要有自己的自由，然后才能满足他人的自由。

但宏观纵视，我们在天地万物中的自由，有多少呢？

据英国广播公司网站文章说，在地球的历史上，曾经出现过 25 个伟大的转折点，这 25 个转折点是：

1. 地球的诞生，地球诞生于 45 亿年前，诞生前它只是一些尘埃和岩石云而已；2. 生物体出现，生物体出现于距今 35 亿年至 40 亿年之间，不过没有人确切地知道那时候的所有情况；3. 光合作用出现，但不同于今天绿色植物的光合作用，因为当时的光合作用不能释放氧气；4. 大陆形成，大陆在 30 亿年前形成；5. 可以呼吸的空气出现了，这大约发生在 24 亿年前；6. 复杂的细胞出现，大约在 10 亿到 20 亿年前；7. 交配起源了，在 12 亿年前，生物开始有了性别；8. 大型生物体出现，在 10 亿年前，有了嘴、四肢和感觉器官；9. 世界冰冻起来，发生在 6. 35 亿年至8. 5亿年前，这一冻就是 2 亿年；10. 动物进化出现飞跃，5. 35亿年前，几乎每一类现代动物都在这一时期出现；11. 离开大海，4. 65亿年前，植物首先在陆地上定居，并且迅速开始多样化；12. 奥陶纪的考验，4. 3亿年至4. 6亿年前，世界急剧变冷，导致有史以来第二大物种灭绝事件发生，大多数生命仍在海洋中，85% 的海洋物种灭绝，以后鱼类更加普遍；13. 从鳍到腿，3. 75亿年前，植物已稳占陆地，下一步就是动物离开水；14. 蜥蜴在3. 2亿年前出现，爬行动物很快成为占主导地位的陆生动物；15. 超级大陆在 3 亿年前出现，这是最后一次地球上所有的陆地都连在一起；16. 二叠纪灭绝，2. 52亿年前，96% 的海洋物种和陆地物种灭绝，原因可能是火山爆发；17. 有毛的野兽出现在2. 2亿年前，早期的哺乳动物都很小，可能只在夜晚活动；18. 恐龙大发展，这发生在2. 01亿年前，此后恐龙成为占主导地位的陆生动物；19. 鸟类飞行，这大约从1. 6亿年前开始；20. 植物的革命，这大约在1. 3亿年前，开花植物在恐龙时代才出现，草的出现时间更晚，最古老的草化石距今才有 7000 万年的历史；21. 第五次大灭绝，这是在 6500 万年前，来自太空的巨大陨石砸到墨西哥，爆炸是毁灭性的，尘埃挡住了阳光，在随后的寒冷和黑暗中，恐龙、翼龙和巨型海洋动物一并灭亡；22. 住在树上，5500 万年至 6000 万年前，一些早期的有胎盘的哺乳动物进化成第一种灵长类动物，它们最终进化为猴、猿和人；23. C4 光合作用，起始于 25 万年至 3200 万年前，这种光合作用远比普通的光合作用更高效，从而使得 C4 植物能够应对更苛刻的自然条件；24. 通向人类的道路，700 万年至 1300 万年前，第一种类人猿出现在非洲，已知最古老的原始人是乍得人猿，大约生活在 700 万年前；25. 会思考的猿，只有 20 万年的历史，我们这个物种智人，相当年轻，我们已从非洲发展到每一个大陆，甚至发展到外太空，我们的活动已经造成第六次物种大灭绝，催生了地球历史上最快的气候变化。

无知，则无自由。

可是对我们生活的环境和我们自己，我们又知道多少呢？

我们出生后要在他人的养育下才能存活、成长，我们要长期学习才能独立自主。人的自由总是有限的，总是不自由的。人不仅仅在生物性上是被动和不自由的，在社会层面同样是被动和不自由的。人类现在甚至可以擅自改变、调整、增减和控制基因，但是获得了相应的自由，一定会同时获得更多的不自由；而且在更大的范围内，我们所获得的自由，很可能是更不自由。

在天地万物面前，我们大概不仅不聪明，反而可能十分笨拙、粗鲁、无知。因此，我们弃绝自认为的聪明巧智，不但百姓可以得到百倍的好处，圣人也能够得到百倍的好处，才能有功而返，才能全身而退，不至于事倍功半、无功而返，甚至获过而归、戴罪而返。

【听雨花园笔记】

早晨我被雨点敲打雨篷的声音吵醒。呵，这正是“听雨花园”的来历。我起床来到听雨花园，把一个很大的塑料盆放到雨篷下接雨水。雨啪啦啪啦响着，这可把全部从湿沙里钻出来期待着天空和雨水的13只小乌龟急坏了，它们在湿沙盆里团团转，想知道雨点打在身上和在雨水中游玩的感觉是怎么样的（我猜测）。我把它们都拿进大盆子里。雨水从篷沿汇入盆中。它们立刻奔向倾注的雨水之下，真是畅快啊！晴热多天，温度也升得超常，是该来一场雨，浇一浇心头的旺火了。对人的感觉来说，降雨人会舒服，对地里黄熟的小麦来说，降雨不利于小麦的收晒，对玉米和早山芋来说，这场降雨来得正是时候，它们可以借助雨热，疯疯地长上一阵，对于正在走出火车站的乘客来说，这场雨可真是糟糕，到处是人，人挨人，人挤人，又打不到车，心焦焦地想立刻回到家中的愿望，一时还实现不了呢！这都是人的感觉、人的要求和从人出发的利益标准。这既是唯“物”主义的，又是唯“心”主义的。所谓主义，在这里是“至上”的意思。唯“物”，就是从实用的角度去看这场雨，唯“心”，就是从内心出发去看这场雨。在这里，唯物和唯心没有根本的区别，只有视角的不同。13只小乌龟在雨水中疯跑疯玩，看到它们快活我也真快活！这是它们生命中的一个高峰时刻。它们真快活，真快活！

【原文】

唯之与阿，相去几何？美之与恶，相去若何？人之所畏，不可不畏。荒兮，其未央哉！众人熙熙，如享太牢，如春登台。我独泊兮，其未兆。沌沌兮，如婴儿之未孩；儽儽兮，若无所归。众人皆有馀，而我独若遗。我愚人之心也哉！俗人昭昭，我独昏昏。俗人察察，我独闷闷。澹兮，其若海；飂兮，若无止。众人皆有以，而我独顽且鄙。我独异于人，而贵食母。（共128字）

【译言】

应诺与呵斥，相去多少？美丽与丑恶，相差几何？人们普遍畏惧的，就不可以不害怕。逸乐过度哟，众人的狂欢还没有止境！大家安享快乐兴高采烈，如同享受盛大的宴会，好像春天登上高台极目望远。我却独自淡泊宁静，无所触动。浑浑沌沌的，仿佛一个还不会笑的婴儿；无精打采哦，好像无所归依。大家都丰盛有余，却唯独我好像若有所失。我真是愚人之心啊！世俗之人都过得清醒明白，唯独我过得不清不楚。众人都活得精明机巧，只有我活得憨厚懵懂。恬静无际哦，好像大海；随风飘浮哦，好像无有止境。大家都有作为，却唯独我愚拙鄙陋。我单单和别人不一样，而重视从道那里汲取营养。

【音义】

唯，对上的应答声，态度积极。阿，对下的应答声，态度消极；又说阿通“呵”（音 hē 喝），呵斥义。若何，多少。畏，害怕。荒兮，其未央哉，逸乐过度啊，狂欢还没有止境；荒，放纵，逸乐过度；未央，未尽，没有止境。熙熙，叠音词，和乐享受的样子。太牢，古代祭祀宴会，牛、羊、豕（音 shǐ 使）三牲具备了，就称为太牢。台，高台。泊，淡泊，无欲。未兆，没有征兆，没有显露出迹象，意指低调不炫耀。孩，指小儿的笑。儽儽，音 lěi 垒垒，倦怠状。馀，同“余”，剩余。遗，遗失，缺少。昭昭，音 zhāo zhāo 招招，明白，闪亮。昏昏，糊涂，不清醒。察察，清楚、精明状。闷闷，憨厚、懵懂貌。澹，音 dàn 但，淡泊，恬静的样子。飂，音 liú 留，飘浮，飘动。以，用，作为。顽，愚钝。鄙，鄙陋。食，饮食，名词用作动词，指汲取营养。母，根本，本源，指道。

【重心】

道者寡，寡者清，清者醇。

【臧否】

极度感人，恍入其境！

【困扰】

谁不追求享乐？谁又不追求空灵？

【智语】

知道适度，才可以尊重。

【视野】

这是一段意识流！

老子在反省？

在自责？

在自叹？

还是正话反说？

是谦虚，也可能是吐槽。

是心声，也可能是无奈。

是失落，也可能是自励。

是俗心，也可能是孤寂。

《老子》不谈山。

除此处的春台可能与山有关外，《老子》5000言中无一处谈山。

为什么？

难道真是文明不上山的缘故？

文明总是集中在比较开阔的河流冲积平原上发展，总是在水路码头最方便的地方率先成熟，总是在人们交流更容易、交换更频繁、来往更密切的地方酝酿。有了河流，就有了人流，有了人流，就有了物流，有了物流，就有了意识思想流，有了意识思想流，就有了交流，有了交流，就有了文明流。深山老林是文明难以到达的地方，是支撑不了大量人口的地方，是落难避世养性修身的地方。或者这是老子忽略山野的缘故？

老子出生成长于楚地的涡河流域，那里平原开阔，水网密布，湖沼星罗。老子的思想中，既有鲜亮的淮北平原文化特色，又有外来的长江楚文化色彩，既北风凛冽，又饭稻羹鱼。当地物质生活或许不很发达，又远离政治中心及礼法制度的中心，人们思想宽松，个性鲜明，崇尚天地万物生灵远方。老子正是继承了母地这种深幽灵动、汪洋浩瀚的气质，再加上对中原洛阳黄淮厚风的体察，创造出独具一格的思想精华。

或正是曲高和寡，因此惹得老子落落寡欢？

道啊，你到底是个什么东西？看又看不见，摸又摸不到，听也没声音，一拳打出去却像打到了空气中。面对这样一个若有若无，似有又无，象有却无的东西，弃又弃不得，得又得不到，说又说不清，拿又拿不起，放更放不下，难怪老子无精打采，无所归依，不清不楚，浑浊懵懂呢。

道不是我们经验中的事物，不是我们经验过的事物，更不是我们可能会经验的事物。

道既是世界万物的根本和内源，又是世界万物的总体和外观。道是看不见的一切，也是看得见的一切。道不是一个神灵，道是一个生灵。道不是神灵的发明，道是一个生灵的创造。道不是神灵的点化，道是自然而然的结晶。道不是刻意安排的结果，道是自由生长的组合。

道是内心，道又是外在；道是细胞，道又是整体；道是五色，道又无色无味；道是反，道又是正；道如雷声轰鸣，道又润物无声；道心忧天下，道又无亲无疏；道远在天边，道又近于眼前；道让人喜，道又惹人怨；道带来幸福无边，道又带来起伏颠簸；道常无趣，道又魅力无尽；道力大无穷，道又涓涓细流；道内敛，道又外向；道无所不在，道又无处可觅；道混浊，道又清澈；道感性，道又理智；道寡言少语，道又似话唠滔滔不绝；道很强，道又示弱；道超越时间，道进入原始空间；道是四季，道又是每年每月每日每时每分每秒；道起于阴阳，更可能先于阴阳，譬如说，很久很久以前，那时候万物皆无，但有道，有道就有了阴阳，有阴阳就都和谐了嘛，和谐了就产生风雨，有风雨即萌发生命，有生命才知“道论”，知“道”然后才知阴阳，知阴阳后知风雨，知风雨才见生命……

如此循环往复，却不知“道”的尽头在哪里。

道啊，沉静无际，好像大海；自由奔放哦，好像疾风吹无止境。可是，大家都有作为，却唯独我愚拙鄙陋，为啥单单我和别人不一样，偏要重视从哪门子“道”里汲取营养？道啊，你在哪里？道啊，你在何方？道啊，你啥模样？道啊，你是俺的亲娘；道啊，我要向你倾诉衷肠！道啊，你显现一下模样吧！

【听雨花园笔记】

雨渐渐停下，温度不高，甚至还有点凉快，但又叫人觉得还不够爽，还时常会感觉身上黏乎乎的，大概是空气湿度较大的原因。我到园子里去。大盆子里已经接了大半盆雨水了。雨水很是奇怪，虽然都是水，但天上下下来的雨水，对植物和动物的滋养就非同一般：乌龟们都特别喜欢到积满雨水的盆子里去，雨后的植物都能听见它们疯长的咔咔声。这可能是雨水影响的是大的面积，是宏观环境的原因吧。13 只小乌龟在水里浮浮、沉沉，煞是悠然。看见有人来了，它们都赶紧钻到水底下，上午不小心爬进大水盆里的蜗牛都不见了踪影，一定成了乌龟们的美餐。我把切碎的精肉扔进水里，中等的和小的乌龟们很快就发现了，纷纷在水底抢食，连最小的那只小不点，也抢到了一块，一眨眼就吞了下去。如此一来，它们在一整个夏天和一整个秋天，就能长得很快，很结实，冬眠对它们来说，就是小菜一碟的事情了，就没有任何不安全的隐忧了。一只大乌龟在一只大花盆后面的大水盘子里，伸着头，东张西望的。我扔了一团肉给它，片刻后我回来，却发现肉没有动，大乌龟拖着肥大的身躯，离开了水盘，慢慢地从墙角隐蔽处爬走了。哦，今天已经是公历 6 月 1 日了，明天是端午节，热天也就是 6、7、8 三个月，大乌龟们该产蛋了，每一年都没有过多的适宜的时间供它们挥霍，它们真是辛苦，不过也是非常充实的。

【原文】

孔德之容，惟道是从。道之为物，惟恍惟惚。惚兮恍兮，其中有象；恍兮惚兮，其中有物。窈兮冥兮，其中有精；其精甚真，其中有信。自今及古，其名不去，以阅众甫。吾何以知众甫之状哉？以此。（共 71 字）

【译言】

大德的样态，只跟从着道而变化。道作为一种事物，似有若无。惚惚恍恍，其中有形象；恍恍惚惚，其中有实物。深远模糊，其中有精华；精华很真切，其中蕴含着丰富的信息。从现今追溯到过去，它的名字永远不消失，可以用来观察万物初始。我怎么知道万物起源的情状呢？就是根据道来认识的。

【音义】

孔德之容，大德的样子；孔，大；德，有说即得，得道义，得道为德；容，模样，容貌，形态。惟道是从，只要是道就跟从；惟，仅，只；从，服从，跟随。物，事物。惟恍惟惚，只是恍恍惚惚。象，形象。物，实物，物质。窈，音 yǎo 咬，深远。冥，幽深，昏昧不清楚。精，精华，精粹，精气。真，真切。信，信物，凭证，引为讯息；一说为验证，一说为信息。去，离去。阅，查看，审视。众，多，指万物。甫，起始，开始。

【重心】

对道的描写和述评。

【臧否】

意境深幽。

【困扰】

似有若无，如何涉足？

【智语】

知道满足，才不自我。

【视野】

《老子》的特点，还是“抽象”。

就像我前前后后说过了许多遍的那样。

《老子》的特点，还是飘忽不定。

还是模糊不确定。

还是漫无边界。

还是如水随形。

还是随遇而安。

还是顺应天地万态。

还是随机应变。

还是山川形便、犬牙交错（而老子从不谈山，不知为何）。

还是难以把握，难以把握啊。

还是只能意会，不可言明。

还是天地人道，万物融汇。

《老子》内里似乎是、也应该是农耕文明的精神。

万物、天地、流水、笨车、木匠、鸡犬、君王、百姓、农作、风箱、草狗、公母、天下、圣人、善人、俗人、鬼怪、天网……

尽是农耕文明话境中的符号。

但它又那么“洋气”，似乎是在工商文明的环境中产生的。

不见它封建、迷信。

也不见它过时、陈旧。

更不见它落伍、衰老。

倒像是走南闯北后的感悟。

也像是探索新工法后的总结。

更像是商贸计算后落下的习惯。

《老子》这么有生命力？

把不可能变为可能？

把可能变为永恒？

把文学的方法变成了哲学的理性？

把平常的事物变成了智慧的归纳？

真是奇怪！

我是说我的这种感觉真是奇怪！

我与老子的内心一定是相通的。我总是有这种感觉。

我与老子的心趣一定是相同的。我总是有这种感觉。

虽然《老子》竟像在工商文明的气氛中产生的，但当我脑瓜里一直装着《老子》走进江淮北部淮河流域中时，我还是有《老子》就在我身边、就在周围的田野里、就在周围的空气里的感觉。

这一天是2014年2月25日下午。天时而下些小雨，江淮微丘地带湿漉漉的，成块而不是成片的冬麦田呈深碧色，其余的田块除油菜和黄心乌外，空闲以待春用的田块也还不少。

从温暖、洁净、舒适的飘窗里望出去，天地间既不湿冷黏腻，也不干躁生尘；既不过于空旷，也不狭窄局促；既不噪声不可忍受，也不寂然得使人抓狂；既不富足得让人把持不住，也不贫瘠得令人逃走；既离地很近，也距天不远；既可起身去往乡野，也能即刻返回都市；既不为衣食忧愁，也不为财富拖累；既来之，则安之；既往之，则面对新的现实；既思考抽象命题，也享受娱乐的轻浅……多完美！整个环境给人的感觉就是舒意和安详，一切的一切都与世无争，都无为而治，都符合关于“德”的不可言说的状态，都符合道法自然的标准，都符合道一生二、二生三、生四、生五、生六、生七、生八、生九、生万物之生生不息、循环往复无根无源、皆根皆源的规矩和法则。

道法自然，即道即自然、自然而然、应然而然、本然而然、自然至上、如影随形、如水随形，是万物自由选择、自在决定、自主呈现的法则；道法自然，亦是人类应该守持的不干涉天地、不滋扰万物、由其自然生长的法则；道法自然，随万物自然节奏而起舞，已然扎根于老子的血液和基因之中。

在这种环境和心态、状态下……我断定，老子正是在这种情况下才写出《老子》的，别无他途。

我断定了再断定，一定如此！果然如此！没法不如此！

【听雨花园笔记】

夜里一直凉爽，早晨起来也凉凉快快的，真是舒服。今天是端午节，到园子里去巡视一番。把红芋秧子翻一翻，这是俺近40年前在淮北农村插队时学会的招数，因为雨后红芋秧子速长，会沿土壤爬得四面八方，红芋秧子的所有节点，都可能遇土扎根，分散营养，所以把红芋秧子翻个身，不让它们遇土扎根，是十分必要的程序。那时在农村，雨后专门要干这种活，每位社员都拎一根棍子，沿无边无际的红芋垄往前走，一边走，一边用棍子把铺天盖地的红芋秧翻到另一边去，这样秋后就能有很好的收成了。枣花继续盛开、怒放，园子里有些淡淡的花香。我站在枣树下望着北和西北的方向，内心里再一次期待有机会去华北平原，去那里的村庄，那里所有村庄的里里外外，无处不生长着成群成片的枣树，村庄中心还会有数百年树龄的枣树，华北平原真是个枣树的王国；内心还十分期待有机会去河南登封、许昌附近，去看一看许氏的宗贤许由隐居植枣的地方；我曾经搜集了许多关于枣树的资料，对枣树有着一种表达不清的特别的亲近，枣树有什么神奇的魅力吗？前几天看电视在湖南屈原故里有一位捕蛇人，他捕到蛇就左手按住蛇头，右手把蛇围绕蛇头依逆时针方向盘起来，然后用右手在蛇头的上空画一些看不见的符号，蛇就被定住了，一动不动，如果不解开，两小时后蛇就会死去，真是神奇、神秘！哦，对了，按照每年的习俗，端午节要在门上插艾草的啊。园长不在家，我也没上街办这件事……于是我折了一枝金银花，来到门外，插在门旁，祈愿春去夏来，诸事平顺！

【原文】

曲则全，枉则直，洼则盈，敝则新，少则多，多则惑。是以圣人抱一为天下式。不自见，故明；不自是，故彰；不自伐，故有功；不自矜，故能长。夫唯不争，故天下莫能与之争。古之所谓“曲则全”者，岂虚言哉！诚全而归之。（共79字）

【译言】

委曲反能保全，弯曲才能伸直，低洼故能盈满，破旧反能生新，少取反能多获，贪多却会迷乱。因此圣人坚守以道为衡量天下事物的标准。不自我表现，因此明智；不自以为是，因此彰显；不自我夸耀，因此功成；不自高自大，因此长久。正因为不与人争，所以天下没有能争得过他的。古人所说“委曲反能保全”的话，难道是空话吗！能够保全自己的人，全因明白这个道理。

【音义】

曲，弯曲，或引为委曲。全，保全，成全，完好。枉，音 wǎng 往，弯曲。洼，低凹。盈，满。敝，音 bì 必，破，破旧。惑，迷惑，疑惑，糊涂。抱，坚持，坚守。一，指道。式，即栻，古代一种占卜用具，用栻来测算占卜者未来的吉凶祸福；意为检测标准，测试标准。自见，自我表现；见，音 xiàn 现，表现。明，明智，明白，聪明。自是，自以为是。彰，彰显，显露。伐，夸耀。功，引为事业、功业。矜，骄傲。岂，音 qǐ 乞，难道。虚言，空话，空谈。诚，的确，确实。

【重心】

事物的两面，自我的规范。

【臧否】

有条件地不认同。

【困扰】

说起来容易，做起来难。

【智语】

知道适可而止，才能够理解他人。

【视野】

委曲反能保全，弯曲才能伸直，低洼故能盈满，破旧反能生新，少取反能多获，贪多却会迷乱，不与人争，不自我表现，不自以为是，不自我夸耀，不自高自大，淡然与适度，才为最好……

以上，都是2500年后我们的行为准则。

总而言之，人不能以人为中心，人也不可以自己为中心。以人为中心显得过于狭隘，以自己为中心显得斤斤计较。

以人为中心，最终人成不了中心；以自己为中心，最终自己成不了中心。

总要想着他人，为他人着想；总要想着万物，为万物着想。

要化解以人为中心的固执，要淡然以自我为中心的偏拗。

从某种意义上看，老子的思想，已经深深地进入我们的生活和血液中，成为我们的集体记忆，改不了、涂不掉、挖不去、抹不净、擦不灭了。

真是神奇！

也颇奇怪。

中国人就这么容易“盲从”“顺从”“迷信”“死板”“执着”“懒惰”，抱道为天下式？

2500 年来，难道我们这些后生就这么不思奋发、不求上进、不认进取、不讲发展、不出大师？

难道我们从老庄孔孟以后就不再进化？智力的演进已经停滞？自然的选择已经失效？

那么什么叫进化？

一个物种基因库在一段时间内的任何变化都叫进化。

这种进化在老子的时代靠的是自然选择。

自然选择是生物进化领域最核心的概念，也是生物进化最关键的因素。在严酷的生存过程中，自然选择特别有利于生物体选择有利的遗传，而逐渐排除不利的遗传。

但在当今的科学背景中，自然选择似乎已经变得不那么重要，或不那么单一重要了。人们可以通过基因改变和生育控制技术，进行自以为是的选择。

如果我们能通过考古找到老子的一根头发，甚至一片头皮屑就好了，那样的话，说不定我们就能成批次地复制出多个老子来，请他们随便写一篇文章，发在所谓的核心期刊上，人类的智慧就上去了。

人类的智慧上去了，人类现在碰到的问题就都迎刃而解了。

中国的问题也省心了，拿农业和食品安全来说，我们现在面临的过量化肥施用问题、过量农药施用问题、过密养殖潜藏的巨大风险、抗生素及食品添加剂滥用，都一定会有令人信服的解决妙招。

进化还有一个方面，就是文化、道德和精神基因的传承。

如果限制性地规定一个家族长期以某种活计为生，这个家族成员将遗传这种生产基因，对这种生产方式敏感和认同。如果限制性地提倡或反对某种是非观念，那个社会也将遗传对那种是非观念的提倡或反对。

长期的生存记忆能够产生集体道德记忆。生存记忆通过个体的大脑发挥作用，如果社会的大多数人都记住了某件事，那么那个社会就会记住那件事。生存记忆又具有导向性，如果社会的大多数人都记住了一件事的良，那么那个社会就会记住那是个良的事件；如果社会的大多数人都记住了一件事的恶，那么那个社会就会记住那是个恶的事件；如果社会的一部分人记住了这一件事的良，另一部分人却记住了这件事的恶，那么这个社会就会被撕裂。

道德记忆不在乎事物的本性，而在乎事物的价值观，不关乎事实，只关乎文化。在事物面前，个人主动，集体也主动；个人可以认为某件事好还是孬，集体也可以认为某件事好还是孬。在个人—集体记忆关系中，集体须集合个人，个人亦服从集体；集体将主导个人，个人亦影响集体。

委曲反能保全，弯曲才能伸直，低洼故能盈满，破旧反能生新，少取反能多获，贪多却会迷乱，不与人争，不自我表现，不自以为是，不自我夸耀，不自高自大，淡然与适度，才为最好……这都是我们的集体记忆，是我们选择性取舍的价值观。

老子所言，并非针对一事一物的处理方法，而是一种终极理想境界。

如果我们都“这样”了，都如此取舍、选择、主导了，天下岂不就完全文明了？至少岂不就完全中式文明了……

【听雨花园笔记】

雨后的夜来香越长越粗，越长越壮，越长越高，其中最高的一枝已经长得比筷子还粗，快赶上旁边的银杏树了。一只花壳的蜗牛爬在葱绿的夜来香枝头上，呵，蜗牛，你们可真是无所不在哦。蜗牛是一种看起来弱势的小动物，但它们每一只都有28000个细密的牙齿，所以它们吃起枯枝烂叶来，常如风卷残云。萝卜的叶子上现在也都爬满了蜗牛，它们的盛筵还在继续。如果在农家的菜地里，菜农们不会允许这种情况出现，对蜗牛的怂恿，就是对蔬菜的荒弃、对生活的荒废。但在我们的园子里，蜗牛和植物，都只是我们眼中风景的一部分。社会生态的构成，复杂而多样。

【原文】

希言自然。故飘风不终朝，骤雨不终日。孰为此者？天地。天地尚不能久，而况于人乎？故从事于道者，同于道；德者，同于德；失者，同于失。同于道者，道亦乐得之；同于德者，德亦乐得之；同于失者，失亦乐得之。信不足焉，有不信焉。（共86字）

【译言】

少施加政令合乎顺应自成的规则。狂风刮不了一个早晨，暴雨下不了一整天。谁让狂风暴雨这样的呢？是天地让它这样的。天地尚且不能让狂风暴雨持久，何况人呢？因此，依照道的规则行事的人，与道相同；依归于德的人，与德合一；失道失德的人，行为就失去道、失去德。与道一致的人，道也乐意得到他；与德一致的人，德也乐意得到他；与失道失德一致的人，道与德也会抛弃他。诚信不够，就会有不信任存在。

【音义】

希言，少说话，引为少发号令。自然，原来如此的状态。飘风，狂风，疾风；

飘，狂，大，暴。终，整，始终。朝，音 zhāo 招，早晨。孰，谁，哪个？尚，还，尚且。从事，依循，依照，按照。乐得之，乐意得到他；乐，乐意，愿意；之，代词，他。

【重心】

道不弃人，人不失德。

【臧否】

已阅。

【困扰】

可是，什么是道？什么是德？

【智语】

知道满足，才可以正确地估量自己。

【视野】

老子谈了这么多道，我们学了这么多道，我们谈了这么多道，我们讨论了这么多道，我们研究了这么多道，却还是不能肯定道是什么，不能用一句话说清楚道。

比如，我们现在都是意见大王，对社会，对政治，对环境，对周边，对他人，对感受，对安全，对食品，对道德，对教育，对未来，我们都有无数的意见、高见、高招、肯定、不满、发泄、建议，这是社会民主、思想自在的良好趋势。

但是，为什么我们的生活环境越来越脏，空气越来越污染，工作压力越来越大，食品越来越不安全，人际关系越来越紧张，我们的人均预期寿命却反而越来越高？我们每个人都有可能活得越来越久？

这里面是否有一个看不见的规律在支配着我们寿命的短长？是否有一个摸不着的力量在控制着我们的“幸福”和感受？

据美国专家研究，5 月中旬过后，玉米播种每推迟一天，收成就会减少 1%。这是玉米在未长成之前受到夏天炎日暴晒所致。

一位叫金寒梅的专家曾经写文章介绍是谁在自然中控制节奏。

人们在长期的生产实践中发现，事物的运动过程存在着一种奇妙的循环周期性，例如专家发现美国小麦丰收的周期是 9 年，中国大兴安岭松子的丰收周期是 6 年，地球出现干旱的周期是 22 年，欧洲气候变化周期是 35 年，英国小麦产量和心脏病发病率高峰期都是9.6年，世界每 11 年左右便有一批天才人物的重大发明创造问世。到底是什么力量支配着事物变化的循环周期？是太阳的活动吗？是月亮的牵引力吗？是宇宙的节奏吗？

人类社会似也如此。科学家们进行的一项研究表明，千万年来，人类社会的文明程度，并不取决于人类大脑智力的进化，而主要取决于人类社会的人口密度；人口密度大，社会的文明程度就高，反之则低。这是因为人口高度集中，使得人们能够更频繁地进行经验和能力交流，人们更容易借鉴他人的经验，利用他人的创造，从他人的智慧中获益，语言的能力才会突飞猛进，文化基因从量的积累到质的突变才有可能。

这与我们前面的讨论有共同之处。文明总是集中在比较开阔的河流冲积平原上发展，总是在水路码头最方便的地方率先成熟，总是在人们交流更容易交换更频繁来往更密切的地方酝酿。有了河流，就有了人流，有了人流，就有了物流，有了物流，就有了意识思想流，有了意识思想流，就有了交流，有了交流，就有了文明流。深山老林是文明难以到达的地方，是支撑不了大量人口的地方。人口密度加大了，文明就更快地到来了。

这些是不是真正的自然规律？我们怎样才知道那是真正的自然规律？

在宗教的世界里，那个看不见、摸不着的力量可能是玉帝、上帝、先知、神灵，需要去敬畏；在科学的世界里，那个看不见、摸不着的力量是科学的未知，需要去探索；但在《老子》这里，就是老子懵懵懂懂感觉到并提炼、凝聚、归纳、表达出来的“道”，道既不是玉帝、上帝、先知、神灵，也不是科学的未知，道是一种世界观和方法论，告诉我们看怎样的世界和怎样看世界。

道比早晨大，比暴雨大，比天地大，比科学大，比宗教大，更比人大。

道范围更广，视野更宽，无边无涯，无所不包。

【听雨花园笔记】

园长昨晚发来信息，说女儿快要生产了，已经住进了医院，发来的图片显示，午餐（时差 13 个小时）丰富，三明治，烤鸡肉，面包，牛肉汤，哈哈，伙食不错哦。今天早晨，我起来后仍到园子里去转一转，瞅一瞅。看到园子里的植物和小动物们，像往常一样，我立刻又像进入了原野，精神倍觉振奋。有架豆和无架豆都结出了果实，特别是有架豆，长长的豆角垂直向下，最长的已经超过 50 厘米了，它们脂玉般的花还在不断开放。春天新插的一枝无花果，长得不要太盛！大片的叶子朝气蓬勃，已经覆盖了相当一片领地。人类和自然界的其他生命一样，更新换代，生生不息，这真是令人欣喜！今天上午 9 点多，园长电话告诉我，女儿生了个小宝宝，胖乎乎的，6 斤多呢。哈，母女平安，我也放心了。

【原文】

企者不立，跨者不行。自见者不明，自是者不彰。自伐者无功，自矜者不长。其在道也，曰：余食赘行，物或恶之，故有道者不处。（共 47 字）

【译言】

踮着脚后跟站不住，跨着步往前走无法走。自我表现的人不自明，自以为是的人反倒不彰显。自我夸耀的人不会有成效，自高自大的人不得长久。从道的观点来看，可以这么说：（上述躁进等行为就像）多余的饮食和行为，惹众人厌恶。所以有道的人不会这么做。

【音义】

企，踮起脚后跟。跨，跨越行走。自见，自我表现，自我显露；见，音 xiàn 现。明，聪明，明智。自是，自以为是。彰，彰显。自伐，自我炫耀，自我夸耀。功，成效，效果。自矜，自高自大，自我骄傲。长，久长。其在道也，从道的观点看。余，多余。赘，音 zhuì 坠，多余的，无用的。物，别人，众人，或除我以外的物或人，多代指众人。恶，音 wù 务，厌恶，讨厌。处，音 chǔ 楚，处人行事。

【重心】

行为要有高级别的规范。

【臧否】

这一章真好！

【困扰】

总依循常规常理，是否会失去创意创新？

【智语】

知道适可而止，才能够善待他人。

【视野】

老子创立了一个探讨天地万物始源和规律问题的哲学体系，老子提出了对立统一的辩证思想。

踮着脚后跟站不住，跨着步往前走无法走，自我表现的人不自明，自以为是的人反倒不彰显，自我夸耀的人不会有成就，自高自大的人不得长久。

但这看起来似乎是又一个与当代主流观念的进取精神、市场意识、个人价值和现代时尚不相搭的例子。

你不自见难道要别人“见”；你不自彰，别人很难“彰”你；你不自我宣传，就有可能被埋没。所以既要别人见，也要自己见；既要别人彰，也要自己彰；既要别人宣传，也要自己宣传，这似乎才符合时代的特征。

多年前社会疯传黄鳝喂食避孕药，以使黄鳝变得肥大。传言一度使黄鳝形象污损，在酒店里点菜，也没有人敢点黄鳝了。

事实究竟如何？媒体上的一篇调查，做了全面的解答，并得出了十分肯定的结论：不可能。

为黄鳝催肥，要抓住几个环节。一个环节是喂食避孕药催肥；一个环节是增加雄鳝数量。黄鳝一生中有一个奇特变化，就是性逆转，黄鳝小的时候是雌性，产卵之后就逐渐过渡成雄性，因为雌鳝要生育，生育就要消耗能量，所以不让它生育就可以增加产量，以浸泡药浴的技术可以加快雌转雄的过程。

但是实验发现，喂食避孕药的黄鳝会出现高死亡率，低剂量组的死亡率也高达50%，这不是养殖户能够承受的，在经济考量中也极不划算。为黄鳝由雌转雄而进行的药浴，更需要严苛的条件，一般是在实验室环境中进行，在生产养殖条件下无法实现，这种办法不仅操作麻烦，转化率也很低；另外，黄鳝有一种同类抑制的习性，当喂养密度达到一定程度的时候，雌鳝就不再排卵繁殖，因此不需要用人工用药的方式来达到相同的目的。

给黄鳝使用激素的情况也几乎不可能。给黄鳝使用激素一般有三种途径：一种是口服，一种是肌肉注射，一种是药浴。水环境中口服激素成本更高，死亡率也高，还要对黄鳝进行驯食，黄鳝又常有拒食异味饲料的特性，因此并不现实。肌肉注射面对成千上万条生产性养殖的黄鳝而言，难以实行。药浴也面临高成本、低效率的问题，无法进行。因此，黄鳝喂食避孕药催肥的传闻，没有可信度。

如果相关方面不自我介绍、自我宣传，我们不会了解到事物的另一面。

是的，这些例子都没有错，都是一种新鲜的见识。

但是，老子更不会错。

读老子，我们必须跳出他的例证看思想，必须蹦出他的表面看背后，必须跨出他的范围读菁华。

老子教育我们的，是原理，只有掌握了原理，才能举一反三，才能道理互通，才能不人云亦云，才能见识独具。

当然，这种“自见”与他见的观念，也是动态变换的过程。进取到一个临界线，就需要守静，守静到一个临界线，又需要进取。

循环往复，没有穷尽。

后人对古代经典的解读、释义，总是沾满了“当代性”，也就是当代的语言观、价值观甚至方法论。当下的思想，当下的观念，当下的时尚，当下的语义，当下的语法，当下的心态，当下的好恶，这些总会逐渐地、稳步地、不知不觉地渗透入对古代典籍的解读中，并终将成为古代典籍的一部分，哪怕仅仅是一个附属的部分。

这大概就是所谓的文化传承和文化积累吧！

【听雨花园笔记】

几天不在家，花园已经变成一个收获的场所了。周六这一天的中午，我终于能够安静地睡了个午觉，起来后我精神抖擞，拎着园长常用的小篮子，到园子里去采收。天有些儿闷热，我光着膀子，这是在自己家的园子里，又是在高处，不会有什么不妥。呵，所有的有架豆和无架豆都在开花、结果，虽然长长的果实还不够粗实。辣椒结得可真多，又大又黑，我摘了一个又一个，一口气摘了三四十个才住手，这我可怎么吃得掉哦。顺手留下的一盆洋葱也都结成了球根，几次想把它们挖出来，想想还是算了：反正我又不急着消费它们，还是等园长回来再起吧，让她找到收获的感觉。维护园长的利益，就得从一点一滴的小事想起、做起呢！最后一盆蒜头都很小，但独头蒜多，干了以后可辣了，吃的时候必须小心，以免辣得受不了。红芋秧子完全铺展开来，把裸露的土地都遮盖上了。发现一只闲盆里长出了西瓜秧，这是什么时候留下的种子？赶紧给它浇透水，至于能否结果，那是无法预料的。

【原文】

有物混成，先天地生。寂兮寥兮，独立而不改，周行而不殆，可以为天地母。吾不知其名，强字之曰道，强为之名曰大。大曰逝，逝曰远，远曰反。故道大，天大，地大，人亦大。域中有四大，而人居其一焉。人法地，地法天，天法道，道法自然。(共 87 字)

【译言】

有一个东西混然天成，在天地出现之前就生成了。它没有声音，没有形状，独自存在永不改变，循环运行永不懈怠，可以算做天地万物的本源。我不知道它的名字，勉强叫它道，再勉强给它起个名叫大。大就叫作逝，逝就叫作远，远就叫作反。因此道大，天大，地大，人也大。宇宙中有四大，人是其中之一。人效法地，地效法天，天效法道，道效法自然。

【音义】

有物混成，有一个东西混沌天成。寂，无声。兮，语气词。寥，空虚。独立，独自存在。改，变更，改变。周，循环，环绕。殆，通“怠”，懈怠。母，根本，本源。吾，我。强，非得，勉强，硬要。字之，给它起名；字，古人的表字，即在本名之外另起一个与本名有意思上联系的名字，称为字，此处指起名；之，代词，它，即道。大，老子给道起的另一个名，或有极言道无边无际、无所不包义。逝，运行不止。远，广远无边。反，同“返”，返本归源，循环往复。域中，古人认知的全部空间，指整个宇宙。居，占居。法，效法。自然，自然而然，本来如此。

【重心】

对“道”的猜测和描述：从哪里来？啥样子？与他者的关系。

【臧否】

重回深邃的思考中，赞一个！

【困扰】

老子自己都不知“道”，我们怎么能知晓。

【智语】

知道满足，才可以减少冲突。

【视野】

可喜欢这一章了!!

这一章有文学，有循环，有平等，还有天人合一，地人合一，道人合一。

人就是天，天就是地，地就是道，道就是万物，万物就是自然而然，自然而然就是人，人就是道，人就是万物，人也是天，人也是地……

有发挥、想象和讨论的空间，真好呢！

真真的好！无限的好呢！

就这一章，就够许多人吃一辈子，喝几辈子了！

“天人合一”的宇宙观，“道生一，一生二，二生三，三生万物”，“人法地，地法天，天法道，道法自然”，你不能不说这是一种因果关系，互连关系，源流关系，但也是一种循环往复的关系，周而复始的关系，互文互生的关系。

宗教上或神话里说，没有上帝，没有造物主，没有玉皇大帝，没有神灵，哪儿有人呢？哪儿有这个世界呢？可是从唯心角度看，没有人，哪儿有上帝、玉皇大帝、造物主、神灵呢？因为人不知道的，就等于不存在。老子说，没有道，哪有天、地、人，没有天、地、人，又哪儿有道呢？这也是一种信仰。

可是我要声明，这并非我的信仰，我既非完全唯心的，也非完全唯物的。在不同的场合、环境、时空，比如在固体、液体或气体等不同的介质中，我可能是唯物的，也可能是唯心的，还可能是物、心不分的，十分不确定，但又有其内在规则，很难揣摩、捉摸，而又秩序井然。

可是，老子的这些想法，起源于哪里呢？

我可以想象老子回忆起他的幼年和少年——老子生下来就白胡子白眉毛了，如果他像我们一样有幼年和少年的话——站在涡河岸的旷野上，举目四望，激动不已、振臂高呼时的情景。

那时，2000 多年前，淮涡平原已冲积而成，河流深切，蜿蜒曲折，土层深厚，肥田沃野，树影幢幢，鱼翔兽走。

附近河流众多，茨水、濉水、涣水、泉水、北淝水、西淝水、颍水、汝水、包水、潼水，纷流入淮。

老子神圣，也许不吃不喝，但他一定会在原野上漫步。

平原宏阔，旱田里种有小米，水田里种有水稻。这种耐旱的小米在生长季只要有一场透雨就能结果成熟；这种低产的水稻也是村邻二愣子刚选驯而成。

汛期将至，老子于暴雨过后的清爽时刻，走出盛长着李子树的小院，走到涡河高岸上看原野，望天下。只见水流四野，漫漶遍地。水并不挑拣，完全是如影随形的，哪里低洼，它就流去哪里，直到填满而已。那里的地形是方的，水就是方的，那里的地形是圆的，水就是圆的，那里的地形是不规则的，水就是不规则的。水聚集在低洼处，现在叫作行蓄洪区，它聚集在那里，就不仅要接纳流来的甘泉、飘至的鲜花，也要接纳枯枝败叶、小动物的尸体和动物粪便。

这正是江海的包容性。

也是老子道论哲学的不确定性及水性。

大水漫溢横流，它从不挑挑拣拣，只要有机会，有可能，它就如影随形，顺势而为，随遇而安，适应所有的环境，利用一切的机会，甚至用一万年切山开石。水的理论全无定法，万物的形状，就是它的形状；世界的法则，就是它的法则；自然的状态，就是它的状态；天地的变化，就是它的变化；人的意志，就是它的意志；它是天，是地，是人，是道，是自然而然，是万物，是时间，是空间，是有形，是无形，是昨天，是当下，是未来，是永恒，是部分，是全部，是细节，是一切。

老子的思想源于他身边自然万物的长期浸染。

老子的宏阔源于淮涡平原的无涯无垠。

老子的哲学源于随机应变、把握所有机会和可能的水态。

【听雨花园笔记】

气温已经稳定下来了，早晨最低温度 21 摄氏度左右，中午最高温度 32 摄氏度左右，这样的温度，恐怕也是最适合园子里的蔬菜生长和开花结果的。生姜每年的发芽长叶是最晚的，要到阳历的 5 月中下旬才出得来，现在已经离土 30 多厘米了。辣椒开始大量地结果，也就十来棵辣椒，但现在结的果实，一个人两个人是吃不完的。无花果树上结满了圆圆的果实，我早晚都给它浇透水，因为我知道，如果有一次水浇得不够，它的果实就会脱落。无花果叶子肥大，蒸发量也了得，缺了水那还得了，它的蜜一样的果实可是水和蜜掺兑而成呢。最能结的是豆角，园子里的有架豆和无架豆开了无数的花，结了许多许多长的和短的豆角。有架豆因为攀爬在空中，得阳光与风之先，所以只要水肥充足，它们就会挂下来一根根长达大半米肥肥的豆角，真是喜欢死人了；无架豆不攀爬，结的豆角也短，但数量众多，随便拨拉拨拉茂密的叶子，上下左右都能看见肥肥的豆角。这几天，我每天早晨都要到园子里去采摘一些辣椒和豆角。我发现，水、肥、阳光、温度、风，对豆角都是重要的，昨晚还瘦小未成的果实，早晨已经又肥又大，可以采收了。

【原文】

重为轻根，静为躁君。是以君子终日行不离辎重。虽有荣观，燕处超然。奈何万乘之主，而以身轻天下？轻则失根，躁则失君。（共47字）

【译言】

重是轻的根本，沉静是躁动的主宰。因此君子整天行走，不离开载有丰厚物资的车辆。虽然有华丽的生活，安享却不沉溺。身为大国的君主，怎能以轻率的行为治理天下呢？轻浮就会失去根本，躁动就会失去主宰。

【音义】

躁，急躁，躁动，浮躁。君，此指主宰。是以，因此。君子终日行不离辎重，或由于统治者和军队首脑出行或打仗，须臾离不开后勤补给，因此辎重车或代表了一种胜利的根本，没有辎重车的重，就没有成功和胜利，失去了辎重车的轻，或代表了一种不值得遵循的标准；辎重，出门携带的物资，常指军用物资；辎，音 zī 资，有帷盖的载重大车。荣观，一说为偏正结构，繁华的场馆；一说为专有名词，即某处宫馆。燕，闲，悠然。万乘，一万辆兵车，只有大国才有；万或泛指，极言其多；乘，音 shèng 剩。

【重心】

行为与处事的准则。

【臧否】

不置可否。

【困扰】

这难道不是对社会、政治现象的干涉？

【智语】

知道适可而止，才可以以中为用。

【视野】

大国的君主不可以以轻率、轻浮、火烧火燎的心态治理国家、处理政务、管理社会。

这既因为轻率、轻浮、火烧火燎的心态使人看不清事物的面目，更由于天地万物的真相我们还几乎完全不了解、不明白和不知底。

美国科学新闻网列举了21世纪十大有待解开的科学谜团。

这十大谜团是：1. 生命是如何起源的？虽然已经有多种多样的猜想和研究，但总是解释不了。2. 暗物质到底是什么？太空中的引力远比可见物质产生的引力要多，那么产生额外引力的物质是什么物质？3. 推动宇宙加速的暗能量本质是什么？有一种物质在推动着宇宙以日益加快的速度膨胀，但暗能量的本质仍然是谜。4. 如何衡量证据？这个问题太神秘了，以至于许多科学家都没有意识到它的存在。5. 基因、癌症和运气：有一些说法认为大多数癌症患者都是由于运气不佳，但专家对罹患癌症到底是由于随机突变（坏运气）、遗传（父母遗传）、生活方式（自己的原因），还是环境因素（别人的原因）孰轻孰重没有定论。6. 空间还有多出来的维度吗？这太专业了。7. 时间的本质：如果我们了解了时间的本质，也许就能找到利用这些时间的捷径。8. 量子引力：这也很专业。9. 其他地方存在智慧生命吗？似乎很有可能，因为外星球的数量太多了，但是迄今尚未得到验证。10. 量子纠缠的意义：所有关于量子的谜团都没有令人满意的解答，如果量子纠缠的问题得到解决，那么其他问题都会迎刃而解。

这些高深的科学话题老子那个时代无疑应该是存在的（不一定是相同的内容），但老子他们一定不知道，即使在当下，也没有几个人对这些话题感兴趣，虽然它们仍然存在着。

气候的话题则不同，气候的话题现在和所有的人都有关。

气候变暖会让海洋“窒息”，因为海洋的含氧量可能会大幅下降，各种海洋生物都会受到影响；气候影响人类语言发展，在干旱尤其是干冷环境下，要发出复杂的声调大概比在温暖湿润的环境下困难。

当今地球是否正在变暖？如果正在变暖是人类所为还是正常现象？如果正在变暖，人类如何应对？

第一种观点认为地球正在变暖，但这种变暖是地球周期变化的正常现象，不必大惊小怪；第二种观点认为地球的变暖是人类行为导致的，必须认真对待，并且减少碳的排放；第三种观点认为现在已经来不及了，气候变暖的趋势不可逆转，人类现在就要学习如何在极端条件下生存，或放弃地球，另找人类的家园；第四种观点认为即使地球正在变暖，也没有什么可怕的，人类已经多次经历地球气候的变化了；第五种观点认为对于地球变暖的过激反应，只不过是发达国家限制发展中国家发展的一个借口；第六种观点认为，地球变暖是好事，正是中古时期的全球变暖，促进了欧洲的大发展。

对中国来说，我国是一个多气象灾害的国家，人们一直都在与自然作抗争。在我们的印象中，“风调雨顺”的“正常”气象年份十分少见，大多数情况下只是一种美好的期待和愿望；而非正常的年份，大热、大冷、干旱、多雨等等，则经常出现，因此在人们的心目中，不正常的气候，经历得多了，也就变得“正常”了，正常的年份，反倒叫人觉得不真实。

正确的反应来源于我们对事物的了解，不正确的反应是由于我们对事物的不了解或一知半解。急躁、浮躁和焦躁的心态，只能导致我们作出错误的决定，对于社会的管理者，这尤其重要。

【听雨花园笔记】

天亮以后我又补了一觉。太阳出来以后我也起来了，我开了门到园子里转一转，伸一伸懒腰，咂吧咂吧生活中暂时出现新内容后的滋味。

足球世界杯4年才来一次，又是在国际日期变更线那边很远的地方踢，时差不是一般的多，对我这样凑热闹的人来说，需要一个适应的过程。

今天没有安排，所以昨晚从外面回来后，洗了两个香瓜，泡一杯香茶，待在空调房间里慢慢地看足球。这倒符合巴西世界杯组织者的提倡：放松，享受。

第一场看的是墨西哥 VS 喀麦隆，1∶0，墨西哥胜。第二场看的是西班牙 VS 荷兰。看第二场时，已是鸡叫三通时分，抵挡不住生理规律，只好看看睡睡，睡睡再看。如此者数番，等我再睁眼时，荷兰已经灌了西班牙个5∶1。

我吃了一吓，从床上跳将起来。据说在世界杯历史上，西班牙上一次的顶级惨败，也发生在巴西：1950年巴西世界杯第二阶段小组赛上，西班牙被东道主闷了个1∶6。

不过我很快又躺回床上。用行家的话说，这就是足球，不值得大惊小怪。

【原文】

善行无辙迹；善言无瑕谪；善数不用筹策；善闭无关楗而不可开，善结无绳约而不可解。是以圣人常善救人，故无弃人；常善救物，故无弃物。是谓袭明。故，善人者不善人之师；不善人者善人之资。不贵其师，不爱其资，虽智大迷。是谓要妙。（共91字）

【译言】

善于行走的，不留下痕迹；善于说话的，言谈无差错；善于计算的，不使用计算工具；善于关闭的，没有栓销也使人打不开；善于捆绑的，不用绳索也使人解不开。因此圣人总是善于人尽其用，所以没有弃用之人；总是善于物尽其用，没有弃用之物。这就叫作双重的明智。因此，善于用人的人，是不善于用人的人的老师；不善于用人的人，是善于用人的人的反面教材。不敬重老师，不珍重负面的教材，虽然自以为聪明，其实是大迷糊。这就叫了不得的精妙。

【音义】

善行，关于行走。辙迹，走过的痕迹；辙，音 zhé 哲，车辙，车辆走过留下的痕迹；迹，脚印，常指人、畜、禽留下的脚、蹄印。瑕谪，音 xiá zhé 霞哲，过失，过错。数，音 shǔ 蜀，计算。筹策，古代计算用的工具；筹，计算用的筹码，策，串编成的竹简。关楗，门闩。结，打结，此指拴系、捆绑。绳约，绳索；约，绳。救人，求助别人，拯救他人，此指挖掘他人才华，使人在人生价值和社会价值上起死回生。弃，放弃。袭，重叠。明，明智，明白，聪明。善人，善于用人。师，老师。资，凭借，依凭。

【重心】

生活的哲理，政治的艺术。

【臧否】

这一章大好！

【困扰】

总是一分为二地看问题，那怎么行动呢？

【智语】

知道满足，才可以融合。

【视野】

在前面的部分，我们猜测《老子》是老子在冬天做出写作决定的。尹喜的约稿只是一个导引索，是捅破窗户纸的那个人，但决定写这本书，是老子早在之前某一个冬天就决定了的。

根据科学家的研究，寒冷使人体内血清素等水平较高，昏暗和下雨下雪的天气使人睡眠充足，人脑在缺少阳光的环境里更容易做出有条有据的分析、推断。而春天和夏天由于人们比较冲动或疲于应对不适的环境，则易于做出短视和考虑欠全面的决定。因而冬季有助于人们做出正确的重要决定。如果不是这样的话，《老子》怎么会写这么好、这么永久、这么永恒、这么经典、这么霸气、这么服人、这么艺术！

如果我的猜测是正确的，那么我还会继续猜测：写作《老子》的决定是冬天作出的，而写作《老子》则是秋天的事情。因为《老子》通篇充满了秋天般清醒的思路、成熟的思考、冷静的论说、广远的视界、深邃的观察、细微的洞见、可感的体察、睿智的谈论、宽厚的淡然、稳固的安定。春天的冲动和夏天的热烈，很难营造出这种心绪和状态。

老子的出生大概也在秋天，因为秋天出生的人，在秋天最能找到自己的感觉、灵感和思想。我出生于秋天，有许多年我写小说，都是秋天最有感觉，最能写得好一些，最常出现奇思妙想，最有稳定的情绪，最能思路顺畅，最易出神入化，最能思如泉涌，最神奇和无心插柳。

老子在这一章里把人分为擅长和不擅长，得出人人都有短长，须得物尽其用、知人善用的结论。

老子在这一章里又把人分为善的人和不善的人。

更重要的，老子是要告诉我们，人无完人，人有短长，善与不善、优秀与不优秀、有能力与无能力也会相互转化，善有善用，恶有恶用，优可劣，劣亦可优，不同的立场和视角，也将得出不同的结论。

人与人性格有别，价值取向不同，心灵密码各异，善与非善，不仅仅是好与坏，更重要的还是如何物尽其用。在善恶优劣方面，老子把人们区分开来，但在待人方面，老子把所有的人都一视同仁。有能力的人固然可以做事、做成事；但没有那种能力的人，有可能有其他能力；没有能力的人还可以成为有能力人的参照，以此提醒大家、唤醒大家，要争取去做一个有能力的人、对社会对他人有用的人。

善与非善、优与不优的认定，还与认定者的修养、眼光、心态有直接的关系。认定者本来就目光短浅、视野局促、心胸狭窄或公权私用，怎么能以公平、公正的眼光、心态和行为去实事求是地认定人的好与差？怎么能物尽其用、知人善用、天下为公呢！

老子得出的，还是人人都有短长，须得物尽其用、知人善用的结论。

【听雨花园笔记】

上回说到周六上午没有安排，所以周五晚上回到家里后，就洗了两个香酥瓜，又泡了一杯好茶，到空调房间里，好好地放松心情，享受足球。且不说墨西哥 VS 喀麦隆，1∶0墨西哥胜，西班牙 VS 荷兰，1∶5西班牙惨败，就说电视里的一些花絮，就够我笑好久的了。

问到一个足球鉴赏水平和我差不多的网友：是否看好喀麦隆？那网友反问：喀麦隆在哪里？为什么要看好它？我大笑。

其实这位网友水平很高，他说出的是问题的一个实质。

我喜欢谁，就粉谁，至于其他，那只好谁谁去了。

如此一来，我倒真还期待着法国的出场，因为在大大小小的不少方面，我都感觉法国和中国有共同之处，有缘似的。法国是欧洲国土面积最大的国家，钟情于自辟蹊径的创新，政治上有大哥范，精神气质包容、宽厚，不像欧洲的有些国家算得那么精，呵，不过，这些也许亦是缺点。

英国和德国似乎比法国更有城市感。法国的农业气息浓厚，城市的细微处有些就不那么讲究了。法国的麦田、玉米地又大又宽，路篱上还开着淡香的金银花，人少的地方就顺其自然了，不像德国或欧洲那些更小的国家，到处都拾掇得整整齐齐。

天亮以后，香酥瓜吃完，香茶已清淡如水，我关了电视睡觉。

【原文】

知其雄，守其雌，为天下谿。为天下谿，常德不离，复归于婴儿。知其白，守其黑，为天下式。为天下式，常德不忒，复归于无极。知其荣，守其辱，为天下谷。为天下谷，常德乃足，复归于朴。朴散则为器，圣人用之，则为官长，故大制不割。（共86字）

【译言】

知道刚强，却坚守柔弱，甘心居于天下卑低之处。居于天下卑低之处，永恒的德性就不会离失，就回复到婴儿的单纯状态。知道有光亮，却守持暗昧，甘愿做天下的低谷。做天下的低谷，永恒的德才不会偏离，回复至道的不可穷极之境。知道荣耀，却安守屈辱，甘心居于天下的低洼处。甘心居于天下的低洼处，永恒的德才会充实，回复到质朴的道的状态。质朴的道派生出各种实际可操作之物，圣人使用这些实物，就可以成为百官之长，所以天然的社会体系会保持道的完整性。

【音义】

雄，代指刚强。雌，代指柔弱。谿，音 xī 溪，同“溪”，山谷间小水流，意为位处低下。常，恒常，永久。离，离开，脱离。婴儿，指纯真、单纯。知，知道，明白。守，守持。黑，黑暗，昏暗。式，即“栻”，古代一种占卜用具，用栻来测算占卜者未来的吉凶祸福，意为检测标准，测试标准；引申到句中，或是说明知溪谷在低位还能坚守低位，这才是检验人们品德的准则；有说自“守其黑”至“知其荣”均为后人窜入、妄加。忒，音 tè 特，差错。无极，派生万物的主体，即道，因其无边、无际、无形、无味，因称无极。荣，荣耀。辱，屈辱。谷，两山之间最低处，有水称溪，无水称谷。足，充实，满足。朴，质朴，朴素；又引为道，因为道是质朴的。官长，百官之长，指统治者。大制不割，完整的社会体系是天然形成的，不可割裂；又说天然的社会体系会保持道的完整性；又说完美的社会体制不会伤害人民。

【重心】

洞察事理，守持心态。

【臧否】

哦，妙不可言。

【困扰】

知道的，不一定是做得到的。

【智语】

知道适可而止，才能够化解心结。

【视野】

老子在这一章里的议论可真是妙不可言！

老子的制脑权很高超，让人辩无可辩，只能乖乖接受。

老子的一系列短语体、智慧句、箴言范、妙论语，令人叹为观止，束手就擒，乖乖就范。

知道哪里有光明，却坚持于尚未成为光明的黑暗中。

知道哪些是已知，却坚持探寻尚未成为已知的未知。

知道哪些已经成熟，却坚持摸索尚未成熟的未熟。

知道哪些是强大，却坚持以弱胜强、以软制硬。

知道哪些是高精尖，却不动摇以低简陋为起点的长征。

知道哪些容易，却坚持扎牢基础、以难攻易。

知道什么是自己的主体性，却一定要坚持长远的包容性。

知道什么是繁华，却坚守自我的慢生活。

知道奢侈和腐败的极至之乐，却甘于简朴和素静。

知道好话悦耳，却宁肯忠言入心。

知道财富养人，却不如简单养心。

知道征服自然狂，却还是顺应自然好。

遵道、无为、守静、居下、合一，这是《老子》的要点，是中华传统文化的重要组成部分，是道论的主体。

甘心居于天下卑低之处，成为智者的一种自觉选择。我们看中国传统山水画，画上有天、有地、有山、有水、有屋宇、有树林、有飞鸟、有炊烟，但是人在哪里呢？道在哪里呢？原来，人在最低微处，只是一个小点，几乎看不见；道更看不见实体，但道的意境弥漫在整个画面里，道无色无形，却又无处不在。

知白守黑，是一种精神自信，更是一种精神境界。不知白而守黑，那是盲目；知其白而不守黑，那是逃避，或是顺应；知白知黑而弃白弃黑，那是逆叛；知其白而守其黑，那是自信和境界。

人生的终极归宿还是要回归自己的一种精神境界。这种境界是什么，那要自己来选择、来回答。其实也毋需回答，因为那是自己的选择，与他人并无直接关系。

如何选择个人的精神归宿，是一生的事情。如何安顿自己的灵魂，每天的生活都在对此进行修正。有人向往极乐的世界，有人信仰来世与来生，有人则崇尚与山林自然的契合。

出于自然万物，归于山水林原，吃的是五谷杂粮，枕的还是草坡田埂。天堂再好，也没有山林荒草好。于天高地远、人稀物僻处寻找人生的真理，这是有形的天人合一，自然与人的物质的融合。

另有一种无形的精神情感的融合。虽处于杂世，却清朗如月华泄地；虽顺天应时，却总以内在的无形为依托。

外在的有形和形式，就不重要了。

【听雨花园笔记】

天气十分憋闷、热燥，太阳消失不见了，天色阴沉，人们的呼吸感觉十分不畅。天上落下零零星星几点雨，这让人们觉得很有盼头，但也仅此而已，既有盼头，可又不见再有雨点落下，更谈不到阵雨、雷雨、暴雨畅快倾倒了。于是我也不再过分期待，而是平静了心情，按部就班去做该做的事。我提着园长的小篮子，到花园里去采摘辣椒和豆角。辣椒几天没收，又结了许多，多数颜色都已经深黑，这说明它们在辣椒秧上待的时间长了，如果不及时采收，既会让它们变老，更影响后续果实的丰盈。随便翻找一番，便收了小半篮子，它们可真能结，不过也是我浇灌管理得好呢。豆角更加丰收。有架豆到处悬挂，个个都有半米、小半米长，我右手拿着剪刀，左手拿着豆角，只要见到发白、发胖的，都要采收，不采收很快就会老掉。我收了一大把，放进篮子里，又收了一大把，又放入篮子里，再收了一大把，再放入篮子里。呵呵，真是大丰收哦！这应该是豆角今年的第一拨大丰收，这说明春天移栽有架豆和无架豆的方法是正确的，是今后应该坚持的。

【原文】

将欲取天下而为之，吾见其不得已。天下神器，不可为也，不可执也。为者败之，执者失之。夫物或行或随；或嘘或吹；或强或羸；或培或堕。是以圣人去甚、去奢、去泰。（共62字）

【译言】

打算占得天下并依个人意愿治理，我看他达不到目的。天下是神圣的东西，是不能够按个人意愿去塑造、去掌控的。勉强作为就会把好好的天下毁败，勉强掌控就会失去。天下众人，有的走在前面，有的跟在后面；有的行动缓慢，有的行走急切；有的强势，有的羸弱；有的增益，有的损毁。因此圣人不把极端、奢侈、过分做为选项。

【音义】

取，占有，夺取。不得已，不能够达到目的；得，达到，得到；已，同

“矣”，语助词。表示肯定。神器，神圣的器物，神圣的东西。不可为，不可以、不能够按个人意愿塑造。执，执掌，掌握，掌控。败，败坏，毁坏。物，众人，所有人。或，有的。嘘，吹，或有两义，一义慢喘气为嘘，表明走得缓，快喘气为呼，表明走得急；一义慢嘘气为暖，表示处境自如，快吹气为寒，表示处境寒凉。羸，音 léi 雷，瘦弱。培，增加。堕，损毁。甚，极端。奢，奢侈。泰，过分。

【重心】

社会管理者的边界。

【臧否】

有条件地认同。

【困扰】

但是边界在哪里呢？

【智语】

知道满足，才能扬鞭奋蹄。

【视野】

社会管理的边界在哪里，这是社会管理的体制永远要善对和解决的无解的问题。

这永远是一个动态、变化和改变中的问题。

其实更是一个实践的问题。

老子说的话，看起来很消极，因为他似乎反对对社会进行管理，也认为管理是一种吃力不讨好的行为。

但是，我们都知道，社会须臾离不开管理，社会片刻离不开各种各样的机构，哪怕你不喜欢甚至讨厌那些机构。

现代民族国家有几个硬性的指标：领土，人民，政府，主权。如果没有了政府，也就没有了管理，那就进入无政府状态了，那个社会，那个国家，就会快速崩溃。

好了，你似乎又要替老子说话了。

你总是在替老子说话，甚至狡辩，把《老子》都说成正能量，那可能吗？

但是，我们现在谈论《老子》，难道不就是在谈论《老子》中的正能量吗？

如果《老子》中都是负能量，我们还会两千多年如一日地谈论它吗？

难道会两千多年地去批判一篇古文吗？有必要吗？值得吗？

不值得！

老子在这一章里说的话，给我们的启示就是：管理是一门要求极高的艺术，社会复杂度也极高，切不可以勉强作为，更不可以妄为、乱为。

发现了勉强和乱为的情况，也要及时调整，要不断地调整。

20世纪七十年代，为了治理中国北部和西部的沙漠，中国政府开始打造三北（即西北、华北、东北）防护林项目。三北防护林是在中国北方三北地区兴建的大型人工林业生态工程，用以减缓日益加速的荒漠化和水土流失进程，由国家林业局西北、华北、东北防护林建设局（三北防护林工程管理办公室）负责实施。工程自1978年11月启动，分3个阶段、8期工程进行，预计于2050年完成。三北防护林号称世界上最大的生态工程，是中国北方的绿色长城。

2014年，英国一家周刊刊登了一篇相关介绍文章，文章引用中国科学家的话说，相较于其他地区，三北防护林地区的植被覆盖状况大为改善，而且沙尘暴明显减少。文章又说，但植树造林是否是一项长期的解决办法仍存在着争议，外界对这一做法的可行性一直存在着分歧，它还受到西方地理学者的广泛质疑。

在我们的观念中，植树造林是三北沙漠化控制或治理的首要选项，没有绿色，就有黄色；没有树木，就有沙漠，这会有错吗？

我们并没有想得更深、更细，或者说，舆论并没有影响我们去想更深、更细。

美国的一位学者批评说，中国对自然的强硬态度，尤其是在不能自然生长的地方植树，将最终起不到作用。她说，我们需要顺应自然，而非掌控自然。

另一位美国学者说，这些人工种植树木的存活率有多高？如果树木种不活，将会出现什么情况？

支持绿色长城工程的中国学者也说，政府不应该只重视扩大森林面积，在中国北方的大部分地区，更适宜种植草场。

这正是事物的复杂性和对事物细化的要求。

台湾诗人席慕蓉是内蒙古人，有一次她在一个报告会上说到内蒙古草场变化的情况。我在本书十六章的“视野”里曾提到过。

她说，我们觉得草原好像沙漠化了，所以草原应该回归大自然、禁牧，我们认为草原的敌人是游牧，是放牧，是牧人，所以我们把草原禁牧了，把这个地方圈起来禁牧，第一年好像草多长出一点，恢复了一点，但到第三年，牧草不见了，因为杂草生长了，原来在内蒙古草原上有600多种甚至上千种牧草，但是三年之后，给羊吃的草减少了。

她引用一位草原学者的话说，实行禁牧是错误的，牧民说长期不牧马，原来给马吃的草就不见了，长期不放羊，原来羊喜欢吃的牧草就变少了。禁牧5年以上，草场就变得老化了。除此以外，还有生产生活的改变，给牧民带来的文化上、精神上、情感上巨大压力的问题。

这正说明世间万物的复杂、多样。

世间万物有强，有弱，有急，有缓，有前，有后，有高，有低，“圣人”应把所有的可能尽可能地考虑进去。

而如果把极端、过分做为选项，则应慎之又慎。

【听雨花园笔记】

哈，园长回来了。

多日干旱，但园长回来的这天，天上下起了雨，相当于甘霖。凌晨4点，园长倒时差，兴奋得睡不着，起来到园子里捉蜗牛喂乌龟们，大小乌龟都围着她转，使她立刻找回了园长的威风。天亮以后又下起了不大的阵雨，气温也降下来了，很凉快，在家里也不能光着膀子了，得在上身穿上薄薄的内衣。有架的豇豆角都越挂越长，愈长愈粗、愈壮。君子兰绿油油长势旺盛，花期过后，君子兰一年里都在积蓄能量，以待来年；君子兰较为耐阴，夏天在能见得到阳光的屋内成长最好，闲来无事的时候，捧一杯香茗，在君子兰身边转转，细细地端详它的容颜，别有一番滋味在心头；仲秋后就要把君子兰搬到室外遮遮挡挡、10点以后的太阳不能直接照射得到的地方去了，加足水肥，补充光照，厚积养分，为下一个花期做准备。

【原文】

以道佐人主者，不以兵强天下。其事好还。师之所处，荆棘生焉。大军之后，必有凶年。善有果而已，不敢以取强。果而勿矜，果而勿伐，果而勿骄，果而不得已，果而勿强。物壮则老。是谓不道，不道早已。（共75字）

【译言】

用道辅佐君主的人，不靠武力逞强天下。用武力这样的事情容易遭到报应。军队到的地方，荆棘遍生。大战过后，一定有灾年。善于用兵的人，只求取得预期的结果就适可而止，不会过分示强。达到目的了不要骄傲，达到目的了不要自我夸耀，达到目的了不要自高自大，达到目的了这是因为没有别的选择，达到目的了不要强势示人。事物发展到旺盛时期就会趋向衰老。超出限度的示强是不符合道的，不符合道的就会早早消亡。

【音义】

佐，辅佐，辅助。人主，社会的统治者。兵，兵器，又指军队、军事、战事。强，逞强，示强。其事好还，用兵这件事容易遭受报应；其，代词，这，此；事，用兵之事；好，音 hào 浩，喜欢，容易；还，音 huán 环，回报，偿还。师，军队。处，所到之处。荆棘，泛指多刺丛生的灌木；荆，一种灌木；棘，酸枣树。凶年，荒年；凶，灾荒，庄稼收成不好；年，年头，年岁。善有果而已，善于用兵的人只求有预期的结果即适可而止；果，果实，结果。不敢，不能，不可。取强，采用强势姿态；取，选取，采用。矜，音 jīn 今，骄傲。伐，夸耀。骄，自高自大，自满。不得已，没有其他选择。物壮则老，事物发展到旺盛时期就会趋于衰老；壮，健壮，强壮。已，停止，结束，完毕，引为消亡。

【重心】

运兵用武的两分法。

【臧否】

言之有理。

【困扰】

如何才能把握现在、预知未来？

【智语】

知道适可而止，才能品茗怀旧。

【视野】

老子在这一章里谈适可而止；强调以文治世，不可以武取世；注重全面地看事物看问题，不宜片面地、局部地看事物看问题；推崇宏观思维，不应视野窄浅；主张放低姿态，注意盛极而衰。

用道取世的人，不靠武力逞强天下，不靠武力霸得人心，靠的是德治、善治、良政和文化的软力量，这样的模式，更可能持久，更可能获得人心，更可能来日方长。

现代文明国家，都十分注重人的权利。中国近些年来也开始发布相关的国家人权行动计划。计划的内容涵盖甚广，大致包括工作权利、基本生活水准权利、社会保障权利、财产权利、健康权利、受教育权利、文化权利、环境权利、人身权利、被羁押人的权利、获得公正审判权利、宗教信仰自由、知情权、参与权、表达权、监督权、少数民族权利、妇女权利、儿童权利、老年人权利、残疾人权利、人权教育、国际人权条约义务的履行、国际人权领域的交流与合作等。

在发布国家人权计划之前，针对美国发布的中国人权状况报告，中华人民共和国国务院新闻办公室也发布了一份关于美国的人权记录，对美国人权领域的负面状况给予披露。内容主要有：美国拥有强大的人力、财力和物力资源对暴力犯罪进行有效的控制，但美国社会却长期充斥暴力犯罪；美国公民的政治权利和自由受到严重侵犯，美国标榜自己是自由之地不过是自欺欺人；美国是世界头号经济强国，但仍有不少公民享受不到个人尊严和人格的自由发展所必需的经济、社会和文化权利保障；生活在美国的少数族裔受到长期的、系统的、广泛的、制度性的严重歧视，种族歧视成为美国价值观无法抹去的表征和符号；美国至今尚未批准《消除对妇女一切形式歧视公约》和《儿童权利公约》，对妇女儿童的漠视加重了美国妇女儿童的糟糕境遇；美国在国际上推行霸权主义，粗暴侵犯他国主权，肆意践踏他国人权，成为国际上一个不稳定的因素。

用武力会有报应，重人权则会加分。

但是世道和人道的盛衰，并非由一些单一的或简单的因素决定。一些过于强硬的国家或利益共同体，确因强硬或尚武而加速败亡；可历史上一些以文化成熟、发达而著称的共同体或朝代，不也就因为过软不硬而亡国吗？

所以软硬之间，更需要一个混搭的模式，是一个彼此交叉、灵活掌握、见机使用、艺术操控的模式。

我们因此而知：

武力会有报应，人权获得加分；

市场大于民主，福利大于自由；

没有永远的模式，只有永远的调整；

没有永远的固守，只有永远的坚持；

没有永远的不变，只有永远的变通；

没有永远的取得，只有永远的补充；

没有永远的平衡，只有永远的波动。

【听雨花园笔记】

除君子兰外，我家还有一些"边缘性"的植物，也就是那些平时不用多费心管理，也不用多惦记它们，只要给它们一些最基本、最简单的清水，它们就能在自己的边缘地带承受冷落、抗争环境、享受生命、生长得很好的植物，例如吊兰。吊兰既耐阴，也能承受较好的阳光，既不怕高温，也可以抵御零度以下的清浅低温。我家的一盆吊兰，15 年前种到一个大盆子里，放在书房离窗较近的地方，十几年来始终没挪地方，平时忘记了可以一两个星期不管它，想起来时就可多可少地给它浇一些水，下午可以晒得到一些太阳，长势却一直很好，甚至越长越旺，葱绿的一片，真有生命力！还有一盆紫叶草，放在西阳台的玻璃窗里，更没有人能经常想得起它，连水都浇得更少，它一忽儿"死"了，一忽儿又活了，哪怕仅留下一小段茎叶，见土遇水也能旺旺地发出一大盆来，到春天还会开出一阵又一阵的淡紫色的花朵，很了不起，很叫人钦佩。

【原文】

夫兵者，不祥之器，物或恶之，故有道者不处。君子居则贵左，用兵则贵右。兵者不祥之器，非君子之器，不得已而用之，恬淡为上。胜而不美，而美之者，是乐杀人。夫乐杀人者，则不可得志于天下矣。吉事尚左，凶事尚右。偏将军居左，上将军居右，言以丧礼处之。杀人之众，以悲哀泣之，战胜以丧礼处之。(共115字)

【译言】

兵器是不吉祥的东西，大家都讨厌它，因此有道的人不去接近它。君子平时以左为尊，打仗的时候就以右为尊。兵器是不吉祥的东西，不是君子使用的东西，不得已时使用它，最好淡然为之。胜利了不得意，假如因胜利得意，这是以杀人为乐。以杀人为乐的人，就不会实现统治天下的愿望。吉庆的事以左为贵，凶丧的事以右为贵。偏将军居于左位，上将军居于右位，这是说以丧礼的仪式来对待打仗。打仗杀人很多，用悲哀泣对战争，打了胜仗则以丧礼仪式处理。

【音义】

夫，发语词。兵，兵器，又指军队、武力、战争。不祥，不吉祥，不吉利。物，别人，众人，或除我以外的物或人，多代指众人。恶，讨厌，厌恶。不处，不身处，不接近。居，平时，一般生活中。贵左，以左为贵；贵，尊贵。恬淡，同义词连用，淡然，恬，淡泊，安静，安逸，舒适。不美，不以此为美；美，善，好。乐杀人，喜欢杀人，以杀人为乐；乐，快乐，喜欢。志，志向，理想。尚左，以左为上，即以左为尊，以左为贵；尚，上。偏将军，军官等阶；偏，副，辅助。处之，对待，处理。

【重心】

对武备和用兵的看法。

【臧否】

见地深远，但不可奉为圭臬。

【困扰】

我们不喜欢战争，但是战争却喜欢我们。

【智语】

武力会有报应，人权会获加分。

【视野】

我们不喜欢兵器，但是兵器喜欢我们；我们不喜欢战争，但是战争喜欢我们；我们不喜欢武力，但是武力喜欢我们；我们不喜欢烦恼，但是烦恼喜欢我们；我们不喜欢麻烦，但是麻烦喜欢我们；我们不喜欢失眠，但是失眠喜欢我们；我们不喜欢发火，但是发火喜欢我们；我们不喜欢失控，但是失控喜欢我们；我们不喜欢错误，但是错误喜欢我们；我们不喜欢失误，但是失误喜欢我们；我们不喜欢吹牛，但是吹牛喜欢我们；我们不喜欢抑郁，但是抑郁总找上我们……

我们喜欢和谐，但和谐不一定喜欢我们；我们喜欢富足，但贫穷更喜欢我们；

我们喜欢和平，但和平犹如宅男，很少来见我们；我们喜欢爱情，但爱情不一定光顾我们；我们喜欢金钱，但金钱总敬我们远之；我们喜欢健康，但健康不一定人人得到；我们喜欢顺利，但挫折不请自来；我们喜欢升官，但别人比我们爬得更快；我们喜欢二胎，但二胎养起来不易；我们喜欢灵感，但灵感不是随从、随叫随来……

打仗杀人很多，用悲哀泣对战争，打了胜仗则以丧礼仪式处理。

这一章一则是对战争的道德态度，即要慎对战争，慎用武力，慎使兵器；要道德性地看待战争和武力，不把战争看成简单的决定，不把兵器看成简单的器物，不把对他人不快看成简单的心理活动，不把别人的生命和财物看成简单的生命和财物。

二则是战争已经发生并且结束，也要慎终如始地用道德观念对待战场，对待结局，对待逝者，对待败者，对待未来。也就是要掐灭心中一切胜利和欢庆的念头，要考虑到战事的善后、人事的将来。

三则不可暴尸荒野，要丧葬如仪，该焚的焚，该埋的埋，该葬的葬。如此这般地处理，既是前述道德规则的要求，也是预防天灾的需要。任何官兵都不可草率对待。

【听雨花园笔记】

下了一天雨，又似下非下了两天。疑似进入了梅雨季节，天总是想下雨，却又总是下不下来，天气有些闷人，不过早晚还是凉快的，人体尚不太感觉难受。江南已经入梅，江淮会略迟几日。6月22日，值得小记一番，这一天有两只小乌龟由园长送朋友了，一路上园长都在和它们说话：你们要乖，要把你们送到一个新的人家，她也会对你们好的，你们要乖乖的。哈哈，园长还真有爱心哦。

园子里豆角继续快速结果，又多又粗又长，随手摘去，一摘就是一大把，煞是惹人喜爱。但可惜前段时间摘下来的豆角，想晒成干豆角，因为天气总阴不晴，一不小心，都生霉了，只好把生霉的那些弃绝。茄子却只在早期结了个白茄子，后来就一直没结，昨天去大姐家的菜园里看一看，同时种的茄子，已经结了许多紫茄子。这是怎么回事呢？难道是由于今年种的位置不对？得不到太多的风？我很有点儿郁闷。不过，还要再观察观察再说。

【原文】

道常无名，朴。虽小，天下莫能臣。侯王若能守之，万物将自宾。天地相合，以降甘露，民莫之令而自均。始制有名，名亦既有，夫亦将知止，知止可以不殆。譬道之在天下，犹川谷之于江海。（共70字）

【译言】

道永远无名而呈质朴状态。道虽然幽微不显，天下却没有谁能控制支配它。侯王如果能够守持它，万物都会自动服从。天地阴阳相交合，就降下甘露，百姓没有人命令也会自然均匀。万物出现，就产生了各种名称，既然有了名称，也就知道了各自的边界，知道边界就能够避免危险。天下归于道，就好像溪河归入江海一样。

【音义】

道常无名朴虽小，至少有四种句读法：一、道常无，名朴，虽小……；二、道常无名、朴。虽小……无名与朴都受常的修饰；三、道常无名，朴，虽小……朴不受常的修饰；四、道常无名。朴虽小……。臣，臣服。自宾，自己宾服，服从。民莫之令而自均，至少两解：一解，老百姓没有谁能命令天地，天地却自然均匀地分配；一解，老百姓没有人命令也会自动均匀；自均，自动均匀。始，开始，起源。制，作，引为兴起。名，名称。止，终止，停止。殆，危险。譬，比如，就好像。

【重心】

道及道的功用。

【臧否】

愈见精妙。

【困扰】

真有这样的“软实力”？

【智语】

知道满足，才能百折不挠。

【视野】

老子常以河流作比，也常提及河流，提到水，论及河流下游的包容性。

我常想：这是为什么？

写这本书之前，甚至从少年起，我就用步行、骑自行车或开车的方式，几乎跑遍了淮河主干及大小支流。又读了许多相应的地理、水文、水利、流域等专著，自我感觉对河流已经有了一定的了解。但读了《老子》之后，老子关于河流的哲思，促使我进一步从地理规律的源头上去了解河流。

相应的流程是这样的：

河水从根本上说来源于降雨；

河流从源头出发，不断接受水流的汇入，形成大的江河；

河水在流动过程中，在山地丘陵等坡陡流急处，对地表产生侵蚀作用；

水流携带侵蚀而成的大量泥沙向下游流去，并将部分泥沙卸载于水流较缓无法带动的谷间洼地，由此形成大小不一的谷间平原；

河水流出山口之后，流速变缓，致使更多泥沙沉降堆积，形成沿河沿江平原洼地；

更大洪水到来时，更多泥沙被携带冲入下游洪水泛滥区域，日积月累，形成广大的冲积平原；

千万年来，河流一直不断地进行着这项搬运的工作，不知疲倦；

于是形成我们现在看得见的地形地貌：沿谷地流下的溪流、山间盆地里的小平原、山外蜿蜒的河流、沿河洼地及平原、面积更大的河流冲积平原、河流最终流入大海；

人类集中居住在淡水环境，距河流的距离既不能过近，也不能过远；

过近容易遭受水害；

过远则取水不便，也容易遭遇猛兽袭击而发生危险；

这里所谓的远和近都不固定，都因地而定；

河流为人类的生存提供了大量必需的淡水，因而形成人类的水文化；

河流及其从属地域附生大量鱼类、两栖动物、水生植物、湿生植物，这些都是人类不可或缺的食物来源，因而形成人类的饮食文化；

河流与河谷是天然的交通通道，对于当地人类生存具有重要意义；

河流是重要的动力资源，给人类带来舟楫货运之便；

河谷平原及附近低山坡地一般具有良好的农耕条件，比较适宜垦殖活动；

河流两侧的山岭以及河流本身均有阻碍、隐藏和防御的军事功能，是河谷人群的安全屏障；

生活在同一流域河谷内的人群，他们的语言、风俗、习惯、行为方式、价值观都会趋同，并且由于比较封闭而不易改变，能够维持相对的独立性；

农耕文化中陆生作物也需要大量淡水灌溉，因而形成人类的农耕文化。

这大概就是为什么老子强调水善利万物而不争的进化动因；

这大概也就是为什么老子强调河流中下游有更大包容性的河流学原理；

老子敏锐地发现了人与天地万物中的人河密码，并且以哲思的方式加以概括、提升、言说。

能发现日常生活中的常态并且能准确地说出来，这正是老子的了不起。

【听雨花园笔记】

我家园子里“边缘性”的植物还有不少，都是花园衰落后留下来的品种，有酒瓶兰、朱顶红（兑兰）、天竺等等。酒瓶兰有两棵，一棵是许多年以前我在肥西县城外上派河附近的河滩上溜达时，看到花农把特小卖不上价的酒瓶兰扔到河滩上，我随手捡了一个回来养成的；另一棵则是我 10 年前在北京居住时，从花市里买的，球球上还叮了个很小很小的小球球；现在，捡回来和买回来的酒瓶兰都已经长得很大了，球径都有中等的花盆那么大了，叮在小球上的那个小球球，也随着小球长大了，后来我们把它掰下来，重新种在一个盆里，放到巢湖边的善水轩，它也慢慢地长大了；因为酒瓶兰是球根植物，所以特别耐旱，如果平时多给它水和肥，它自然能长得又快又好，如果浇水施肥不及时，也完全没有关系，它虽然会长得慢，但生命力旺盛，靠着消耗球球里的水，也不会死亡；我们放在巢湖善水轩的小酒瓶兰，有一次近半年没去浇过水，再去时，只见它球瘪瘪的，球球旁边的盆土空了一大块，叶子软耷着，但似乎离死亡还远着呢，真让人感慨它的生命力！

【原文】

知人者智，自知者明。胜人者有力，自胜者强。知足者富。强行者有志。不失其所者久。死而不亡者寿。（共38字）

【译言】

了解他人的人智慧，认识自己的人高明。战胜他人的人有力，战胜自己不足的人刚强。知道满足就等于富有。顽强进取就是有志向。不失去根本才能长久。人死了而名垂千古才是真正的长寿。

【音义】

知，了解，懂得，明白。智，智慧。明，明智，高明。胜人者，战胜他人的人。自胜者，战胜自己的人。富，富有。强行者，顽强进取的人。所，指根本、根基。寿，长寿。

【重心】

知己知彼，胜人胜己。

【臧否】

妙！

【困扰】

经常就是满足不了、停不下来。

【智语】

没有永远的模式，只有永远的调整。

【视野】

这一章真正是明白的、向上的、正能量的。

老子并未把认识他人和认识自己、战胜他人和战胜自己作高下之分。认识他人和认识自己、战胜他人和战胜自己，都是相等的，都值得肯定，都容易又都不容易，都属良品、智慧、刚强、有力。

认识他人的人智慧，认识自己的人高明；战胜他人的人有力，战胜自己不足的人就可以称得上强大！

说起来容易，做起来一定难死了。

听起来容易，面对时一定为难死了。

看起来容易，操作起来真是难死了。

认识起来容易，选择起来实在是难死了。

要求别人容易，要求自己那可是难死了。

认识他人：在某种程度上，我们都能认识他人，认识他人的长处、短处、强处、弱处；但我们往往会根据我们的需要，根据我们的好恶，根据我们的利益，根据我们的当时当下，来承认或不承认他人的长、短、强、弱，来屏蔽或不屏蔽他人的长、短、强、弱，来放大或缩小他人的长、短、强、弱。所以，认识他人的长短易，承认他人的长短难；认识他人的强弱易，承认他人的强弱难。

认识自己：从某种意义上，我们都能认识自己，认识自己的长处、短处、强处、弱处；但我们往往会根据我们的需要，根据我们的好恶，根据我们的利益，根据我们的当时当下，来承认或不承认自己的长、短、强、弱，来屏蔽或不屏蔽自己的长、短、强、弱，来放大或缩小自己的长、短、强、弱。所以，认识自己的长短易，承认自己的短处难；认识自己的强弱易，承认自己的弱点难。

战胜他人：在某种条件下，我们都能战胜他人，在实际上战胜，或从精神上战胜；但我们往往会根据我们的需要，根据我们的好恶，根据我们的利益，根据我们的当时当下，来战胜或败于他人，来屏蔽或不屏蔽对他人的战胜或战败，来放大或缩小对他人的战胜或战败。所以，战胜他人易，如何面对难；败于他人易，如何面对难。

战胜自己：在某种条件下，我们都能战胜自己，战胜自己的短处、弱处，弘扬自己的长处、强处；但我们往往会根据我们的需要，根据我们的好恶，根据我们的利益，根据我们的当时当下，来战胜或败于自己，来屏蔽或不屏蔽对自己的战胜或战败，来放大或缩小对自己的战胜或战败。所以，战胜自己易，不夸大战果难；战胜自己易，持续战胜难；战胜自己易，把握力度难；战胜自己易，永远与自己战斗难。

不同的角度，只能看到不同的侧面，但那肯定不是全面，也不是真相。人极易为自己的主见所固化，不愿、不能或无力见识相对全面的情况，所以人总是片面的，关键在于我们能否认识到我们的局限。

记忆可以虚构，道德能够重塑；记忆可以取舍，价值能够选择。从心理学角度说，记忆不关乎事实，只关乎文化；道德不关乎真相，只关乎取舍；好坏不关乎（事物的）本性，只关乎选择；人文不关乎是非，只关乎习惯。

认识他人，是为了认识自己，认识自己，才能更好地认识他人。战胜自己，是为了战胜他人，战胜他人，最终仍要战胜自己。

过度的自我和自我的执着可能会带来相应的灾害；过度的人情可能会带来无序、不智和无原则；但过度的理性、“公开公平公正”，也可能难以达致人性间的妥协，会把事情搞糟；文明之间有可能发生冲突，但文明之间又不是一定会发生冲突；文明之间不是一定会发生冲突，但文明之间又很可能会发生冲突。

理性长于治理，感性长于协商；人情生于宗族，理智生于商贸。

【听雨花园笔记】

天又下雨了，下半夜开始下的，是那种不大不小、不急不缓的雨，或许这就是传说中的梅雨季的开始。一早起来，就发现园子里的蜗牛借助雨水的作用，又开始大扩散、大迁徙了，墙壁上，玻璃窗上，花盆的盆沿上，花草和蔬菜的枝叶、茎蔓上，各处都是蜗牛迁徙大军。但在感觉上，总觉得园子里的热闹程度大大减弱了，这很可能是心理因素。大乌龟们也许夜里自寻蜗牛和蚯蚓，吃得太饱不愿露面，现在正舒舒服服躲在哪个隐蔽处享受休息的快乐；而小乌龟们，多数都送给园长和我的朋友了：有两只送给了 Zhu，两只送给了 M，两只送给了 He，两只送给了 H，两只将要送给园长的小侄子，一只将要送给 Z，家里将只会留下两只尚未长大的小小乌龟，因此觉得心里空落落的，觉得园子里不那么热闹了。这些小乌龟们，早前朋友们已经陆续约订了，但那时候它们都还小，有的是刚从园子的泥土中翻找发现的，怕他们养不活，因此不能送他们；但此时它们都长大了，最大的已经比醋碟还要大一两圈了，现在再送给他们，都好养，都能养活了，所以趁夏天气温高让他们领走，又好养，又有建立感情的时间。呵呵，这就是当下我在听雨花园的心理状况。

【原文】

大道泛兮，其可左右。万物恃之以生而不辞，功成而不有。衣养万物而不为主，可名于小；万物归焉而不为主，可名为大。以其终不自为大，故能成其大。(共 58 字)

【译言】

大道如河水漫流十分广泛，它可左可右，无所不在。万物靠它为生，它从不推辞，大功告成，它从不自认有功。养护万物而不自为主宰，可以称它为小；万物归附而不自为主宰，可以称它为大。由于它最终不自以为伟大，所以能够成就它的伟大。

【音义】

泛，泛滥，无所不在。其，代词，它。恃，依赖，依靠。辞，推辞。衣养，养育，养护；衣，穿衣，穿衣养护义。不为主，不自以为主宰；主，主宰，主导。名，称，叫。归，归附，归依。以其，由于，因为。

【重心】

包容万物，大道若天。

【臧否】

深邃无疆！

【困扰】

无功时遵道易，有功时循道难。

【智语】

没有永远的固守，只有永远的坚持。

【视野】

对大道无限和无条件的赞美，叫人心动！令人感动！让人动容！

前面我已经多少次由衷赞叹：老子真是厉害！他虚构了这个东西，"道"，看又看不见，听又听不着，摸也摸不到，一拳打在棉花上，你说急人不急人？

"道"到底是个什么东西？谁都说不清，因为"道"的前提是"道可道，非常道"，不能说，说出来就"淡乎无其味"了。

但不说也不行，因为"道"已经存在了，一个无所不在、"其可左右"、控制一切物质和精神的东西，怎么能说不清呢！说不清那是人类的无能、无知、失职啊！这就陷入了老子设置的怪圈，一个披着哲学外衣的怪圈。

大道无所不在，无所不能。对大道而言，没有任何条件限制。

在后面的五十八章，我们会试着谈论美籍犹太数学家诺依曼博弈论里的两个二难推论。一个是自己的母亲和自己的妻子同时落水，应该救谁的问题；第二个是关于分蛋糕的问题：两个自利的孩子分一块蛋糕，天性使他们谁都想自己多分一些、多吃一些、分到一块大的。如果如此这般让他们分，他们要么吵起来，要么打起来，要么不欢而散，没法分得好；制度的设计是让一个孩子切蛋糕，而让另一个孩子先选，这是目前的最佳方案。

只有西方文化，才能设计出这样的论题。在西方的经济文化中，人性自私、私有制永恒、市场万能，被奉为圭臬；在西方的政治文化中，自由化、私有化、市场化也不能动摇。

在这两个设计中，都有隐含的前提。一个前提即人首先是自利的，人性是自私的，人们是自爱的；第二个前提即人是有道德情感的；第三个前提即不设置相关条件。不设置相关条件，其实就是设置了所有条件，而设置了所有条件，也等于不设置条件。无条件就是有条件，甚至是无限苛刻的条件；所有的条件都不存在，即所有的条件都存在；所有的条件都出现在生活命题中，其实是所有的条件只存在于纯理论中。所以你提出问题等于没提问题，你没提问题也算提出了问题，你忽视问题问题在那里，你正视问题问题不睬你，如此循环往复。

在第一个难题，即母亲和妻子同时落水先救谁的论题中，设论者在设计中，除了最简单的人物、情节外，拟摒除一切社会环境和先决条件，使这个问题变得扑朔迷离，变得近乎无解。这是一个由设计者特意策划才成立的论题，有些类似真空包装，真空包装里除了拟包装对象外，似乎不存在他物，以便使拟包装物能够持续保存。但无条件即是有条件，少条件即是多条件。这是一个既暗含道德情感，又隐匿人性特质的残酷推论，没有全部人文的支撑，这个假设的推论也不成立。

当然，离开这个真空包装、向无限的可能开放后，所有看上去的问题都不再是问题，所有看上去的难点都不再是难点，所有看上去的不可能都会成为可能，所有的真空都将会混杂氧气、二氧化碳、粉尘、屁味、烟气、尾气、焚烧麦秸的浓烟等等：

如果妻子会水，将不存在此类问题；如果水很浅，也没有这个问题；如果母亲个子高，也没有问题；如果母亲和妻子并未同时落水，更不存在问题；如果当地没有水塘，就没有落水的问题；如果她们是争抢着下水捉鱼，丈夫会拿鱼篓助一臂之力；如果旁边有几位救生员，这将不是个问题；如果夫妻矛盾尖锐，丈夫本就不打算救妻子，他只要着力表演一番即可；如果妻子拖住丈夫不让他去救母亲，丈夫也没辙；如果母亲拉住儿子不让他去救妻子，这种情况倒很少见；如果她们跳入水中只为躲避森林里的火灾，丈夫也会跟着跳进去；如果世界末日已经来临，在丈夫思考如何抉择的这一瞬间，地球已不存在。

但问题是这是个真空包装的问题，表面看没有多余的条件，设计者已经掐灭了几乎所有明含的可能性，因此不允许有这么多“如果”。

在分蛋糕这个设计中，也存在相同的情况。

如果姐姐爱护弟弟，将不存在蛋糕分配不均的问题；如果哥哥谦让弟弟，也没有你大我小的问题；如果一个孩子本就不喜欢吃蛋糕，那大小他都无所谓；如果母亲走前说过不吃蛋糕的可以得到 80 块钱，这个问题不一定存在；如果分蛋糕之前一个孩子已经在外面吃过了大餐，他几乎不会对蛋糕产生兴趣；如果一个孩子困得睡着了，那另一个孩子可能会独吞蛋糕；如果蛋糕本来已经变质，最后谁都不会吃这个蛋糕。

当我在一次驱车旅行的途中，把这两个推论讲给董静听时，她的回答很有意思，她的回答就大致是上述的回答，她不愿受到人为设计的束缚。

接着，她发散思维，讲起了她在火车站看到的姐弟吃酸奶情境。

一个母亲抱着一个男孩，姐姐在旁边自己照顾自己，很明显，母亲对弟弟疼爱有加，姐姐只是母亲要生弟弟的最好理由。

弟弟闹着要喝酸奶，母亲立刻拿一盒给他喝；姐姐见此状况，也要喝酸奶，母亲眼一瞪，不给她喝。看来姐姐已经习惯了这种安排，于是她不再提酸奶的事，而是有目的地跑着跳着围着母亲和弟弟转，眼睛一直看着弟弟手里的酸奶。弟弟喝够了，但剩下的也不给姐姐喝，而是摇头晃脑居高临下看着姐姐，晃着酸奶盒"山经"（方言，炫耀）。于是姐姐采取另一种策略，跳来跳去地向弟弟献笑，最后终于赢得了弟弟的慷慨，弟弟大度地把酸奶盒一下子递给姐姐，姐姐接过酸奶盒，边看母亲的眼色，边喝着蹦蹦跳跳地跳开去。

董静说，这故事背后还是说明有亲情，如果没有亲情，姐姐不会要，弟弟也不会给。

当然，如果没有亲情，就必须有利益；要么，就要有制度。

【听雨花园笔记】

园子里还有两种"边缘性"的花木，一种是朱顶红，一种是天竺。朱顶红又叫兑兰，是球根植物，夏秋长叶子和球根，春天开花，想要朱顶红开好花，秘诀是春天开花前，放在阴凉处，如此一来，朱顶红在开花前就只长花苞而不长叶子了。天竺耐阴，有木质化的茎，主要有观形观叶的价值，种在椭圆形浅浅的有孔盆里，起起伏伏，有层峦叠嶂的感觉。由于园子里的植物以蔬果为主，所以朱顶红和天竺也都处于边缘位置，在含笑的大盆子旁边，由含笑的树冠遮护着，平时只顺带给它们浇些水，它们也都能长得很好。虽言"边缘"，但园长也曾放出过狠话来：园子里的花草，没有她的同意，一棵都不能少。所以，园子里所谓边缘性的植物，都在园长的庇护下，在各自的位置上，滋滋润润地生活着。园长是对的，丰富和多样化的局面，永远是花园的真谛。

【原文】

执大象，天下往。往而不害，安平泰。乐与饵，过客止。道之出口，淡乎其无味，视之不足见，听之不足闻，用之不足既。（共43字）

【译言】

遵循大道，天下人都归往投靠。都归往投靠也不会相互妨害，大家就都平和安泰。音乐和美食，能让过路的人停住脚步。道如果说出来，就会淡然无味，看它看不见，听它听不着，用它却用不完。

【音义】

执，执守，掌握，遵循。大象，大道。害，妨害。乐，音 yuè 月，音乐。饵，美食。止，停下，止步。足，可。既，尽，竭。

【重心】

无形无象，大道无疆。

【臧否】

奇妙无比！

【困扰】

想得到，却不知怎样才能得道。

【智语】

没有永远的不变，只有永远的变通。

【视野】

中华文化是原生文化，不是次生文化，虽然古老，但有足够丰富的资源，再生新思想、新文化、新哲学、新价值、新内容和新理想。

守持大道，天下的人都会归往，和而为一，互利互惠，大家都快乐安泰。这个大道，即是顺应自在、应然而然、本来如斯、合乎规律。

人首先是有情感需求的，同时又是自利的，然后需要理性的自控，又需要一套合乎自然的守则加以规范和调节。

关于道德情感，科学家们曾用动物做过一些实验。他们首先用两年时间教会一种猴子用筹码来换取它们喜欢吃的食物黄瓜片，如果你想吃到黄瓜片，那么就要用手里的筹码来换取，手里的筹码用完了，就得不到食物了。猴子们玩熟这一套以后，突然有一天规则发生了颠覆性的变化，猴群中的少数猴子用筹码换到的不是黄瓜片，而是它们更喜欢吃的葡萄，更有甚者，有的猴子不用筹码也可以吃到葡萄。看到这种情况，其他的猴子会拒绝接受黄瓜片，或直接把筹码扔到管理员身上，以示抗议。这说明这种猴子和人一样，有着明显的嫉妒心和公平感。

专家们还做了一个和分蛋糕类似的分配实验，即最后通牒博弈。让两个人自行分配 100 元钱，由一个人提出分配方案，另一个进行表决。如果表决者同意前一个人的分配方案，他们就可以按照方案分配这笔钱，如果表决者不同意前一个人的分配方案，这笔钱就会被实验人员收回。在这种规则下，不管是提出方案的人还是表决的人，都会同意以一人一半的方案分配这笔钱，这样的分配方案，是他们都能接受的。这就说明人类的公平感普遍存在。

可是当规则有所缺失时，人们的公平心将被压制。在独裁者实验中，设计者将规则设计为表决者不再有表决的权利时，提出方案者就会自己选取大部分食品或钱财，而不再考虑对方的感受。这说明规则既十分重要，而规则的设置亦应该充分考虑人类的道德情感，即公平心、同情心、负罪感、嫉妒心和羞耻心等等，只有既体察人类的道德心态，又有适合社会管理的规则加以规范，人类的社会才能和谐与康泰。

老子推崇和泰，视野极为开阔，以善与真包容对方，包容他人。不仅尊重他人，更要尊重万物；不仅归往他人，亦要归往自身；不仅自己认可，亦愿他人趋同；不仅以他者为中心，更以天地为中心；不仅和泰他人，亦要和泰万物；不仅愉悦自己，也要快乐他人；不仅守“道”自用，更愿分“道”众享。

【听雨花园笔记】

雨不急不缓、不紧不慢、有耐心持久地下，真正是一种好雨，舒服的雨，我的心情立刻安定下来，不那么着急、焦躁了，在书房里也待得住了，能感觉到这是一种享受了。哦哦，让人起感恩心，真好，真是好！仲夏时节的雨也很金贵呢。前些时候多少有些旱象，现在下些雨，会感觉天很善解人意，虽然不知道天晴天雨是谁人控制、怎么控制的，但总会感觉有看不见的掌控者在控制这一切，而这一切都一定不是随意而来、随意而走的。雨使万物滋润。雨间歇时从门里向园子看一看，只见毛芋头荷叶般的大叶子已经长得很大了，逐渐覆盖了较大的一块土地；山药的叶子密密地顺架往上爬，立体地攒成了一个高近两米的塔形物，颇见生机；柚子都开始膨大了，挂在树上，一群今年才出窝的小麻雀停在柚子树下，叽喳地叫着，快速但不稳重地用喙梳理着羽毛；眉豆已经结果了；银杏的主枝和夜来香的主枝比着长，越长越高，已经长得比我还高了。这时，天边的云层又渐浓厚起来，听雨花园的雨声渐响渐近。我回到书房里，继续工作。

【原文】

将欲歙之，必固张之；将欲弱之，必固强之；将欲废之，必固举之；将欲取之，必固与之。是谓微明。柔弱胜刚强。鱼不可脱于渊，国之利器不可以示人。（共56字）

【译言】

打算收拢它，必先扩张它；打算削弱它，必先加强它；打算废弃它，必先兴举它；打算获取它，必先给予它。这就叫作隐而不显的聪明。柔弱胜过刚强。鱼不能离开深渊，安邦定国的高招不能随便显摆给人看。

【音义】

将欲，打算，想要，这是同义词并用；将，打算，想要；欲，打算，想要。歙，音 xī 西，合，收拢，收敛。必固，必定，一定，同义词并用；必，一定，必定；固，一定，必定。微明，隐而不显的聪明。利器，此或指安邦定国的大谋略、大计谋、大方针。

【重心】

欲正先反，错觉优先。

【臧否】

老子的高超，老子的手段。

【困扰】

这是政治艺术吗？

【智语】

没有永远的取得，只有永远的补充。

【视野】

打算收拢，必先扩张；打算削弱，必先加强；打算废弃它，必先兴举；打算获取，必先给予。

这是一种招数，也是一种方法，更是一种智慧。

强就是弱，弱也是强；正就是反，反也是正；厚将要薄，薄必会厚。

从不同的角度看，结论完全不同。

假定 A 是主体，那么从 A 的角度看：我要削弱 B，一定要先加强 B。假定 B 是客体，那么从 B 的角度看：我被加强，那么我就知道我将衰弱或将被衰弱。

同样，假定 B 成了主体，那么从 B 的角度看：我要削弱 A，一定要先加强 A。假定 A 成了客体，那么从 A 的角度看，我被加强，那么我就知道我将衰弱或将被衰弱。

这是鲜明的辩证法。

怎么说怎么有理，怎么看怎么好看，怎么辩怎么强势，怎么要怎么获得，怎么想怎么发展。

A 一直是 A，B 也一直是 B，但这么看和那么看，会得出不一样的结论；这么听和那么听，会听出不同的结果；这么说和那么说，会说出不同的局面；这么想和那么想，会想出不同的未来。

不奇怪，事物就是这么组合的，就是这么凑合的，就是这么整合的，就是这么雷人。

很有意思。

《史记》说，老子要远行，“至关，关令尹喜曰：‘子将隐矣，强为我著书。’

于是老子乃著书上下篇，言道德之意五千余言而去，莫知其所终。”

按照生物地理学观点，老子思想的固化和传递，是一种被动扩展。

生物的扩展行为从内源上说是一种本能，但从行为上看却可以分为两个大的部分。

一个大的部分是主动扩展，生物依靠自身能力进行主动性迁移。主动扩展又可细分为正常扩展，由原分布中心向周围常规化地扩展；另一个扩展为先锋扩展，一般会有漫游性的扩展和暴发式的扩展与迁移。

另一个大的部分是被动扩展，生物依靠外部力量进行被动性迁移。生物借助风、水、其他生物及人的力量进行扩展和迁移。

很显然，如果司马迁的记载属实，那么老子对思想和智慧的传播，就是一种被动扩展。这或许是中华民族某种内敛性格的鲜明写照；也可能是《老子》本身充满了不可知论气息，似乎不宜传播、操作、使用、管理有形的物质社会，因此老子不愿意或不屑于主动传播；但同时也说明尹喜类桥梁和纽带作用十分重要。

老子生活在东周春秋时期黄淮流域一带，老子的学问又似乎是一种地域文化中的地方性知识。

《老子》脱离不了老子的那个时代和空间，脱离不了老子的个人智慧和悟性，脱离不了那个地域思想的一贯性。如果用现代人的眼光，或者用外国人的眼光来看，《老子》应该是需要被重新发现的新知识，需要被重新定位的新体系，需要被重新挖掘的新宝藏，需要被重新阐释的新思想，需要被重新使用的新资源。

对西方来说如此，对中国来说也如此：从《老子》深厚的土壤中发现无穷的新元素，十分有益。

因此，对我们而言，《老子》既古老，又年轻；既熟悉，又陌生；既陈旧，又新颖；既拘谨，又开放；既地方，又全局；既枯燥，又有趣；既担心，又兴奋；既具体，又抽象；既过时，又新鲜；既是有机整体，又是片断诗章；既可有机发展，又可慰藉心灵。

【听雨花园笔记】

今天仍是雨天，其实也不过是连续下雨的第二天半。我安心地待在家里，把所有要外出或要做而又能够推迟的事情都推迟、延后。雨天是个测试点，如果雨天待在家里心气浮躁，就会觉得无聊难耐，但如果心静若水，则可面雨听风、安享时光。我离开电脑休息时，打了一柄放在听雨花园供临时使用的破旧的雨伞，在园子里走一走，听一听，看一看，感受感受雨中漫步的况味。我身边所有的植物都在梅雨的润泽下舒展地生长。你看，枇杷越长越高，在长叶子呢，无花果果实累累，很多很大的树叶都遮蔽、包裹不住果实了；枣树结了一些青纽纽，如果水肥跟得上，枣子会日益膨大呢；红芋秧爬得到处都是，旺盛无比……这时，我想起去年这个季节在乡村寻访淮河流域的情景。那也是个雨声不断的日子，乡村的一些道路泥泞不堪，土路已经被雨泡得膨胀起来了，一条主要的正在改造的乡村道路突然被挖断，无奈之下，我只好改走被雨泡胀的土路。土路右边是松软的田地，左边是河沟，土路上连个车辙都没有，显见没车走过。我咬着牙开过去，车轮直打滑，一会滑向田地，一会滑向河沟，我咬着牙，尽力控制住方向。雨水浇淋的田野自然是不见一人的。终于，我和车趺趺爬爬转上了一条虽然泥泥水水，但有石碴垫底的村道。我深深地吁了一口气，岁月就是这样留下痕迹的。

【原文】

道常无为而无不为。侯王若能守之，万物将自化。化而欲作，吾将镇之以无名之朴。镇之以无名之朴，夫将不欲。不欲以静，天下将自正。（共52字）

【译言】

道总是不刻意作为却又没有什么不是它作为的结果。侯王如果能够持守它，万物将会自己成长演化。成长演化致私欲产生，我将用不可名状的道来镇伏它们。用不可名状的道来镇伏它们，就不会产生私欲了。不起私欲而宁静，天下将自然归于正道。

【音义】

无为，不刻意作为，不妄为。无不为，没有什么不能为，没有什么不是它作为的结果。侯，古代五等封爵公、侯、伯、子、男的第二等，此处或泛指统治者。王，帝王或有最高爵位者，此处或泛指统治者。自化，自我发育、成长、变化；自，自我，自行；化，变化，演化，深化。欲，欲望。作，兴起，产生。镇，压制，镇压。无名，一说为道，一说为没有名称。朴，音 pǔ 普，一说为朴素、朴质，一说为道的别称。自正，自我更正，自行归于正道，自动归于正道。

【重心】

道，无所作为，却又无所不能，无所不在。

【臧否】

思索中……

【困扰】

万能的道，只是水中之月？

【智语】

没有永远的平衡，只有永远的波动。

【视野】

老子英明！他说出模棱两可的话来，把后世的读者都套进去，绕进去，让你们大家猜测、争论去。

无所作为，却又无所不为，看似胡言乱语，却又无比高超！

寥寥数语，我们就很难再把老子的无为，仅仅理解为不为、不作为。

考察或讨论老子的观点时，如果能透彻地了解老子作《老子》时生存和心存的即时情境诸要素，那是再好不过了。

像美国的一些电影大片，人可以钻进他人的头脑里、思想里去，一窥究竟，那就爽了！那一定能把老子说话的意思完全还原，准确解读。

可惜那不可能。那只是情节、故事。

于是我们就只能猜，只能揣摩，只能臆测，只能假设。

——其实你也不能说这就不是学术研究。

猜、揣摩和臆测，都是学术研究的得力工具。

那我们就继续往下猜、揣摩、臆测。

按照现代行为理论的观点，领导方式可以分为独裁方式、民主方式和放任方式。

无为最可能被归于放任方式之中。

因为无所作为差不多等同于放任自流嘛！无政府主义，权力真空，无法无天，似乎都能和无为联系到一块儿去。

再不然就把无为归于独裁方式里去。

虽然2000多年来，中国历朝历代政权也要求皇帝遵守德治，要勤政，并且专设了谏议制度避免皇帝专权，专设了谥号制度让皇帝争做明君；但中国自秦始皇建政以来，皇权执政时间超长，皇帝约等同于独裁者，那才真叫无法无天，皇意即天，给人的印象，中国历史上总是集权和独裁占上风的。无为或无不为，皇帝无须作为，因为可以不为，有人去为，为与不为，都无法改变天下归皇的事实。

你一定无法想象无为最可能归于民主方式之中。

那怎么可能！

但确有西方学者放言，说现代自由市场理论，就是受《老子》无为而治思想启发而来。所谓自由市场机制，是现代资本主义制度基石之一。小政府、大市场，减少行政干预，进行简单的管理，让市场自行调节，都是无为之意。这些表述，这些意思，在《老子》里，可谓俯拾皆是。

完全有这种可能！

因为《老子》比资本主义制度和自由市场理论都早，西方人也是好学的。谁都没必要把自己捆死。

无为，当然应该有不为和不作为的意思。

不过，这个意思又一定要放进相应的时空环境中去解释，才有意义。

不为，可以理解为不合作。道不同，志不合，就不一定要合作，或者一定不去合作。不去为你背书，不去支持你的任命和决定，不去为你捧场，不去为你站台，不支持和鼓励不认同的价值观。

不作为，也可以理解为消极、慢怠、磨洋工、唱反调。用美国社会人类学家斯科特的话说，这是弱者的武器。因为直接的反抗代价太大，或没有把握、没到时候，没有必要，没有想法，因而随遇而安，混一天算一天，被动行事，于是就用消极、不动脑子、得过且过、磨洋工、唱反调、声东击西、慢怠、装傻等方式不作为或表达不满。

这还不是无为无不为吗？这还不是不为即有为、不作为即大作为吗？

不合作，不支持你的错误决定，不去捧场站台，不支持和鼓励你的错误价值观，慢怠、磨洋工、唱反调、装傻、消极怠工，难道不都是有意识的作为？或有意识的不作为？

看似无为，却又无一不是有所作为的结果。

无为，又被解释为“不消耗”。这也是很有意思的。说明人们一直在琢磨《老子》，一直在试图解读它，一直在丰富它，并且一直有新鲜出炉的进展。

无为，或者还反映了一种病态的环境。干的不如站的，站的不如看的，看的不如捣蛋的，捣蛋的不如进谗言的，进谗言的最能得到利益，你说这正常不正常？是该有为还是该无为？

无为，应该还有不刻意作为的含义。做表面文章，做面子工程，都是刻意的作为，对所有人都没有好处，甚至对其所处的体制都没有好处，当然只对刻意作为者有当下的好处。无为，就是不要刻意作为。

无为，也应该有不独为的内容。执政者要顺应时代潮流，顺应百姓意愿，心挂民生，广纳贤言，要节制自己的权力，弱化统治的冲动，要尽量去行政化，尽量减少对市场调节的干涉，给社会和百姓留下更多的空间。

无为，应该还有不强为、不蛮为、不妄为、不乱为、弱作为、不各自作为、不胡作非为等诸多含义。如此来看，无为，绝不就是简单的不作为了！

【听雨花园笔记】

凌晨和上午又下了一些雨，有一阵子雨还真不小，下得小区的地上都起了“烟”，但很快，雨就归于“清寂”了，零零点点的。我由外面办事回来，趁园长不在家，偷空到园子里去看一看。哇，因为刚下过雨，园子里水灵灵的，植物都长得旺盛，一派兴盛景象。不过最让我惊讶的，是园长对园子里植物的“改造”力度。园长把本来伏在地上的红芋秧都扶了起来，用木棍或铁棍支撑着，让它们往上爬，这样阳光和风都好，土地也能晒到太阳，利于植物的生长。我种在靠墙地方的大茄子秧，被园长移植两棵到靠南通风的地方，在雨水的滋润下已经成活。本来茄子种在靠墙的地方，我没想到那里通风不好，害得茄子光长秧子不结果，从春天到现在，只结了一个小小的白茄子，把我气的！还是园长有智慧、有魄力、有实践精神，与其让它们在靠墙的地方虚度年华，还不如移栽两棵做个实验，如果成功了，还真能蹚出一条路来呢。园长真了不得，佩服，佩服！

但园长也有烦心事。这些天，她一直耿耿于怀，说大乌龟们见到她，都不理不睬了，以前见面，都热情地围着她、跟着她，现在看看她，转身就走了。据她的猜测，可能是因为她把大乌龟们的子女都送人了的缘故。于是，她再到园子里的时候，就经常有意识地和大乌龟们说说话，解释一番，她说小乌龟们都大了，把小乌龟送给朋友们，就等于让它们的子女分散到各个地方去了，它们的子女遍天下，这是好事呢；再说，都留在园子里，以后容易近亲繁殖，并不是好事。呵，如此这般，一定会取得大乌龟们的理解，会有效果的。

把园子移交给园长，放心！

下篇　德经

（共44章）

【原文】

上德不德，是以有德；下德不失德，是以无德。上德无为而无以为；下德无为而有以为。上仁为之而无以为；上义为之而有以为。上礼为之而莫之应，则攘臂而扔之。故失道而后德，失德而后仁，失仁而后义，失义而后礼。夫礼者，忠信之薄，而乱之首。前识者，道之华，而愚之始。是以大丈夫处其厚，不居其薄；处其实，不居其华。故去彼取此。（共129字）

【译言】

上德的人不刻意显摆德，因此确实有德；下德的人不放弃刻意求德，因此没有达到德的境界。上德的人无所作为也不有心去作为；下德的人无所作为却刻意去作为。上仁的人有所作为并不有心去作为；上义的人有所作为却是有心为之。上礼的人想有作为却无人回应，于是就伸出胳膊强使别人服从。所以，失道后有德，失德后有仁，失仁后有义，失义后有礼。礼，标志着忠信的缺失，是祸乱的开始。所谓先见预设，只是看见了道的虚华表面，这是愚昧的开始。因此大丈夫要身处敦厚，不身居浅薄；心在笃实，不居于虚华。所以要舍浅薄虚华，而取敦厚笃实。

【音义】

上，上等的，高级的，高尚的。德，品德，道德；一说为得，得道义；德或与道同物异名，道是看不见、摸不着的规律、准则，德则是道的各种外化形式，是看得见、摸得着的道；既然道是于内里运作天地万物的主宰，因而也是万德根本，因此德作为人类社会观念，就必然是正面的价值标准。不德，或有两说，一说不显摆、炫耀自己高尚的品德，一说不以当时社会的仁义道德为德的标准。下，次，下等的。不失德，固守形式上的德，不放弃刻意求德。无为而无以为，无所作为也不去刻意作为；以，有心，刻意。无为而有以为，无所作为却刻意去作为。仁，当时社会的一种道德标准。为之而无以为，去做事却不是刻意去做事。义，当时社会一种道德标准。礼，当时社会的一种道德准则。莫之应，没有人响应，没有人回应；应，回应，响应，支持。攘臂，挥臂。扔，音 rèng，牵引，拉；清代以前扔不读 rēng，也无抛弃、抛掷义。后德，德在后，此后有德。薄，音 bó 搏，缺失，薄弱。乱之首，祸乱的开始；乱，祸乱，混乱；首，初，起始，开端。前识者，有先见的人，有预见的人。华，华美，此指浮华、虚华。愚，愚昧，愚蠢。大丈夫，有志向有担当的男人。处，居于，处于，处在。实，实在，厚实。

【重心】

实而不显，贵为上德。

【臧否】

厚实！

【困扰】

德，进入社会学范畴了吗？

【智语】

仁者宽厚，智者灵动。

【视野】

老子太有远见、预见、明见。

老子也很会挖坑，他的第一句话就是一个永远无法超越和突破的大坑。

“道可道，非常道。”你怎么办？

道可，道非，常道？

他已经提出了这个东西，这个理论，你们会好奇地去探索、解读，如飞蛾扑火，前仆后继。

但你们又永远不可能跳出他的“魔掌”，因为你只要把你的答案想出来、写出来、说出来，那就不可能是真理了。

怪圈，没法突破的怪圈，干着急不出汗的怪圈，拳打棉花的怪圈。

这就是老子的真高明、真威武。

如果你们有兴趣，它比什么都好玩，都能激起你们的玩欲，你们在里面永无止境地绕来绕去，也算没有虚掷人生了哈。

那么，德又是什么？

道是内核，德就是形式；道是深层，德就是外表；道是实物，德就是获得；道是虚拟，德就是实在；道是形而上的超越，德就是寓于天、地、人、物中的实形；

道看不见摸不着，德就是看得见、摸得着；道是每天扎扎实实的工作，德就是最后实实在在的收获；道深浸入万物中，德就体现在万物外；道是岩石，德就是大山；道是土壤，德就是平原；道是哲学，德就是社会学；道是豆沙，德就是豆沙包；道是灵魂，德就是肉体；道是语言，德就是文章；道是根须，德就是花朵；道是电，德就是灯泡、是冰箱、是电梯、是电视、是空调、是音响、是高压线变压器；道是水，德就是河源、水库、湖泊、湿地、支流、干流、流域、海洋。

道德论流露出老子强烈的忧患意识和社会责任感。

按照衰世递减的道理，道贵于德，德贵于仁，仁贵于义，义贵于礼。礼已是道德底线，连礼都失了，社会也就该崩溃了。

防范社会崩溃，解决失道、失德、失仁、失义、失礼之道，就是要仰望道德、修习道德。

就是要身处敦厚，不身居浅薄；就是要心在笃实，不居于虚华；就是要崇尚淡泊，不居于秾艳；就是要姿态低下，不姿态高上；就是要以柔胜刚，不刚刚相撞；就是要笨拙，不是要灵活；就是要木讷，不是要巧辩；就是要损减，不是要增益；就是要无为，不是要妄为；就是要做好防守，不是要盲目进攻；就是要守静，不是要烦躁；就是要朴素，不是要炫耀；就是要谦下，不是要争抢；就是要平和，不是要满身戾气；就是要自知，不是要无知；就是要舍得，不是要获得；就是要稳重，不是要轻率；就是要超然物外，不是要刻意求入；就是要委曲，不是要保全；就是要一无所有，不是要贪得无厌；就是要躬听他人，不是要唯我独尊；就是要懂得回归，不是要只知盲进；就是要善向普众，不是要强霸无理；就是要宽待他人，不是要蔑视众生；就是要坚持对物欲的超越，不是要放弃对道义的坚守；就是要聆听，不是要塞窍；就是要各在其位，不是要乱谋其政；就是要无有偏爱，不是要移私妄爱。

【听雨花园笔记】

梅雨天气似乎仍盘桓未走，这期间我去黑龙江哈尔滨参加首届中国俄罗斯文学交流合作会议，现在已经回来了，但一觉睡醒，雨上午又来敲打听雨花园的雨篷、叶片、花蕾和果实了。气温不高，十分舒适，我躺在床上看报纸，尽可能地放松，也十分快乐、享受。随时随地减去压力和精神负担，是现在的人必须学会的一门技术或艺术。雨一直下着。后来听到雨点滴落在物件上的声音减弱了，我就起来了。我打开听雨花园的大门，走进园子里。除了不紧不慢、不多不少的雨声外，园子里似乎有点静寂。园长昨天外出了，这是一个主要的原因，另外，小乌龟们大多已经送人，这是一个感觉上的重要原因。如此一来，倒仿佛觉得园子更成熟了似的。夜来香今年新生长的枝条已经十分粗壮，并且开出了第一簇花。可在雨天里，又是白天，怎么闻，都闻不到它的花香，毕竟夜来香要到夜晚才会尽力释放它的香气呢。一只大乌龟泡在楼上雨水管出水口的塑料盆里，一下雨，盆里就流水不断，那里是活水，大乌龟应该更能找到从前生活在大别山山林溪畔枯枝落叶寒来暑往的记忆。它的身上一尘不染，龟甲是凝脂玉石一样的光泽和质感，看见我过来了，它起初掩耳盗铃般赶紧把伸得很长的脑袋和脖子缩进水里，后来它也知道那样起不到藏的作用，于是干脆转变方式，踊跃地向我这个方向爬动（其实它一时爬不出来），以示它的欢迎。我从园长摆放接雨水的另一个大盆子里发现两条红蚯蚓，于是捉来扔到它身边给它吃，它可高兴啦，立刻把头伸进水里，把蚯蚓吃下去了。几天不见，哈哈，毛芋头的叶子长成了一把小伞，它的叶子像荷叶，雨水滴落在上面，滚啊滚的就滚掉在土壤上了。柚子长得比酒盅还大了，无花果结成一堆一堆的。园长把园子管理得没话说哦。

【原文】

昔之得一者：天得一以清，地得一以宁，神得一以灵，谷得一以盈，万物得一以生，侯王得一以为天下正。其致之也，谓天无以清，将恐裂；地无以宁，将恐废；神无以灵，将恐歇；谷无以盈，将恐竭；万物无以生，将恐灭；侯王无以正，将恐蹶。故贵以贱为本，高以下为基。是以侯王自称孤、寡、不穀。此非以贱为本邪？非乎？故至誉无誉。是故不欲琭琭如玉，珞珞如石。（共136字）

【译言】

古来得道者：天得道就清明，地得道就安宁，神得道就灵验，河谷得道就充盈，万物得道就生长，侯王得道就成为天下的首领。极端而言，如果天不能保持清明，恐怕就要崩裂；地不能保持安宁，恐怕就要毁坏；神不能保持灵验，恐怕就要消散精气；河谷不能保持充盈，恐怕就要干涸枯竭；万物不能保持生长，恐怕就要彻底灭绝；侯王不能保持首领地位，恐怕就要被颠覆。所以，贵是以贱作为根本的，高是以下作为基础的。因此侯王自称孤、寡、不穀。这难道不是把低贱作为根本吗？不是这样吗？所以最高的声誉是没有赞誉。因此，不愿意像华美的宝玉，宁可像坚硬的石块。

【音义】

昔，从前，往昔。之，语助词，此处无具体词义。一，指道。清，清明。宁，安宁，稳定。灵，灵验，灵通。谷，河谷。正，首领，统治者。其，如果，假如。致，极端而言。恐，恐怕，可能。废，毁坏。歇，休息，停摆。竭，枯竭。蹶，音jué决，跌倒，引申为受挫。本，根本。基，根基。是以，因此，所以。孤，孤单。

寡，独，孤独。穀，音 gǔ 谷，善，好。至誉无誉，最高的声誉是没有赞誉，或最高的声誉不需要赞誉。琭琭，音 lùlù 路路，美玉光彩状。珞珞，音 luòluò 落落，坚硬的样子。

【重心】

道，无所不在，无所不用。

【臧否】

如珠妙语。

【困扰】

姿态放低，此为根本？

【智语】

尊重自我的权利，尊重他者的自我。

【视野】

老子继续以河谷为题，以水说事，继续挖掘河流这种物质形象的思想内涵，要把关于河流与水的话题进行到底。

河谷不能保持充盈，恐怕就要干涸；万物不能保持生长，恐怕就要灭绝。

老子谈到河流与动植物的关系，与万物的关系，这似乎谁都清楚，谁都知道。

有人说一部中国历史，就是人水互动史，就是中国人治理河流的历史，显然，这是要特别强调中国人与治水的关系。

2013 年 3 月 26 日，中央电视台《新闻直播间》报道了水利部对河流的普查结果："《第一次全国水利普查公报》公布的数据显示，目前我国流域面积在 100 平方公里以上的河流有 22909 条。而过去统计，我国流域面积在 100 平方公里以上的河流有 50000 多条，新旧数据相差了 27000 多条。"

消息一出，引来无数质疑。

因为这里的"过去统计"，据相关专家指出，是指的 20 世纪五十年代初。由于条件有限、技术落后，那时候的河流统计，基本靠估，所以不可能有 50000 条流域面积在 100 平方公里以上的河流，同时并存于中国大地。

但是不管怎么说，河流的减少是看得见的，虽然在我们的身边和记忆中，减少的多是小河小流。

河流的数量减少了，湖泊和湿地的数量也会减少。

或者说，湖泊和湿地的数量减少了，河流的数量可能会减少，河流的水量则必定会下降、萎缩。

水量的减少直接影响人类社会的生存和发展。

西方科学家研究过美洲玛雅文明消失与水的关系。

他们通过对加勒比海著名水下洞穴及周边潟湖矿物质的研究，得出结论说，公元 800 到 900 年之间，也就是玛雅文明消亡期间，这里发生了非常严重的干旱。

雨水进入河流，河流流入大海，河水携带的各种物质会沉积在潟湖湖底，层层堆积起来，研究这些堆积物，就能准确无误地掌握历史上的气候时间。

当雨水重新降临后，玛雅人开始向北迁移至现墨西哥境内，但又一次大干旱袭来，导致玛雅文明的进一步衰落直至消亡。

在当地一处洞穴中发现的一根有着 2000 年历史的石笋，也证明水量大幅下降与玛雅文明的衰落在时间上是吻合的。

中国的南水北调也是人水关系的显例。

南水北调是人类历史上规模最大的水利工程。

水利者，水之利人也。

与人无利的，不能称为水利，只能称为水害。

黄淮海地区主要是华北平原地区（大别山江淮分水岭以北、伏牛山太行山以东、燕山以南、黄渤海以西）相对于江南甚至江淮，自古就不能说是丰水的。

但也不是当下意义上的缺水。

两宋之前及两宋时期，太行山与黄渤海之间的平原上，满布湖泊沼淀。

北宋反社会群团曾在黄海平原以泊为据，造反起义；抗日战争期间，当地军民充分就近利用湖泊沼淀，打得日军晕头转向。

北京的地名，海淀、太平湖、西海、前海、后海、北海、中海、南海、积水潭、潘家潭、韩家潭、龙潭湖、陶然亭湖、大川淀、小川淀、南池子、北池子、金鱼池、水塘、钓鱼台、兵部洼，都看得出海河流域曾经的水是不少的。

海河流域有 5 大支流，白河、永定河、大清河、子牙河和卫河。清朝初年的时候，永定河流域还到处森林遍布，水体众多呢。依地理学家侯仁之先生的研究，北京城按理应建于永定河附近，之所以距永定河稍远，那是因为永定河汛期水量很大，河流无定。虽然这说的是永定河上中游有山洪道特征，但永定河全长 700 公里左右，还有壶流河、洋河、妫水河、清水河等支流汇入，水量也是相当可观的。

这都说明，历史上黄河海河流域，水并不是个大问题。

当然，这都是相对而言，特别是如果算上大面积农耕的话。

水资源的丰匮，还是和人口数量有直接的关系。

元明清三代，中国政权均定都今北京地区，军政人员、普通百姓和文艺闲者北上定居，海河流域人口陡增。

有人就要吃饭，还要喂马，还要外交，还要享乐，还要奢侈，饭从哪里来呢？

四个途径。一是陆地运送，二是从南方漕运（即通过水道运粮食），三是在当地垦殖，四是海洋运输。陆地运送成本高，海路运输不成气候。当时最好的办法，还是在当地垦荒种粮，以及运河北调。

可是，垦荒种粮需要大量农业用水，这对当地水资源是严重的挤占。

从南方漕运，其实也是一种意义上的南水北调。

因为种粮离不开水，漕运运输的粮食，倒可看作运输的是相当一部分水。当然粮食并不是水，吃粮也不等同于吃水，可水在其中的分量，举足轻重！

我们现在推论，如果黄淮海地区人口数量像新疆、西藏一样少，那华北平原就并没有水资源匮乏的问题，或水的问题不会这么严重，不值得如此兴师动众、大动干戈。

正因为人口的持续大幅增加，才有了中国成百上千年的“南水北调”水利工程。

才有了这么多“遵道”与“逆道”的论争、争论。

南北向的运粮河道，我想，还有一个不为人知的巨大潜在意义。中国地理上的大江大河都是东西向的，因此南北向的人工河流，无意中起到了促进南北充分沟通交流的作用，形成一条条南北向的文化通道。

线形或扇形的河流河网本身就是文化通道。河流的沿岸，由于交通的便利带来了沟通的充分，十分易于形成相同或近似的文化体系。

正是由于河流的这一特性，中国历史上，以河流为中心的圆周内或东西向流域内的战争，大都是本文化体系内的战争，而无水沟通的南北向战争，则多为两种文化间的战争。

水利水利，利人之水也，水之利人也。

与人无利的，不能称为水利，只能称为水害。

但到底是水利，还是水害，也还是个问题。

以人为根本，以人为中心，宏观上说，没有人能够反对。

以之利人，天经地义；以之利他、利物，都是在利人基础上的延伸、附加、增添、锦上添花。

具体到一项工程，从“河谷不能保持充盈，恐怕就要干涸；万物不能保持生长，恐怕就要灭绝”出发，到底利不利人，利小人群还是利大人群，利今天的人群，还是利长远的人群，利国家还是利人类，利人类还是利万物，利小天地自然万物还是利大天地自然万物，这才是值得深远思考的问题。

不过哲学不是社会学，哲学不会给出具体的结论。

不会给出一是一，二是二，一加一等于二这样具体的结论。

哲学就是不得出具体结论的学问。

哲学也得不出具体的结论。

哲学就是得不出具体结论的学问。

哲学就是混沌不开、无象无形、无边无沿、看不见摸不着的玩意儿。

但哲学又似乎肯定是需要存在的，因为我们还有这么多困惑、不解、未知、无知、盲点、挫折、失败、抑郁、苦恼。

我们有这么多困惑、不解、未知、无知、盲点、挫折、失败、抑郁、苦恼是由于我们的信仰、世界观、价值观、方式方法出了问题，而我们的信仰、世界观、价值观、方式方法还不是哲学要解决的问题？

就像玛雅文明告诉我们的：人胜不了天。

但人也从不会甘愿束手就擒。

一味地否定，那是相当容易的，这是一种选择。

一味地不作为，慵懒而不担责，也是一种选择。

一味地肯定，保持某种信念，又是一种选择。

政治家必须进行具体的选择，并且坚持到底。

哲学家只思考这些选择，并且发现更多的选择。

【听雨花园笔记】

哈，早晨起来一开门，太阳出来啦，阳光明媚。三园里一片新鲜，一片昂扬，一派生机，满眼葱绿。所谓三园，花园、果园、菜园之概称也。哦哦，真叫人喜欢！多日的梅雨、阴天、雾霾、忧郁，此刻都一扫而光，代之以光明的眼界，快乐的心情，振奋的精神。乌龟们比我起得早。一打开通往三园的大门，就看见一只小不点乌龟从湿沙里钻了出来，在阳光洒得着的地方晒太阳，一只大乌龟还在水盆子里埋伏、戏水，另一只大乌龟在两片菜地之间的通道里伸着脖子，美美地享受日光浴呢，昨天我还看见小四子在流水的地方游来逛去。正看着它们享受阳光，一转眼又见到小三子背上湿湿的，不知从哪里爬了出来，它在我面前东张西望一会，像是告诉我，“我在呢，打个招呼而已”，然后它又慢条斯理地爬向一只大水盆后面，想来那后面潮湿，有些蜗牛、蚯蚓之类的食材。

多日阴雨湿霾后，阳光出来了，又不热，真让人兴奋、期待！

【原文】

反者道之动，弱者道之用。天下万物生于有，有生于无。（共21字）

【译言】

循环往复是道的运动，道依靠柔弱这个特性来发挥作用。天下万物生于有，有生于无。

【音义】

反，同“返”，回返，循环。道之动，道的运动规律。弱，柔弱。用，作用。有，表现在具体事物上的道。无，事物内在不可见的道。

【重心】

道的特性。

【臧否】

言简意赅，遐思无限。

【困扰】

世界真就这么简单？

【智语】

仁者笨拙，智者活泛。

【视野】

天地万物皆存道，或道存于天地万物。

道或生阴阳，阴阳或生于道；道或又生和，和或又生于道；道或又生活，活或又生于道；道或又生有，有或又生于道；道或又生无，无或又生于道；道或又生二，二或又生于道；道或又生三，三或又生于道；道或又生四，四或又生于道；道或又生五，五或又生于道；道或又生六，六或又生于道；道或又生七，七或又生于道；道或又生八，八或又生于道；道或又生九，九或又生于道；道或又生千千万万，千千万万或又生于道；道或又生无数，无数或又生于道；道或又生天地，天地或又生于道；道或又生万物，万物或又生于道。

道无形而有迹，道有迹而无踪，道有踪而无痕，道有痕而无色，道有色而无味，道有味而无有，道有有而无无，道有无而无有，道有有而无味，道有味而无色，道有色而无痕，道无痕而有踪，道有踪而无迹，道有迹而无谓，道有谓而无形，道无形而有象，道有象而无门，道有门而无径，道有径而无分，道有分而无合，道有合而如此循环无止……

万事万物，都有对立、统一、反转、依存、转化、互文的因素和可能。

动与静、长与短、强与弱、高与低、实与虚、满与缺、阴与阳、上与下、左与右、直与曲、贵与贱、大与小、多与少、硬与软、宽与窄。

过于强大，就会转向衰弱；过于庞大，就会转向瘦小；过于精细，就会转向粗陋；过于深奥，就会转向浅显。

道支配万物向相反的方向转化，万物或又推动着道向相反的方向转化；道支配万物向相反的方向循环，万物或又推动着道向相反的方向循环；道转化，万物亦转化；道循环，万物亦循环；道忽而逝，天地也逝；道忽而返，天地亦返；道隐，万物亦隐；道速而膨，天地亦速而膨；道渐远，万物渐渐远；道忽而大，天地也忽而大；道凝小，天地也凝小；道忽而疾，万物也忽而疾；道忽而徐，万物也忽而徐；道是天地，天地存道；道是万物，万物亦道；道清静，天地自然而然；道欲无欲，万物皆顺然清静；道若物，天地亦若物；道若气，万物若气；道精微若无，天地精微若无；道坐而欲忘，人亦坐而欲忘；道冥思，人亦应冥思如思；道无为，阴阳若无若为；道如烟，和气如烟；道轻盈，春意轻盈；道有趣，而万物有趣；道专一，天地人皆专一；道肃，天地亦肃；道化，万物皆化；道于心，天地在心；道孩，万物皆孩；道无涯，万物无涯……

【听雨花园笔记】

梅雨天气似乎彻底过去了，过了小暑节气，天气开始入伏进夏，白天太阳已较晴热，夜晚最好开空调睡觉，这样可以睡个好觉，不然上半夜躁得慌，人也心烦。早晨还算凉快，起来后最适合做各种要紧的事，下午就待在屋里读读书、说说话，傍晚时分给花花菜菜们浇个透水最好。今天一大早园长就进园子里忙活去了，先是摘豆角，再是清除蚜虫，它们在有架豆和无架豆的嫩枝嫩叶上繁殖得太快了，用手工把它们搓掉，虽然无公害，但也麻烦。无架豆摘下来，吃不完，园长把它们焯一焯，放在一个个杞柳条或竹篾编的篮子或篮盖上晒干，变成干豆角和干眉豆，准备带去美国，给女儿他们吃，干豆角烧肉，那可是一道百吃不厌的“日常大菜”呢！今年有架豆和无架豆都结得好，从春天结到现在，还在不断地开花、结果呢。在有限的土里种它们，秘诀除了上好底肥外，最重要的是勤浇水，只要水能供得上，它们就一直会有回报给你，一直回报给你，决不惜力。

【原文】

上士闻道，勤而行之；中士闻道，若存若亡；下士闻道，大笑之。不笑不足以为道。故建言有之：明道若昧；进道若退；夷道若颣；上德若谷；大白若辱；广德若不足；建德若偷；质真若渝；大方无隅；大器晚成；大音希声；大象无形；道隐无名。夫唯道，善贷且成。（共 95 字）

【译言】

上等士人听了道，努力去实行；中等士人听了道，半信半疑；下等士人听了道，大笑。不被嘲笑，就不足以称作道。所以以前立言的人有这样的说法：光明的道好像暗昧；前进的道好像后退；平坦的道好像坎坷；崇高的德好像低下的山谷；最洁白的好像黑污；广大的德好像不足；刚健的德好像懈怠一样；质朴纯真好像虚空；最方正的没有棱角；最贵重的器物最后完成；最美妙的音乐没有声音；最大的形象没有形体；道幽隐没有名称。只有道，善于帮助并成就万物。

【音义】

上，上等，上等等级。士，春秋时期一般指知识阶层或下层贵族。闻，听，听说。勤，勤奋，努力。行，践行，施行，实行。中，中等，中等等级。若，或许，仿佛，好像；又一义，有时。亡，或有两义；一义音 wú 无，同“无”，没有；一义音 wáng 王，通“忘”，忘记。下，下等，下等等级。不笑，不被嘲笑。建言，现存多义，或指古代成语，或指古人说，或指古代名人名言，或指古代格言，或指从古代名著上引用的话。明，明亮，光明。昧，暗昧。夷，平坦。纇，音 lèi 累，不平。辱，黑污；此辱与二十八章守其辱的辱有冲突，存疑。建，通“健”，刚健。偷，苟且，懈怠。渝，多义，有义污秽，有义变动；今从商务印书馆《古代汉语词典》（第 2 版）说，渝通“窬”，空虚。方，方正。隅，音 yú 鱼，角，边，指棱角。希声，无声。贷，施与，给予。

【重心】

道的待遇。

【臧否】

老子式的精妙！

【困扰】

这是要拂去表面看内里吗？

【智语】

仁者扎实，智者机智。

【视野】

道是对自然万物的概括、提炼和总结。

但看起来它不是宗教，至今看起来，它还不是宗教。

什么是宗教？

宗教就是人类的一套信仰系统，或者说是对“神灵”的一套信仰系统。

宗教是人类对自然万物掌控者的一种想象和崇拜。

宗教是人类的一种精神支撑。

一神教掌控，多神教日常；一神教起于游牧，多神教起于农耕；一神教不容侵犯，多神教睦如邻里；一神教拯救，多神教慈悲；一神教救世，多神教救生；一神教悲怆，多神教柔软；一神教威严，多神教慈爱；一神教分明，多神教朦胧；一神教面死，多神教向生。

中国传统社会需要的是一种什么样的精神支撑？

显然不是如基督教、伊斯兰教那样的神灵崇拜。

印度的宗教似乎也是，也不似基督教、伊斯兰教那样的一神教。

印度人崇尚自然、敬畏自然。曾经读过的一篇文章说，印度教包括了各种习俗、崇拜形式、神灵、神话、哲学、祭祀仪式、教派运动、文学艺术等，包含了甚至是相互矛盾的教义，包含了拜神和不拜神的、苦行和不苦行的、素食和肉食的教徒。

这就说明，宗教的门槛可能很低，条件宽松，像当下的诗歌流派，几个志同道合的诗人，发表一个宣言，就可以创立一门诗派；宗教也可以就是日常生活，衣食住行，皆为宗教。

当然，这不是学术界严格意义上的宗教，而是一种社会现实。

宗教指明万物存在都有其明确的目的或去向，因为那是上天事先安排好的。但天人观则认为人只是万物天地存在中的一部分，天在、地在、万物在，人就在，自然而然。

这是否东方的特点：都在似有若无，似明若暗，若有若无，若明若暗，不可明言，只可意会之间？不必有那么严格和分明的边界，也不必把宗教看得那么严肃，使人时刻要肃然起敬地对待。

中国社会始终有无神传统，有多神的想象和传说；对待神灵和宗教，我们更像是文学的轻快创作，而不是严正的礼节。

上天的玉皇大帝，是百姓对社会现实的模拟；门神和灶神，是百姓就近寻找帮助的长者；各种动物常有对应的神祇；一方面它们是神，另一方面它们世俗不堪，也逗乐了百姓，使各种礼俗桎梏下的贩夫走卒能放松、呼吸、开怀、解闷。它们多是百姓取乐调侃的对象。

中华文化的主流，强调的是日常生活中世俗的道德和人际关系，这比什么都重要。

有些人寻常无功，却用时即拜、或入寺即拜，只是一种利益的索取——我拜了你，你须给予我；或是利益的交换——我拜了你，你给予我，我再来拜你。也无可厚非。不能算损人利己，更不是损人不利己。

如果需要对这种现象进行调整，也只牵涉道德，而无关乎信仰。

对更多的中国人而言，宗教场所更多体现为文化载体，逢庙必进，参观浏览，感受一种肃严的文化气氛。

中国人没有把自我和内心交给神灵。对天地万物的敬畏，既是中国人最原始、最朴素的信仰，也是人类精神应该回归的最根本的源头和支撑。

对中华文化来说，这才是最严肃的事情，这才是最严正的道理，这才是不可调侃、谨需敬畏的道德。

【听雨花园笔记】

天气多云。虽然太阳并未怎么现身，但人却觉得较热。抬头看天空，天空既不是阴天，也不是晴天，甚至也不是多云。以前我们把这样的太阳状况，叫“哑巴太阳”，虽然太阳不现身，但它的热力了得，但是现在这种太阳的状况，一般会叫作霾。园子里也是热热的，在这种天象里，如果能给园子里的各类植物浇足水，它们都能生长得极好。拿无架豆和有架豆来说，楼下书房花架上的有架豆，我在家时会时常往花盆里浇厨房里用过的水，于是它们开花结果都不闲着，豆角经常垂下来半米多长，看着甚是喜人。楼上园子里的无架豆，一直都开花不断，在豆叶里翻翻，就一定能发现许多长豆角。柚子的果实越来越大、越来越鼓胀啦，深黑色，看着欢喜人。突然发现山楂树的大花盆后面有几粒白色的乌龟蛋，哈哈，赶紧向园长报告，喊园长来看。小三子在附近看着我们，但不能肯定是不是它下的蛋。园长把乌龟蛋按原来的上下方向移埋到大块的土壤里，上面又盖上沙子，再把小三子引到大块的土壤上，希望它再下蛋能在这些厚土地里下，又把小一子和小二子引到另一块厚土地里，希望它们在厚土地里下蛋，这样小乌龟的成活率会高许多。盆土都较干，于是不急不慌地慢慢浇透水，慢慢浇透水。没有急事要做时，要立刻让自己安静、缓慢下来。角色的变化，就是要快，要干净而且彻底。

【原文】

道生一，一生二，二生三，三生万物。万物负阴而抱阳，冲气以为和。人之所恶，唯孤、寡、不穀，而王公以为称。故物或损之而益，或益之而损。人之所教，我亦教之。强梁者不得其死，吾将以为教父。(共73字)

【译言】

道混沌唯一，这个混沌唯一体产生阴阳二气，阴阳二气相互交融又产生和谐之气，阴阳和三气产生万物。万物背阴而拥阳，交互冲荡而产生和谐之气。人们所厌恶的，就是孤、寡、不穀，但王公却以此自称。所以，一切事物，有时减损它，它却反而增加，有时增加它，它却反而减损。他人教导的事理，我也拿来教导别人。强霸的人不得好死，我要把这句话当作教人的第一要则。

【音义】

一，道产生的原始混沌之气。二，指阴阳二气，阴阳即天地，地为阴，天为阳。三，一说三为和气，由阴阳二气产生；一说三为泛指，指许多，但此说与下文似有不符。负阴，背对阴。抱阳，面对阳。冲，交互，激荡。恶，音 wù 务，讨厌，厌恶。孤，孤单。寡，孤独。穀，音 gǔ 谷，善；孤、寡、不穀均为自贬之词。称，自称。或，有的。损之而益，因减少而增加；损，减少；益，增加。益之而损，因增加而减少。人，或可分别理解为他人，前人，人们。教，教导。强梁者，强霸的人，强悍的人，强横的人。不得其死，得不到一般的、普通的、正常的死。教父，此指教人的最根本的一条；父，本，根本。

【重心】

道的特征，道的启示。

【臧否】

精妙。

【困扰】

后面的话这么硬气，这些话是老子说的吗？

【智语】

尊重自我，尊重他者。

【视野】

《老子》的重要思想，一是“道生万物”的宗教观，一是“道法自然”的价值观，一是“无为而为”的方法论。

从道一生二说到三生万物，后句又倒着叙，对前句作出补充和解释。

什么是世界观？什么是价值观？什么是方法论？

世界观是人们对世界的宏观的看法，总的看法。要解决世界“是什么”“从哪里来”的问题。价值观是人们的价值是非观念。方法论则是人们用什么方式、方法、途径来观察事物、处理事物，要解决的是“怎么做”的问题。

宗教观也是一种世界观，因为它要回答世界怎么来、人怎么来、人与世界的关系、人要往哪里去等等问题。

这一系列的大问题，老子都给予了明确的但又笼统模糊的回答。

问：这个世界是从哪里来的？

答：是从“道”那里来的，“道生万物”，这整个世界都是“道”结构的、掌握的、支配的、调适的、融汇的、给予的。

问：既然如此，那么这整个世界要有怎样的关系才算是“好”的呢？

答：人法地，地法天，天法道，道法自然，最大的“道”也要呈现完全的自然而然状态才最好。

问：那人与道的关系是怎样的呢？

答：人是万物一员，万物来自和谐，和谐来自阴阳，阴阳来自道化，所有这一切都混然一体，不分彼此。

问：所有的人都这样认为吗？

答：老子这样认为，东方的智者这样认为，中国人也大多这样认为，但西方人一般不这样认为。

问：西方有些人怎样认为？

答：西方许多人是主客二体思维，即把世界分成两部分，一部分即我是主体，其他的都是客体，我是我，他是他者。

问：那又怎样？

答：我是我，我当然是中心，他是他者，当然没有我重要。谁不认为自己重要？谁不为自己的利益奋斗？当然，“我”认为“我”代表的是人类。

问：这有何不妥？

答：这有利有弊，有得有失。

问：有何利得？

答：所谓利得，就是有需求；有需求，就有动力；有动力，就有进取；有进取，就有探索发现；有探索发现，就有创新发明；有创新发明，人类就文明进步了。

问：有何弊失？

答：所谓弊失，就是我者、他者：以我者对他者，就会以我者为主，以他者为次；以我者为中心，就会以他者为边缘；以我者为尊贵，就会以他者为卑贱；以我者为上等，就会以他者为下等；以我者对自然，就会以人类为人类，以自然为自然；以人类为中心，就会以自然为需求；以我者为主宰，就会以自然为被宰；以利益为目标，就会以改造为手段；以索取为幸福，就会以谋得为豪迈。

问：这又如何？

答：所谓生态危机、社会危机、精神危机，皆与此相关。

问：却又如何？

答：长此下去，后果难料。

问：那该怎么做呢？

答：道常无为而无不为，无为，正是为了“法自然”“融自然”“合自然”，要最小地惊动、更改自然而然的状态，“世界之大，我仅生存”即可。

问：哦……

答：尊重自我，尊重他者；尊重他者，善待自己；尊重自我的权利，尊重他者的自我。

问：呵……

答：于是，这一整个世界观、价值体系和方法论的链条就完整了。

【听雨花园笔记】

半天明亮半天黑，早晨东方的天象十分怕人，真叫黑云压顶城欲摧，仿佛半拉天都要压下来了。但西方的天仅为常见阴天，能看见阴云，也仅此而已。于是上午就不断地下雨，雨时大时小，但没有一阵雨与早晨东方黑压压的云相匹配的，雨都不甚大，可也把地下透了，把园子里所有的植物都浇得鲜淋淋的。从门里往外看，一只大乌龟正在哗哗的雨中在流水的盆子旁徘徊，然后它决定爬进有新鲜流水的盆子里去，它尽力爬到最高，尽力爬到最高，但一个翻身，它翻倒在地上，翻了个肚皮朝上，哈哈，它不再追求，转身慢慢地爬走了。雨间歇的时候，我和园长到园子里去，看到无架豆和有架豆上生了许多蚜虫，我们就顺带着用手把蚜虫们碾死。有些地方蚜虫们可真多，这种小害虫繁殖得太快了，又能进行无性繁殖，一夜之间，豆角的嫩枝上就裹满了黑压压的蚜虫，够让人讨厌的！它们喜欢吸食豆角、眉豆、白菜等蔬菜的汁液，可能这些蔬菜的液甜吧。园长也会趁雨歇时捉一些蜗牛来喂大小乌龟，乌龟们都吃得咔咔的，大餐真享受！下午雨停了，园长挎着个小篮子，到三园里去采摘，收获了一些青椒、豆角、韭菜、红芋叶和7个半紫半青的无花果。哈哈，无花果熟啦，赶快抢来吃。无花果甜甜的、软软的，真好吃。园长说，在树上放几天，无花果熟透了更好吃，可是小鸟们都是好吃精，它们眼可尖了，立刻就会发现熟透的无花果，一个上面啄几口，人就没法吃啦。园长所言极是，以前有历史经验的，听她的有果子吃，没错的，哈哈。这一天是周六，法定假日，真放松！

【原文】

天下之至柔，驰骋天下之至坚。无有入无间，吾是以知无为之有益。不言之教，无为之益，天下希及之。（共39字）

【译言】

天下最柔软的，可以驾驭天下最坚硬的。没有形体的，能够进入无间隙之中，我由此知道无为的好处。不用言语的教导，不妄为的好处，天下人很少能认识并做到。

【音义】

至，极，最。驰骋，驱使，驾驭，征服。间，间隙，缝隙。是以，连词，所以，因此。益，好处。希，同“稀”，少。及，认识到，做到。

【重心】

无为的好处。

【臧否】

认同。

【困扰】

柔果能驭刚?

【智语】

仁者缓慢,智者快速。

【视野】

老子推举的是“柔”。

是一种贵弱尚雌的理念。

刚能够刺穿坚硬的东西,这大家都知道。

遇到坚硬的东西,我们本能地就要找到更加强硬的东西去穿透它。

而柔似乎不能。

老子要改变人们这种惯常的认知。

老子是提醒我们不要偏信,要平衡地看事物,看问题。

老子是在为我们补课,就像股市上的“补涨”。并不是那些股以前涨得最好,而是它们以前不涨,现在需要把这一课补上。

平衡的观念也需要了解和重视。

以硬对强,虽然能够取得刚对刚的胜利,但也可能两败俱伤,或一败一伤。

这不一定是我们通常想要的结果。

此外,还要在此基础上收拾残局。

如果能用柔的方式取胜,或得到理想结果,应该是上善的选择。

其实刚和柔,相互不可取代。

只有在具体的对象前选择适用的,才是正确的。

挖掘隧道,用滴水穿石法进行,那这条高速公路要何年何月修得通!

但只知道用强,不知道用柔,世界则会变得强暴,戾气横行,不宜人居。

老子说无为,强调的是一种自由和平等的观念。

所有存在,都是自由和平等的。或者说,所有的存在,都应该是自由和平等的。

有为为刚,无为为柔。

贵弱尚雌就是一种平等的价值观念。

如果习惯于认为强就比弱强、刚就比柔刚,那既是偏见,也可能浪费资源,还可能不符合实际,又不时尚,更可能犯方向路线性错误。

平等是一种价值理念,不是数学,也不是物理,总之不可量化。

你与我平等,男与女平等,白与黑平等,黄与蓝平等,高与低平等,瘦与胖平等，前与后平等，里与外平等，软与硬平等，有与无平等，长与短平等，厚与薄平等，人与人平等，心与心平等，人与物平等，人与天平等，天与地平等，地与万物平等，万物与道平等。

这是一种只可意会的哲学，不可以去仔细认真地对照、比较、计算。

如果去认真地对照、比较、计算，那么就永远不可知无为为何，平等为何，你与我为何，男与女为何，白与黑为何，黄与蓝为何，高与低为何，瘦与胖为何，前与后为何，里与外为何，上与下为何，左与右为何，软与硬为何，有与无为何，长与短为何，厚与薄为何，人与人为何，心与心为何，人与物为何，人与天为何，天与地为何，地与万物为何，万物与道为何。

30 年前的夏天，我到淮北农村去读小麦，或曰“蹲”读大自然。

我只是凭着感觉写季节风：季节风在河湾的滩地上，表现出另一番浓郁的却不是激烈的风格。季节风在滩地的麦梢上任性地翻滚，把粗壮的大片的麦压成最大的弧，然后放松它们，让它们弹向相反的方向去。我离着好远就听见了季节风在青麦的席梦思上滚翻的浓烈兴致。我加快脚步走过去，季节风已经滚远了，但它滚翻的余波还没有消失。余波搡了我几把。

我只是凭着感觉写沙地上的植物：脚下都是沙土，一切植物都好像是拔地而起的。我看见一个穿蓝褂子的农民，他站在离我约一百米处的沙埂上，一动不动地背对着我。我觉得他也是拔地而起的。

我只是凭着感觉写摆渡的地方：光秃秃的河畔有一棵树，那一定是摆渡的地方。

我只是凭着感觉写哲学人类学：我顺着河堤往前走。河的走向一直是东西的，但现在突然转向东南了。这种地理的变化所带来的影响现在突然明显起来：堤外的麦子因为受到西南风的烤灼，全都变黄了，但堤内的麦子因为有了堤岸的挡护，还都青青拉拉的。我看得呆了。我觉得这就是人种的起源，是一种哲学人类学。

我只是凭着感觉写生活经验：有个老头说今年的麦子让西南风吹瘪了不少。还有一个老头说有一只小猪快死了，他把它扔在村头塘边的烂泥里，它又奇迹般地好起来了。我觉得这些话都是无可辩驳的真理，它们证明了一个人的全部生活经验。所以我们不能小看每一个人，包括最脏和最不起眼的人。

30 年后的今天来看这些文字，我觉得它们正是浸透了无为、自由和平等思想的文字。

它们正是无为、自由、平等思想的文学描述。

【听雨花园笔记】

这几天虽然还不太热，特别是早晚都算凉快，但种种感觉，都是在伏天里的那种感觉。园子里的各种植物都在平稳生长，这种季节，你不用再担心突然的大降温会给花苞带来灾难，你也不用担心突然的大升温，会把植物的叶片烤煳。依据历史的经验，仲夏季夏期间，江淮之间的最低温度很难低于20℃，而在此期间的最高温度，虽然可以高达40℃，但今夏已经经历过多日35℃高温的植物，都已适应，而且这样的高温，日数也不会太多。倒是持续的干旱，会给植物们带来困惑。园子被园长接管后，成了她的势力范围，我不敢轻易侵犯她的领地，这样，我有几日没去，再去时，就觉得园子里到处都可能有园长留下的秘密。例如我看见花盆里有一棵快要干死的无架豆，顺手就想拔去，但才拔出一半，就带出了两棵已经在土里发芽的无架豆和一粒正萌芽的无架豆种子。原来园长未雨绸缪，早已提前在要枯的无架豆旁点下了新种。园长发现了我的鲁莽举动，断然大喝一声，吓得我落荒而逃。不过这自然是我的不对，到人家的地盘作客，要懂规矩，乱说乱动实在是要不得的。无花果在这样稳定的温度里大量成熟，园长每天早晨都会采摘7个左右已经变紫的无花果，留待上午享用，7是她的吉利数，因为她兄妹七个，她是老七。豆角无疑会一直开花结果，眉豆也会结一些，园长就把它们用开水焯一焯，在园子里架起不锈钢管，把焯过的豆角一根一根搭在上面，在太阳下晒干，她准备冬天去美国时，把干豆角带去，给她闺女女婿烧干豆角烧肉吃。

【原文】

名与身孰亲？身与货孰多？得与亡孰病？甚爱必大费，多藏必厚亡。故知足不辱，知止不殆，可以长久。（共38字）

【译言】

名誉与生命比起来，哪一个更亲近？生命与财富比起来，哪一样更贵重？得与失相比，哪一个才是祸害？过度的吝惜定要付出超常的耗费，太多的收藏必会招致更多的损失。因此，知道满足就不会带来屈辱，知道适可而止就不会出现危险，如此才可以长久存在下去。

【音义】

名，名声，名誉。身，身体，指生命。孰，哪个。货，财物。多，贵重。亡，失。病，祸害。甚爱，过分爱惜。殆，危险。

【重心】

物盈致反，适可而止。

【臧否】

无可比拟的精妙！

【困扰】

止损点在哪里?

【智语】

仁者实密，智者清秀。

【视野】

道是自然而然的原生状态。

自然而然、应然而然、顺然而然中的天地万物及人类，必定是朝气蓬勃、生生不息、齐生共荣的。

人法地，地法天，天法道，道法自然。这里的自然，最是道的应然而然、自然而然、本就如此、原汁原味的现象、内涵、规律、特征和状态。道法自然，即道与天地万物那种本有内涵、原生状态相互合一、相互调适、相互顺应、相互配合、相互匹配、相互追随、相互融汇、相互映衬、相互协作、相互包容、相互包含、你中有我、我中见你、你中是我、我中即你，最后达致一切事物的根本形态、终极模式。

名誉与生命，生命与财富，到底哪一种更重要?

老子的道德哲学中似乎蕴含着尖厉的对物欲的批判，似乎决不认可物欲对人性光辉的遮蔽。

用我们现在的流行观点衡量，这是正面的肯定，是正能量的阐述。

但人性到底是如何的?

人性到底是善的，还是恶的?

为什么在相同或相似的环境、背景和文化中，有些人表现出的是所谓的善，有些人表现出的是所谓的恶，有些人表现出的是之间的“中”，有些人表现出的是“中”间的“庸”?

这就像我们前面提到的癌症的问题，罹患癌症，并不仅仅因为一个人的生活方式、环境状况、遗传基因，还有不可知的因素例如运气等等。

正由于我们无法解释许多重要的现象，所以我们不可以偏激，不可以过度肯定，不可以固守一端，不可以固持己见，不可以冥顽不化，不可以完全经验化，也不可以完全外来化，不可以放弃本我，也不可以完全“科学”化。

西方曾经在全球大力推行多元文化政策，推行文化的包容和尊重，推行文化的自由。此种推动力的初衷是要推广和移植西方的价值观，因为在西方人的眼中，那些文化的他者们，要么行为极端，要么言辞古怪，要么闭关锁国，要么自成一体，要么心地狭隘，要么仇视其他文化，只有让他们接受多元文化的概念，西方的文化和价值观才能打开那一道道紧闭的心灵、一扇扇紧闭的大门，使西方文化长驱直入，对他者进行重塑、改造。

但现在西方开始反思他们曾经大力提倡的多元文化政策，西方开始反思多元，甚至开始反多元，西方开始在国内强调核心价值观，西方开始收拢国家的文化大门，西方开始相信自己的能力是远远不足以完全改造他人的性“恶”的。因为多元、包容、尊重和自由文化的提倡，带来了西方消受不起的“副作用”，分离主义、狭隘的宗教信仰、恐吓文化、仇恨和极端，在煽动西方的孩子们、在劫持西方的教育、在打破西方社会的正常约束、在快速激进化、在强势地带来男女天生不平等的特殊风俗，这些都是西方，特别是老欧洲不能接受的。

可是，多元化真的又不那么好了吗？包容又真的变得恶劣了吗？尊重对方又真的褪质为不可接受了吗？显然不是。

问题出在西方的动机和起点上。

知道满足和适可而止，人们、集团和社会，才有可能选择合适的行为，才能大致预知结果和未来。

知道满足，才可以拿捏好自己的行为；

知道适可而止，才可以包容；

知道满足，才可以多元；

知道适可而止，才可以尊重；

知道满足，才可以不以自我为中心；

知道适可而止，才能够理解他人；

知道满足，才可以正确地估量自己；

知道适可而止，才可以善待他物他人；

知道满足，才可以减少冲突；

知道适可而止，才可以以中为用；

知道满足，才可以融合；

知道适可而止，才能化解心结；

知道满足，才能扬鞭奋蹄；

知道适可而止，才能品茗怀旧；

知道满足，才能百折不挠；

知道适可而止，才能有里子、有面子、有衬子；

知道满足，才能呵呵一笑泯恩仇；

知道适可而止，才能抽刀断水水如流；

知道满足，才能酒逢知己千杯少；

知道适可而止，才不会话不投机半句多；
知道满足，才不会以人为贵，
知道适可而止，才不会以天地为贱；
知道满足，才不会以人为尊，
知道适可而止，才不会以万物为陪衬；
知道满足，才不会以人类为中心，
知道适可而止，才不会以宇宙为边缘；
知道满足，才会万物平等；
知道适可而止，才会天地皆然，道一二三；
知道满足，才是最大的谋略和才华；
知道适可而止，才是最好的孝敬和亲情；
知道满足，才是最佳的红包与厚利；
知道适可而止，才是最优的组合与并购；
知道满足，才是最根本的生存大智慧；
知道适可而止，才可以好好学习、天天向上、永世长存！

【听雨花园笔记】

入伏了，正儿八经的高温天气到了。历年也是这样，每到公历7月下旬，天都是最热的时候，在这之前或这之后，天有时也很热，但许多时候气温都有波动，要么这一年凉快些，要么那一年比较热一些。但7月的下旬，是必定要高温的，而且是最高温，往往一大早就开始出汗，如果想干点须静下心来才能做的事，那就得开空调。霾气也似乎见不到了，阳光热辣，从早晨晒到晚上。东边的厨房，7月中旬还没有太多感觉，到7月下旬，早晨就热得坐不住了。园子里的植物，一天下来，可能是前一天浇得不太充分，山楂树的叶子都卷起来了，果实也肯定会有掉落；无花果都蔫得发焦，真正的后果，也得几天后才看得出来；枣树上的枣子都皱着，得慢慢才补充得过来。乌龟们都开始“饿”了，跟在园长的后面要吃的，园长给它们送了几次精肉，它们吃得可狼吞虎咽啦。

【原文】

大成若缺，其用不弊。大盈若冲，其用不穷。大直若屈，大巧若拙，大辩若讷。躁胜寒，静胜热。清静为天下正。（共40字）

【译言】

最完美的东西好像有缺失，但是它的作用不会衰竭。最充盈的东西好像很空虚，但是它的作用没有穷尽。最直的好像弯曲，最灵巧的却似笨拙，最善辩的好像木讷。疾走可以战胜寒冷，安静可以战胜炎热。清静可以成为天下的统治者。

【音义】

成，圆满，完美。弊，停止，衰竭。盈，满。冲，虚空。穷，尽，竭。屈，弯。巧，灵活，灵巧。拙，音 zhuó 浊，笨，不灵活。辩，口才好。讷，不善言辞。躁，疾走。正，指首领、领袖。

【重心】

表里的联系，内外的关系。

【臧否】

精妙！

【困扰】

说的是静心而待吗？

【智语】

仁者深，智者阔。

【视野】

老子的一些话，在两千多年的实践和进化中，有时被改造得别具一格。

最圆满的东西好像得有缺失，最充盈的东西好像得很空虚，最直的仿佛弯曲才好，最灵巧的却似笨拙才好，最善辩的好像木讷才好。

这成为我们特有的一种谦虚，成为我们特有的一种低调，我们都深谙此道。

老子说，人们所厌恶的，就是孤、寡、不毂，但王公却以此自称。

以前农村养孩子不容易，农村生活条件差，医疗卫生条件差，小孩子很不容易养活，因此就故意取一些很“贱”、很“烂”的名字，糟养之。我二叔家就是这样，大男孩取个小名叫小愣子，小男孩取个小名叫小呆子，其实他们既不愣，更不呆，都正常、聪明得很。如此一来，期待度降低了，真正有所夭折，心理的承担好一些，因为“本来”就是“歪瓜裂枣”嘛，即使有损失，“损失也不大”。实际上如此起名，是反其意而用之，其意反倒是期望顺顺利利地把小孩子养成、养好，起到了最糟养的最好养、最苦养的最不苦的奇效。

这也正是知白守黑、知雄守雌、知荣守辱的精髓吧。

知香守臭、知甜守苦、知畅守屈、知前居后、知大守小、知远守近、知宽守窄、欲擒故纵、欲得却舍、欲求反予、知可为而不为、知神圣而粗粝……都是相若的意思。

曾经在一份心灵鸡汤类的小杂志上看到一则小故事，这个小故事是这样的：

从前，有一个女人丢失了一只猫，她就大呼小叫地去到神父那里，说：这难道不是我有生之年遇到的最大不幸吗？神父回答说：也许是，也许不是。女人很悲催，心想，这样的回答有意思吗？算是跟你白说了。于是女人开始了寻猫之旅，在寻猫的过程中，她遇到了她的梦中情人，并把他带回了家。她高兴极了，又跑去见神父，对神父说：你很有远见哎，丢猫真不一定是坏事，我在寻猫的过程中遇见了我的梦中情人，这难道不是我人生中最快乐的事情吗？神父说：也许是，也许不是。女人咕噜着走了，心里想：你这算什么回答，跟你算是白说了。

过了不久，女人的情人和女人最亲密的闺蜜出轨了，女人大呼小叫地跑去找神父，对神父说：真没想到，他们竟能干出这样的事，这难道不是我人生中最大的不幸吗？神父说：也许是，也许不是。女人悲伤地离开了，边走边想，这是什么回答，跟没说一样，算了算了，跟你说了也是白说。女人回到家，打算挖个洞，把闺蜜留下的东西全部埋进去，反正今后要跟她绝交了。挖着挖着，女人从地底下挖出了大量的黄金，在此之前，她一直过着不饥不饱的生活，她激动得哭了起来，心想，这是我今生今世遇到的最大的幸运了，可是慢着，也许是，也许不是……

所以，所有的事情都有两面性，甚至多面性，都有两种视角，甚至多种视角，不要一下子把话说死，也可以不直奔主题。

一面是正面，另一面是背面，第三面是侧面；正面洒满阳光，背面可能布满愁云，而侧面则可能多云转阴或转晴。

一种视角是外部的，看它好像有所缺失、略显笨拙；另一种视角是内部的，看它就沮丧、听它就怨恨；而第三种视角来自精神、来自理性，知道阴云过去天会晴，风雨过后现彩虹。

【听雨花园笔记】

今年大暑的天气到现在为止还没有出现大威力，因为天才刚刚酷暑两三天，就有台风“麦德姆”来搅局，把酷暑刚制造出来的一点儿气氛驱散得一干二净，虽然我知道酷暑一定还会在今年夏秋的某个时间卷土重来，但那毕竟不一样，那毕竟不是在所谓正确的时间、正确的地点、正确的季节、正确的时代背景正确到达和出现的，人在感觉上不会太那么在乎，知道它只会是个很短暂的过程。听雨花园里的情况在这种环境里也十分平稳，整个园子里郁郁葱葱，各种植物长势良好，夜来香从低处到高处都打了花苞，夜里开放的香气则时大时小、时淡时浓，有时在楼上的卧室里都嗅不到，有时在楼下的客厅里看电视时都能闻到。银杏树和夜来香比邻而长，都有一根直挺挺的主干，长得比雨篷都高。毛芋头的叶片越来越大、越来越阔、越来越巨了。前些天看电视，看到苏北兴化等地区有大量毛芋头种植，苏北是水乡，毛芋头就大量地种植在周围皆水、三面环水或一面临水的地块上。毛芋头喜水，农民每天都用长水舀直接从河塘里向地里大量舀水浇水，河塘里的底泥也是很好的肥料，可以直接捞进田里，那种种植方式，看起来十分痛快淋漓、十分过瘾！自从去年（2013年）我下乡偶然看到毛芋头种买回来种植并且在秋天吃到果实以来，我对毛芋头的种植有了一种天然的喜爱，它的叶片大如荷叶，也类似荷叶，只要水肥充足，就能长得很好，明年还打算用无底孔的大盆子模拟湿地形态来种呢，想想可真有意思。

【原文】

天下有道，却走马以粪。天下无道，戎马生于郊。咎莫大于欲得，祸莫大于不知足；故知足之足，常足矣。（共39字）

【译言】

国家政治上正道，退回战马去运粪农作。国家政治混乱，战马生小马都要在战场上生。没有比贪得无厌更大的罪过了，没有比欲望无边更大的祸患了；所以知道满足的那种满足，才是恒久的满足啊。

【音义】

却，退却，退回。走马，跑马，战马；一说走释为赶，走马，即赶马，驱使马匹。粪，运粪肥田。戎马，战马。郊，作为战场的郊野。咎，过错，罪过。欲得，贪得无厌。足，满足。常，恒久，永远。

【重心】

谈政治，评战争，论价值。

【臧否】

不得不点上几个“赞”！

【困扰】

单纯的反战，真能收获和平？

【智语】

仁者起伏，智者广远。

【视野】

在人与人的争执中，既没有人与人之间的和平和谐，也没有人与山川平原之间的和平和谐。

在族群与族群的战争中，既没有族群与族群之间的和平安宁，也没有族群与地理环境之间的相互守持。

在国家与国家的战争中，既没有国家与国家之间的天下大同，也没有国家与天地万物之间的体恤尊重。

只有知足，才有满足；只有知止，才能停止；只有止贪，才能廉政；只有止欲，才能保证人与人之间的平和共兴、人与万物天地之间的和谐共荣。

看起来老子的话都是实话、平话，又有点儿像废话，但细读下来，觉得其中似乎有大思想。

有价值的想法，就是思想；没有价值的想法，只是想法。

所有的想法，都有价值，因此所有的想法，都是思想。

没有价值的想法，只是不在点上；只要在点上的想法，都将有价值。

不在点上的想法，要及时推至点上；不在状态的人，要想法儿转变状态。

有价值的信息，要及时转化为思想；有实际价值的思想，要及时转化为实践。

有价值的实践，要及时转化为想法；有价值的想法，就是思想。

和平是思想，战争是想法。

因而和平成为想法，战争却成为思想。

战争是暂时的，和平将永存。

于是和平又成为思想，战争终归为想法。

战争是非人的，和平是道德的。

道德是心理的暗示，伦理是社会的规矩。

没有永远的道德，只有永远的伦理。

没有抽象的伦理，只有虚无的道德。

没有永远的和谐，只有狭隘的正义。

没有永远的智慧，只有永远的蠢笨。

没有永远的有识，只有永远的无知。

没有永远的应然，只有永远的未然。

没有永远的人性，只有合乎道德的人性。

没有看得见的进化，只有看不见的退化。

没有永远的桃花仙境，只有永远的生态乌托邦。

没有永远坚挺的意志，只有百般喘息中的信念。

没有永远的兴盛，只有阶段性的兴盛；没有永久的真理，只有此时此地的真理；没有永远的神圣，只有彼时彼地的神圣；没有不加限定的自由，只有加以定义的自由；没有永远的强悍，只有适时的妥协；没有天赋的人权，只有文化中的人权；没有永远的征服，只有永远的同化；没有永远的休眠，只有能量的补充；没有免费的馅饼，只有互利的礼物；没有永远的屈从，只有沉默中的积累；没有永远的主体，只有大势的涨落；没有永恒的天然，只有视野中的天然；没有绝对的民主，只有制度中的民主；没有永久的正确，只有暂时的适用；没有永久的独特，只有环境中的独特；没有注定的成功，只有暗暗的努力；没有永远盛开的鲜花，只有永远默默生长的绿叶……

【听雨花园笔记】

上午 10 点四周的天边开始堆积乌云，天色也变得越来越暗，终于在 10 点半的时候，下起了大暴雨。可能是因为风不算太呼啸的原因，所以感觉上雨下得不那么暴。其实并非如此。暴雨很快就使园子存水了，水几乎漫过了门槛。12 点左右，雨渐渐收敛，最后终于结束了。乌云很快散去，太阳又出来了。老天的这种程序，最适合于作物的生长：暴雨先带给作物和土地充足的水分，阳光又可以给作物的结果提供最充足的光和热。我跟着园长来到园子里，一只最大的乌龟在下水的盆子里感受流水，园长捉了些蜗牛扔到盆子里，它咔啦咔啦吃得可真香。小二子在另一个盆子里，园长又捉了些到处乱爬的蜗牛扔给它，它也咔啦咔啦地大吃起来。小三子在种着有架豆和红芋的地里，正自己捉蜗牛大吃哩，咔啦咔啦吃得香。有两块红芋露出了土面，园长把它们“偷”进菜篮子里，这样一“偷”的话，在今年余下的时间里，它还能再结出新的较大红芋呢。园长又掐了小半篮红芋叶，晚上可以烧菜吃。生姜的姜块长出了地面，我用土把姜块埋上，这样姜块就能越长越大啦。枣子快要成熟了，有的都露出了红晕。无花果仍在结果、成熟，有一枚果实比较大，我把几枚熟了的果实摘下来，和园长分着吃啦。花椒红了，很快就可以采收啦。

【原文】

不出户，知天下；不窥牖，见天道。其出弥远，其知弥少。是以圣人不行而知，不见而明，不为而成。（共 36 字）

【译言】

不出家门，了解天下的事情；不看窗户外面，就能了解天地万物的运作规律。出门越远，知道的越少。因此圣人不出行就能知道，不看见就能明白，不刻意作为就能成功。

【音义】

户，一扇门，引申为门，代指居处。窥，音 kuī 亏，从缝隙或隐蔽处偷看，此指从窗户里往外看。牖，音 yǒu 有，窗户。见，看见，引申为知道、了解。其，无定代词，谁，某人。出，外出，离家。弥，越，愈，更加。行，出行。

【重心】

知识、思想和具体行为的关系。

【臧否】

游刃有余的高明。

【困扰】

经历和直接经验也不可忽视吧。

【智语】

仁者烦琐，智者简洁。

【视野】

真是让人梦寐以求的境界！

什么都不干、什么都不做，反而什么都知道、都了解，真是高级！

儒者敬圣、道者尊仙、墨者爱侠、佛者向善，各家有各家的钟情，各门有各门的侧重，各派有各派的强项，各人有各人的高招。

老子的政治高招就是无为当为，无事当事，能简极简，顺然而然。

陈鼓应先生说：理想之主、深居简出、以无为化民、不当终日行道。

不出家门就能了解天下的事情，不看窗户外面，就能认识天地间的规则，以我们当下的愚蠢理解，老子要达到这等境界，可能要做以下这些事情。

第一是读书，或至少要读网：把前人的智慧，他人的总结，智者的箴言，睿者的语录，间接的经验，都读得滚瓜烂熟、烂熟于胸，然后接近自然，自然而然，本然而然，应然而成，本当如斯，自当如是，原本此然……

第二是读人，或至少要识人：（间接地）读社会中的人生，读人生中的社会，读环境中的生存，读生存中的环境；读顺境，读逆境；读顺生，读苍生；读老者，读幼稚；读面相，读内涵；读前传，读后续；读家庭，读个人；读民族，读国家；读血肉，读精髓；读三万年只争朝夕，读为尔思得人憔悴；读瘦峰冬月天外天，读肥浪夏雨湖内湖……

第三是读心，或至少要扪心：读所思所想，读所追所问，读所苦所甜，读所期所盼；读此一时，读彼一刻；读晴空一鹤，读鱼翔浅底；读大浪排天，读细水起纹；读前一日前一时前一刻，读前一月前一年前一世；读秋月桂下花好时，读春夜棠前竹淡后；读思君念君怀君声声君，读嗔君忧君恨君君也不君……

第四是知矛盾，或至少知轻重与不同：人生处世，必得知深知浅，然后选深择浅；必得知轻知重，然后选轻择重；必得知荣知辱，然后选荣择辱；必得知前知后，然后选前择后；必得知进知退，然后选进择退；必得知红知黑，然后选红择黑；必得知大知小，然后选大择小；必得知他知己，然后选他择己；必得知厚知薄，然后选厚择薄；必得知醒知眠，然后选醒择眠；必得知前无古人，然后择后无来者；必得知花前月下，然后选黄钟大吕；必得知小桥流水，然后择慨然赴死……

第五是大思想，或至少有大目标：至少有大目标，这才有大规划；至少有大规划，这才有大努力；至少有大努力，这才有大知识；至少有大知识，这才有大范围；至少有大范围，这才有大圈子；至少有大圈子，这才有大视野；至少有大视野，这才有大提升；至少有大提升，这才有大谈吐；至少有大谈吐，这才有大心胸；至少有大心胸，这才有大气象；至少有大气象，这才有大思路；至少有大思路，这才有大思想；至少有大思想，这才有大境界；至少有大境界，这才能无为而成，无径而至，无形而至永寿……

【听雨花园笔记】

这一段时间我身边和园子里的事物似乎大都处于“横盘整理”的阶段，或下雨，或晴天，或阴天，或多云，或长叶，或打苞，或开花，或结果，而鲜见大暴雨、连续晴热、连续阴翳、长期多云、只长叶不打苞开花结果……这大概就叫寻常日子，不温不火，不愠不怒，不懈不怠，不卑不亢。寻常日子里的一天，我们去了一个 13 万亩大的大湖，并乘船在大湖的荷叶荡里快行、慢穿，采莲，寻找菡萏，看各种水鸟起飞、降落，停立在巨大的荷叶上；荷是睡莲科多年生水生草本植物，但我一直分不清的是，荷是沉水植物呢，还是浮水植物，还是挺水植物，说它是沉水植物吧，它的叶子浮在水面上；说它是浮水植物吧，它的花和莲蓬都长在空中；说它是挺水植物吧，它的藕根又在水底泥里。现在，我又回到了听雨花园里，肥硕的斑鸠停留在眉豆叶簇间，咕咕地叫着；麻雀们快速地一阵飞来，蹦跳几下，又噗噗地飞去；还能见到喜鹊，在台子上漫步，不急不慢的，然后跃然而去。楼外的一处街道上有几个人在吵架，不要怨怪他们，天热烦躁，再加上人生的诸多不易，着急和上火，总是难免的。这也是寻常日子的情境特征。哦，得罪了，得罪了。

【原文】

为学日益，为道日损。损之又损，以至于无为。无为而无不为。取天下常以无事，及其有事，不足以取天下。（共 40 字）

【译言】

求学一天比一天增加学问，求道一天比一天减少私欲。减少再减少，最后减少到顺其自然。不刻意作为实际上就是无所不为。治理天下经常要无所作为，如果要采取治理的行动了，那就不能够治理天下了。

【音义】

为，学，求。益，增加。损，减少；益与损，或言离人类的知识近了，离天地的规律就远了，离人类的知识愈近，离天地的规律越远。又，再。无为，不刻意作为，不妄为，不乱为。取，赢得，治理。有事，显得忙碌。

【重心】

强调无为之好。

【臧否】

真正的了无痕迹。赞同！

【困扰】

那么，人的位置到底在哪里呢？

【智语】

仁者木木，智者灿灿。

【视野】

老子反复强调无为，而且似乎对学问、学养、知识持负面看法……

那么，人的位置到底在哪里呢？

人的能动性到底在哪里呢？

人还有掌握自己命运的必要和可能吗？

人就该如此逆来顺受吗？

人就那么被动吗？

无所作为吗？

微不足道吗？

是的，环境危机似乎都与人类中心主义，与无穷无尽的索取、竞争、超越等等，关系密切，甚至看起来有因果关系。如果我们能控制欲望，像老子说的那样，维持最自然而然的状态，这个世界一定不会变得更坏。

而如果变得更坏了，那至少不是人类的责任。

但是，这像不像我们人类的思维呢？

至少不像我们中国人当下的思维。

消极就会落后，落后就会挨打，这是中华民族从百年耻辱中得出的惨痛教训，谁也没有资格再来教训中国人怎样做。中国人从百年耻辱中学会了怎样做……

可是可是……

我们进取，我们向上，我们努力，我们奋斗，我们改天换地，我们人定胜天，我们争创上游，我们奋力拚博，我们创新发明，我们创造发现……最终的结果，还不是会要经过这个痛苦的阶段？

就是这么矛盾！

不过，《老子》这一章的道理真好！

老子教给我们只看过程不看结果的道理。

老子告诉我们最终和最完美的标准是：顺其自然。

顺其自然是最终的完美结果和标准。

但万事万物没有最终的结果，只有阶段性的结果，我们所有的努力都是过程中的努力，我们永远到达不了终点，我们所有的问题都是过程中的问题，所以我们的不完美就成为常态，我们的问题和不足也就不足为奇了。

老子告诉我们的是要动态地阶段性地时空性地看问题。

例如文学创作。

开始多读文学书，多仿，多练，多学，多写，但到一定时候，就要减少对文学类图书的阅读，那只是量的增加，无法扩展视野、深化思想。

但是减少了对文学书的阅读，增加了对社会的阅读，对人性的阅读，对其他学科的阅读，转了很大的一个弯，还不是要回到文学上来？还不是要寻求文学的突破？

对原有的文学困境突破以后，我们又要面临新束缚、新困境，我们又要去绕一个大弯子，寻求下个新突破，然后，我们还要再回到文学中来……

不断地循环往复。

不断地增加、减少。

不断地减少、增加。

不断地从成功走向失败，又从失败走向成功……

不断地通过努力，走过一个又一个过程，走过一个又一个阶段……

但是不会有终点和最终的结果……

【听雨花园笔记】

眼看着就要立秋了，天却愈热起来，夜里最凉快的时候，温度会有摄氏 27 度，白天最热的时候，气温会有 38 度甚至更高。小麻雀们躲在眉豆或有架豆浓密的叶子里面乘凉，有时候人走近了，它们也不飞走，真到人走得太近了，它们才缓慢地飞去，但飞不多远，又落在较为荫凉的地方了。大斑鸠也时常光临厚密的叶子丛，但它们体型偏大，会踩得叶子和细小的茎枝乱闪，这样它们站不稳，逗留一会，也就离去了。园子里的植物对水的需求大大增加，于是园长辛苦，早晨也会给园子里的植物浇一些水，这样一来，有充足的阳光和水，蔬菜和果木都长得更好，郁郁葱葱的。天空则是一种无污、无染、透明、高热的形态，阳光显得无遮无挡，明亮灼人。我和园长时常议论，这两年常见的污染都去哪里了？一阵风吹走了？可春、秋、冬季的风，也不少哇。大乌龟们或呆在水盆里、或隐藏在稠密的绿叶下，看它们的样子并不怕热，它们在高温天反而过得自在悠然。傍晚的时候大乌龟都等在水盆里、水盆边或菜地的走道上，这段时间它们特别能吃，食欲超好，它们要抓紧进食，把身体养得壮壮的，为顺利冬眠做准备了。你看，动物们生活得多简单，但也富有远见，不如此，生存的情境逆转了，可能给生命带来灭顶之灾，万万马虎不得！

【原文】

圣人常无心，以百姓心为心。善者，吾善之；不善者，吾亦善之；德善。信者，吾信之；不信者，吾亦信之；德信。圣人在天下，歙歙焉，为天下浑其心，百姓皆注其耳目，圣人皆孩之。（共65字）

【译言】

圣人永远没有私心，把老百姓的想法当做自己的想法。善良的人，我善待他；不善良的人，我也善待他；于是人人都向善了。诚信的人，我以诚信待他；不诚信的人，我也以诚信待他；于是人人都讲诚信了。圣人为百姓做事，谨慎地不偏不倚，使整个社会都浑然纯朴，老百姓的视听都关注着统治者，统治者则把老百姓当婴孩看待。

【音义】

常，恒常，永远。无心，私心，偏心。百姓心，百姓的想法，百姓的要求。善者，好人，或引为善良的人。善之，善待他；善，作动词用。德，通得。信者，诚信的人。信之，以诚信对待他。在，为。歙歙，音 xīxī 西西，不偏不倚的样子。浑，浑然。注，关注。皆，都。孩，婴孩。

【重心】

包容与无私。

【臧否】

有条件地认同。

【困扰】

这么憨厚的状态真能得到？

【智语】

仁者憨憨，智者朗朗。

【视野】

统治者的小心谨慎尤其重要，因为治理者的言行关系到利益共同体的现实及未来，关系到他人和自己，关系到恶治与善政的分界，绝不可胆大妄为。

到底什么样的管理，才是善政良治？

西方在研究中国的政治制度的时候，说当西方还在困惑于民主或专制的两分法的时候，中国到现在为止，已经基本找到了一个管理体制的最佳方案，这个接近最佳的方案就是：顶层精英制，基层民主制，中间留下的是实验空间。这种方案只能在一党制的背景下才能实现。如果没有“由来已久”的社会基础，一人一票的选民制，有可能给大国带来变质的民主，带来不可收拾的乱局。

这当然只是一种探讨、研究和关注，没有定论。

中国改革开放40多年来，既有巨大的经济成就，环境的恶化也触目惊心；既有数亿人摆脱了贫困，贫富的差距也在不断拉大；既有收入的增加，也有焦虑的袭扰；既有社会的进一步开放透明，也有贪腐的横行、道德的沦丧。毕竟中国的社会管理体制仍在进化之中，中国的内容极其丰富，中国的话题万般复杂，中国的问题经年累月，凡此种种，都无法、也不可能一蹴而就。

按照老子的“道”理，人类社会将不断进化直至最佳最终的境界，但人类社会又不存在最佳最终的境界，于是人类社会只得不停地与时俱进。

各利益共同体会有不同的政治文化，因此形成了世界范围内的政治多样性。在中华文化系统内，传统的政治文化亦丰富多彩。

圣人永远没有私心，把老百姓的想法当作自己的想法——老子这是谈的民粹主义，或如何对待民粹情绪。

老子又说，善良的人，我善待他，不善良的人，我也善待他，于是人人都向善了；诚信的人，我以诚待他，不诚信的人，我也以诚待他，于是人人都讲诚信——老子这是谈的彻底的民粹主义，或如何对待民粹思潮。

但老子还说，圣人在统治地位上，要小心而谨慎，使整个社会都混沌纯朴，老百姓的视听都关注着统治者，统治者则把老百姓当婴孩看待——老子这谈的却又是精英立场，即如何由精英的视角对待民意，并力求达致人类社会那个仿佛不可能达致的最佳最终的境界和终点：纯朴的混沌。

【听雨花园笔记】

今年（2014年）8月7日立秋，立秋以后，天果然就凉快下来了，这并非常态，在许多个年头里，立秋以后，秋老虎更加热辣，甚至热得人受不住，今年的天气，倒像是专为立秋匹配的。接连一个星期，断断续续下了几场雨，气温一直维持在22℃—28℃，真是舒爽宜人。从春天就开始挂果的果实都成熟了，枣的表皮上渐渐有了红晕，也更加丰满了；柚子越来越大，深绿色，沉甸甸地挂在细枝上，植物的顶端优势规律，在柚子树上，能看得比较明显；因为盛夏时遭遇旱灾，山楂剩下的果实不多，却也饱满起来，冬天切片晒干后用它泡茶，可以控制营养过剩带来的过多脂肪。但园子里果菜长势再盛，立秋也是它们由盛而衰的一个起点，必须为园子的未来早做打算。于是选一个双休日，我陪园长大清早6点多去了一趟巢湖岸边的黄麓镇，在镇子菜市的边缘卖菜种的摊位上，选了几样蔬菜的种子：香菜、莴笋、黄心乌。黄心乌现在种稍早了点，种出来就变成鸡毛菜了；香菜和莴笋现在种更早哦，连芽都冒不出来呢。买种子的老头告诉园长，香菜种和莴笋种可以先在水里泡三小时，再用布包起来放进冰箱里，等种子白头的时候，种进土里，就可以了，因为这两样种子，需要稍低些的温度才能出芽。哈，回家实验实验去。如此这般，季节的更迭就是不可改变的了，因为季节的更迭，已经深入人心。

【原文】

出生入死。生之徒，十有三；死之徒，十有三；人之生，动之于死地，亦十有三。夫何故？以其生生之厚。盖闻善摄生者，陆行不遇兕虎，入军不被甲兵；兕无所投其角，虎无所用其爪，兵无所容其刃。夫何故？以其无死地。（共81字）

【译言】

人出世而生，入土而死。长寿的人，占十分之三；短寿的人，占十分之三；人本来可以活得长久，却自己活动在死亡之地，也占十分之三。这是什么原因呢？因为他们的奉养过于奢厚。听说善于养生的人，在陆地上行走不会碰到犀牛和老虎，在战场上无须披甲执兵也不会受到伤害；对这样的人，犀牛没有地方使用它的角，老虎没有地方使用它的爪，兵器没有地方使用它的刃。为什么呢？因为他没有进入死亡的地域。

【音义】

出生入死，出于世，入于土。生之徒，正常活着的人，相对长寿的人；徒，一义徒通“途”，道路，通道；一义徒为党徒，即同一类人；对古文的感悟十分重要，例如这里的徒，理解为生命较长久的那一拨人，这是党派的意思，因为那一拨人的一个主要共同点都是活得较长，理解为走在长寿道路上的那些人，这变成了一种比喻，更形象化，但意思是一样的。死，此指寿命短。动之于死地，自己活动在死亡地域；所谓死亡之地，或指生活方式、生活环境不健康，包括下文的生活过于奢厚。生生之厚，生命奉养过于丰厚；第一个生，名词，生命；第二个生，动词，养生。厚，过丰。盖，句首语气词。摄生，养护生命，即养生；摄，养护，保护。陆，陆地。兕虎，独角犀牛与老虎，或泛指各种野兽；兕，音 sì 四，犀牛，又有说指独角犀牛。军，军队，此指战场。被，音 pī 披，通“披”，穿着，引申为披盖、披挂。甲兵，铠甲兵器。无所投，没有地方使用；所，处所，地方；投，掷，扔，引申为投放、使用。无所容，没有地方使用刀刃；容，音 yōng 拥，通“庸”，用。死地，死亡的地域，死亡的范围。

【重心】

长寿与养生。

【臧否】

无道似有道，无理若有理。

【困扰】

老子为什么谈起了不入“道”的养生，难道真有其深意？

【智语】

仁者面面，智者线线。

【视野】

据说，2000 年前人类的平均寿命仅为 22 岁，原因是疾病、战争和其他意外伤亡太多。

这数据一定是学者们建立了一个非物理性模型，再直观推断出来的。现在这个很流行：

“与现在相比，当时（明清时期）人的寿命是相当低的，特别是非成年人的死亡率极高。侯杨方利用上海曹氏和江阴范氏家谱所做的统计分析表明，曹氏和范氏分别只有 55% 和 57% 的男子能够活到 15 岁，而能活到平均初婚年龄 22 岁的人仅为不到一半，出生时的平均预期寿命均不到 30 岁。而男子的平均死亡年龄基本在 47—60 岁之间，进入 19 世纪以后，还出现了降低的倾向。”（余新忠：《中国家庭史 · 明清时期》）

粮食带给人类温饱，也带给人类饥饿。

动物是大自然送给人类的礼物，也带给人类致命的瘟疫。

发明带给人类方便，也最大化地用于战争和杀戮。

战争带给一群人安全，带给另一群人灾难。

物质丰富了，也带来了贪腐、贪婪。

社会进步了，却要用仁义、孝慈、忠诚去弥补缺失。

那么，在这个背景下，老子要怎样谈养生？

《老子》贵生、重生、惜生、护生、养生，讲究生息之道。

所谓生息之道，宏观的方面，提倡以静养生，以阴阳的观念护生。

微观的方面，提倡适可而止，反对奉养过度。

提倡合于阴阳，顺应四时，起居有常，作息规律。

这都是农耕文化的论题。

《淮南子》说：孟春施行夏季的政令，那么风雨就不能按时到来；孟春施行秋季的政令，那么百姓中就会爆发大的瘟疫；孟春施行冬季的政令，那么就会雨水过量，灾害频频。

说的都是四时顺应，起居规范。

一直到明朝：凡稻田刈获不再种者，土宜本秋耕垦；凡稻分秧之后数日，旧叶萎黄而更生新叶；凡早稻种，秋初收藏。(《天工开物》)

这里更强调，人类要与自然协调、人力要与自然力适配。

有人在报纸上发表文章，介绍《老子》的养生观。

借助人生观定位人生。具体的方面，要劳逸结合，饮食节制，以期达致延年益寿、登高望远、精神矍铄、心力健旺的肉体和人生高端境界。

关于养生、贵生、重生的观念，还和珍惜生命，天、地、命、道相连这样的大命题联系在一起。

而如果撇开铺陈，拨去浮萍再看，养生、惜生、护生的根本目的，终极目标，还是要落在人的生命、健康、寿命、享年的指标上。

每每读到这样的文章，我总是好生奇怪。

不是奇怪现在的文章，而是奇怪老子的文章。

为什么这部讲哲学、讲巨事的大书，会特别关注养生这样的偏门“小事”？

难道老子那么怕死？那么爱生？那么小心保养？

当然我想，也许这是春秋时期的某种流行、社会时尚。

但是不不不，老子谈养生，没有一章是单纯谈论养生的。

没有一章是单纯从生理角度谈养生的。

老子谈的还是“道”。

还是万物根本。

还是众妙之门。

还是辩证。

还是那个叫哲学的东西！

【听雨花园笔记】

立秋后气温下降得很快，一直只有21℃到28℃，相对于夏天，实在是凉快多了。夜晚也十分舒服，看电视呀，睡觉呀，完全没有障碍了，盛夏酷暑时，看一会电视在客厅里，很快就要热得难受了，两个人又好像不值得开大空调，跑到楼上卧室里开空调，就被局限在那个屋子里，看看电视，玩玩手机，做不了什么正儿八经事。现在好了，在哪里都一样，都快活宜人，想做什么事都可以，感觉憋屈了一个夏天的能量都要释放出来，呵呵，期待呢！只是，只是雨水过了些，前几天断断续续地下，昨夜到今天，却变成连续不断地下了。早晨起来，我站在听雨花园的门口，听秋雨打在植物叶子上不间断的声音，毛芋头的大叶子上不停地往下滚水珠。怪不得人说秋天惹人愁呢，愁也就是秋多了个心字嘛，虽然苦夏难熬，人人都盼望秋天的凉爽的到来，可秋凉真的来了，人们又不由得怀念起过往的一切了。一点都不错，失去的东西才好，失去了的，人们只存念了它的好，而剔除了它的孬。

【原文】

道生之，德畜之，物形之，势成之。是以万物莫不尊道而贵德。道之尊，德之贵，夫莫之命而常自然。故道生之，德畜之，长之育之，亭之毒之，养之覆之。生而不有，为而不恃，长而不宰，是谓玄德。（共72字）

【译言】

道化生万物，德养育万物，实质存在的内容构成万物的形状，环境大势成就了万物的生长。因此万物没有不尊崇道、珍贵德的。道所以受尊崇，德所以受推重，是由于道和德不对万物加以干涉而永远顺应自成。所以，道化生万物，德养育万物，使万物成长发育，使万物成熟安定，对万物抚养保护。产生万物而不占有，为万物做许多事而不自恃有恩，滋养万物而不主宰，这就是深远无边的至德。

【音义】

生，化生，产生，由道而生。德，道的外在形式，道的表现形式。畜，音 xù 序，养育。物，实际存在的物质或内容。形，塑造，构成。势，力量，势力，势头。是以，因此，所以。尊道，以道为尊。莫之命，即莫命之；莫当代词用时，是没有谁的意思，莫之命即没有谁对它们发号施令；莫当副词用时，是不的意思，即不对它们发号施令。常，长久，恒久。自然，顺应自成，顺应自化，原来如此。长之育之，使动用法，使万物成长，使万物发育；长，音 zhǎng 涨，生长，成长。育，发育，发展。亭，成熟，成长。毒，一说为安定、安心义，即不受侵犯；一说为成熟义。养，抚养，扶持。覆，覆盖，保护。有，自有，占有。恃，倚靠。长，音 zhǎng 涨，滋养。宰，主宰。是，此，这。谓，叫作，称为。玄德，至德，达到极致的德；玄，音 xuán 悬，深远；德，德行，品德。

【重心】

道、德上善。

【臧否】

对道、德的礼赞，令人崇敬。

【困扰】

小民的人生却该如何操持？

【智语】

仁者居后，智者超前。

【视野】

自然即无为、无欲、无争、无治、无意……

自然即不乱为、不过欲、不争抢、不劣治、不特意……

即便无为、无欲、无争、无治、无意真是不作为、不有为、不去想、不进取的意思的话，老子也为人类做出了两种贡献。

一种是“消极”的贡献：让人们认识到无为、无欲、无争、无治、无意……

另一种是“积极”的贡献：让人们变无为为有为、变无欲为有欲、变无争为有争、变无治为有治、变无意为有意……

自然而然的观念，看起来抽象，实则为事物的宏观指导和理论指导。

那何为自然？

自然就是自然而然。

何为自然而然？

自然而然就是顺应自成。

何为顺应自成？

顺应自成就是自成而成。

何为自成而成？

自成而成就是本当如此。

何为本当如此？

本当如此就是自己如此。

何为自己如此？

自己如此就是应然而然。

何为应然而然？

应然而然就是无为自然。

何为无为自然？

无为自然就是性本如此。

何为性本如此？

性本如此就是纯任此然。

何为纯任此然？

纯任此然就是不着一词。

何为不着一词？

不着一词就是不加干涉。

何为不加干涉?

不加干涉就是放任自意。

何为放任自意?

放任自意就是充分自由。

何为充分自由?

充分自由就是自然约束。

何为自然约束?

自然约束就是百姓自化。

何为百姓自化?

百姓自化就是遵纪守法。

何为遵纪守法?

遵纪守法就是善治良政。

何为善治良政?

善治良政就是原来如此。

何为原来如此?

原来如此就是纯任自然。

何为纯任自然?

纯任自然就是自成而成。

何为自成而成?

自成而成就是自然而然。

何为自然而然?

自然而然即为自然。

老子的言论多是开放性言论，可以给后人无限阐释的可能，可以给后人无限可能的时代性言说，可以给后人无限发挥的空间，可以提供给后人不断叠加文化内涵的基础，可以永远、永远、再永远，无限、无限、更无限，及至永远的无限与无限的永远。

对经典来说，没有什么唯一，没有什么不可能，没有什么不概括，没有什么不涉及，没有什么不正当，没有什么不自化，没有什么不自正，没有什么不指导，没有什么不独尊，没有什么不抽象，没有什么不具体，没有什么不言说，没有什么不预设，没有什么不传承；没有什么不矛盾，没有什么不统一；没有什么不产生，没有什么再产生；没有什么不本真，没有什么不混沌；没有什么不借鉴，没有什么需借鉴；没有什么不优秀，没有什么更优秀；没有什么不长寿，没有什么更长寿；没有什么不记录，没有什么要记录；没有什么不主体，没有什么不客体；没有什么不怀疑，没有什么值得怀疑；没有什么为背景，没有什么无背景；没有什么无潮流，没有什么为潮流；没有什么需改变，没有什么不改变；没有什么不关注，没有什么需关注；没有什么不介绍，没有什么当介绍；没有什么不呈现，没有什么应呈现；没有什么不终极，没有什么为终极；没有什么不超验，没有什么可超验；没有什么不启蒙，没有什么真启蒙；没有什么无价值，没有什么有价值；没有什么大如天，没有什么小如天；没有什么不君子，没有什么真君子；没有什么不在道，没有什么可脱道……

这大约正是经典的特征、经典的特质、经典的特权、经典的品性、经典的山川形便、经典的犬牙交错、经典的九难八阻、经典的逝川流水、经典的不可攀比、经典的牛！

【听雨花园笔记】

园长回来后，园长自然是一园之长，她常有意无意地暗示我，她的地盘她做主，我这段时间又较忙乱，有时候在外面有活动一待好几天，有时候在外面参加电视剧审片，早出晚归，早晨早早走了，晚上晚晚才回来，所以对园子里的情况，还真渐就一知半解了呢。这一天早上，我刚洗漱完毕，就听园长在楼上园子里高兴地叫：野荠菜、香菜发芽啦，莴笋也发芽啦。我连忙跑上楼，到了花园门口，突然意识到，人家团长只是高兴得自言自语呢，并非召唤帮工。于是申请道：我来啦，可能参观参观？园长说：恩准啦。其实，没人欣赏、分享和捧场，园长一个人把园子搞得再好、再繁荣，她也没有成就感。进了园子，哇，多日没来，园子里显得更加葳蕤了。除了几条走道，其他的地方，都被绿色的植物霸占了。夜来香依然花苞累累，无花果呢，也在不断的发育成熟之中，生姜长得更旺盛了，无架豆还结个不停呢。园长见我来了，热情地带我去看她的成就展：青萝卜长出了圆肥肥的初叶，莴笋的嫩芽则是淡绿色、长长的，只是香菜和野荠菜的芽子太小，还看不出个端倪来。哈哈，在园子里深吸几口鲜香的空气，游手好闲了一会，又对正忙着采摘果实的园长说了几句恭维话。看看园长的眼色，她正忙得紧呢，我一介闲人，再待下去，恐将不受待见了，还是赶紧退下为妙……

【原文】

天下有始，以为天下母。既得其母，以知其子；既知其子，复守其母，没身不殆。塞其兑，闭其门，终身不勤；开其兑，济其事，终身不救。见小曰明，守柔曰强。用其光，复归其明，无遗身殃，是为袭常。（共72字）

【译言】

天下万物都有起始，把这起始作为天下万物的本源。既然得知了本源，因此也就认识了万物；既然认识了万物，再坚守住本源，这样终身没有危险。塞住欲望的孔窍，关闭贪念的门户，终身没有烦劳；开启孔窍，助成人们的俗事，则终身不可救药。能察见事物的细微，这叫作明，能守持柔和，这叫作强。运用内生动力，回归自身智慧，不给自己留下祸殃，这就是承袭永恒的道。

【音义】

始，起始，源头。以，因此。没身，终身，至死；没，终，尽；身，身体为生命。塞，音 sāi 腮，堵，填入。兑，音 duì 对，孔洞，这里或指人的感官。门，门户，这里或指感官通道。勤，劳累，辛苦。开，开启，打开。济，成就，帮助。救，挽救。见小，看见细小，察见细微；见，音 jiàn 健，看见，察看。明，智慧，聪明。守，守持。柔，柔软，柔和。强，刚强，自强，强大。光，内生动力，即自带光源，自带动力。复归，回归。遗，遗留。殃，灾祸。是，代词，此，这。袭，承袭，因循。

【重心】

源流因果，守弱持明。

【臧否】

前段赞同，后段不予置评。

【困扰】

是要知前知后、知己知彼吗？

【智语】

仁者尊道，智者居下。

【视野】

天下万物都有起始，知道这一点之后，再把这个起始作为天下万物的本源，也就认识了万事和万物。老子这段话说得真好。

麦作区和稻作区有不同的文化，这听起来奇怪，但其实很寻常。我们只要把人类、文化、小麦、水稻、地理这些关键词简单化并且连接起来，就容易理解了。

人类→文化：只有人类，才有文化。没有人类的目光，其他万物，都没有文化。因为文化是人类的文化。

文化→小麦和水稻：因为经过了人类目光的审视，所以小麦和水稻都因此而有了文化，或叫麦作文化或叫稻作文化。

文化→地理→小麦和水稻：小麦和水稻生长在不同的地理环境中，这种地理差异导致了麦作区和稻作区的文化差别。

南稻北麦，南文北武，南甜北咸，都是稻作区和麦作区文化差别的概括和描述。

还有一些边缘性新学科式的发现。

媒体上报道，有科学家最近对稻作区和麦作区的文化差异做了研究，并得出了如下结论：在麦作区生活的人们离婚率较高，而稻作区的人们离婚率则较低。

为什么呢？

科学家们说，这是由于稻作区人们相互依赖，相互合作，避免冲突，强调整体性，家庭观念更强，在描述自己和周围人的关系时，眼中的自己更小，更倾向集体主义，东亚的韩国和日本都是稻作农业国，符合以上规律。

麦作区相反，离婚率相对较高，麦作区的人们强调个性，强调个人主义，在描述自己和周围人的关系时，眼中的自己更膨胀，例如欧洲人。

之所以拿稻作区和麦作区作比较，是由于两者的灌溉和劳作方式不同。

水稻需要持续灌溉，各田块之间需要更多的合作和协调。而小麦种植相对简单，相邻的田块间很少需要合作和协调。

呵，这倒是符合稻麦农作的实际。

水稻生产的确需要更多的合作和管理。小麦的生产则简单多了，除了大旱时需要灌点水，冬春旺长时需要用石磙子“镇压镇压”，初春仲春时需要撒点化肥以外，基本上就放任它生长了。

当然，不要忘记，任何言说都是“非常道”的，都有不全面的风险，都有片面绝对化的可能。

甚至可以说，任何言说都一定是不全面的，都一定有片面化绝对化的风险。

以上的研究和结论，只是人类文化和文明复杂性的一部分，不可能绝对化地说明和解释人类在这方面的行为。

就拿重视合作和避免冲突来说，稻作区人群挑起斗争或战争的例子，也不胜枚举。

不过，稻作区人们的内部合作究竟如何，又值得去作另一番考察了。

【听雨花园笔记】

傍晚时分，征得园长同意，跟着园长到园子里去。以前曾跟着园长到园子里去，她按部就班地做事，我却忍不住指手画脚，园长就很生气，“你在这我心烦！”就把我赶走了，所以现在和园长一同到园子里去，就要事先征得园长的同意。秋天了，园子里早已果实累累。园长安排我去摘枣子。我来到枣树下，昂头一看，果然枣子都膨大成熟了，伸手摘那些又大又红的，却发现红的部分都软了，不能吃了，赶忙报告园长。园长说：“就是的，我又够不着，怎么一红就坏了呢？”我说：“真奇怪。”园长说：“怪不得都说街上卖的红枣都经过处理……”我说：“那也不都是，自然红的也有……”园长不说话。难道我又说错什么了吗？我赶紧也闭嘴，把大了的枣子都摘下来，摘进园长经常提着上楼的小篮子里。我东走走，西瞅瞅，又摘了一个红的无花果，摘了几根豆角子。哈哈，到园子里转转可真爽！“柚子多浇点肥水，枇杷也要给点营养哈。”园长正忙着干活，我又指手画脚啦，别自讨没趣，反正已经过了花园瘾啦，还是见好就收，溜之乎吧。我离开花园，回到了屋子里。

【原文】

使我介然有知，行于大道，唯施是畏。大道甚夷，而人好径。朝甚除，田甚芜，仓甚虚；服文彩，带利剑，厌饮食，财货有余；是谓盗夸。非道也哉！（共52字）

【译言】

假如我稍微有点认知，在大道上行走，只害怕走入邪路。大道很平坦，但有些人喜欢走偏道。宫殿非常华美，农田十分荒芜，仓库极其空虚；穿着华丽的衣服，带着锋利的宝剑，吃烦了精美的饮食，钱财充裕；这就叫作盗窃（贪腐）来的奢侈。真是无道啊！

【音义】

使，假使，假如。介然，稍微具有。大道，或指无为而治。唯，只，独。施，音 yí 宜，斜行，邪路。畏，害怕，担心。夷，平，平坦。好，音 hào 浩，喜欢。径，小路，偏道。朝，音 cháo 潮，朝廷。甚，很，十分，非常。除，整洁，华丽。芜，荒芜。仓，仓库。虚，空虚。服文彩，穿着华美的衣服。盗夸，强盗的首领；又有说此盗夸为盗窃（贪腐）来的奢侈，因来之容易，又常招摇夸耀，因此称为盗夸。

【重心】

言生活感悟，论日常道理。

【臧否】

一头雾水。

【困扰】

这是告诉我们要走正道吗？

【智语】

不下定论就是最好的定论，下了定论才能最好地定论。

【视野】

老子关心治国、治世、人心。老子的政治哲学就是致力于建设一个和谐的得人心的社会。

什么是和谐?

自然而然就是和谐。天、地、万物的原生态就是和谐。

但这种和谐是原生的和谐，当人类出现以后，这种和谐就不可能不被打破了。

天地是和谐的，天地创造和承载了万物，并不冀望回报，呈现出真、善、美的机理。而人则相对而言是索取、破坏、强求的，在天地万物面前是假、丑、恶的，呈现出一派小人即小格局的景象。

人类的出现是自然进化史上的一件大事。人类在生物界独树一帜、一超独大，人类的智慧从某种意义上说超越地球上一切生物，达到前无古人、后无来者的程度，也达到了有实力破坏万物和谐的地步。

同时，人有智慧和能力打破天地万物的和谐，人也有能力了解自己的所作所为，有能力认清自己所应该承担的责任，但人不一定有能力控制住自己无休无止的欲望和享乐欲。

和谐、被打破的和谐、进一步的和谐、进一步被打破的和谐、再进一步的和谐……无尽地循环，或者终致无法和谐。

合于道即合于自然而然、悠然和谐的生活方式才是人生的正道；官员、权力、财阀、上层，由于物质生态的关系，一般更易于逆道而动；而对享受的过分依赖往往带来不可预测的祸患；守啬、去奢则能保持更久长的物理生命、精神生命和文化生命。

老子讲究天地人万物的整体和谐、宏观和谐。天人感应，是人与万物之间的无缝对接；天人合一，是人与天地之间零距离融合；天人相符，是人与天地万物步调一致、品行同一；天人一体，你中有我，我中有你，水乳相融，不分彼此。

天地人万物的宏观整体和谐，是中国人心灵安全的港湾。乡村入土为安的观念即来源于此。中国人脚踏实地、厚养土地，都是天人合一观念浸润的结果。

【听雨花园笔记】

早晨起来，路过听雨花园门口时，瞅见园长在园子里忙采收，第一个反应，就想去享受胜利果实。于是站在门口，赶紧向园长口头申请，得到批准后，匆匆进了园子。阳历的8月下旬，园子苍绿成熟得多了，到处都果实累累的，正是三秋（秋收、秋耕、秋种）大忙时节。我个子高些，于是先被园长派去采摘树上剩下的枣子，枣子都饱满、发白或微有红晕，一个个摘下来，真有成就感。收完了枣子再收无花果，无花果从春末结到现在，实在是很卖力的，它们红紫色，虽然因种在花盆里不如直接种在地里长得大、长得甜，但自己种的东西，吃起来感觉完全不同。春天种的一盆花生也收获啦，嘀，看起来还挺饱满的，这盆花生种起来也真省劲，就是顺便浇浇水而已，没费什么事，也能有收成。发现原来“偷”过的一棵红芋又结出了一个大红芋，上半截露在土上，我向园长建议再“偷”挖出来吃，但园长看了看说，再“偷”出来的话，红芋秧子就没有根了，不能再结出新红芋来了，既然如此，倒不如给它再长一长，秋天的红芋，长得最快了。的确是站得高看得远哦，园长英明！山药聚丛而生的叶丛外，挂着一颗颗微型的小山药豆，这是山药的种子，如果它们落在地上，第二年就可以再长出一株新山药来。但山药豆也可以食用，放在米饭锅里蒸熟，就像土豆一样，略有点面，蘸点儿蜂蜜，那个美……摘了些叶丛外面的山药豆，无意间的扒拉，惊喜地发现叶丛里和靠内的一侧，山药豆简直“泛滥成灾”啊，哈哈，发财啦。我的惊呼声把园长引来了，她用手机拍了几张照片留作纪念，才示意我可以采摘。

【原文】

善建者不拔，善抱者不脱，子孙以祭祀不辍。修之于身，其德乃真；修之于家，其德乃余；修之于乡，其德乃长；修之于邦，其德乃丰；修之于天下，其德乃普。故以身观身，以家观家，以乡观乡，以邦观邦，以天下观天下。吾何以知天下之然哉？以此。（共91字）

【译言】

善于建树功业的人意志不会动摇，善于守持功业的人不会让功业得而复失，子子孙孙因此会永远祭祀承继他。用德修养自身，这个德就纯真；用德理家，他的德就充裕；用德治乡，他的德就久长；用德治国，他的德就丰润；用德滋养天下，他的德就普惠众生。因此，立足自身看别人，立足自家看别人家，立足本乡看他乡，立足本国看别国，立足自己所在的天下看其他的天下。我怎么知道天下如此呢？就是用这种方法。

【音义】

善，长于，善于。建，树立，建立。拔，拔除，引申为动摇。抱，抱持。脱，脱离。辍，音 chuò，中止，停止。修，修养。真，纯真。余，充裕，宽裕。普，普遍。身，自己。观，观察。身，他人。然，这样，如此。

【重心】

德润万物。

【臧否】

体悟带来智慧。

【困扰】

是要置身事内地看他人、看他物吧？

【智语】

没有永远的和谐，只有狭隘的正义。

【视野】

体验带来知识，感悟带来智慧。

从自身体验出发，以身观身，以家观家，以乡观乡，以邦观邦，以天下观天下，以个人的体验，通悟天下万事万物。

这是老子的“田野考察”。

这也是中国传统哲学和思想体系的重要特征。

是中国传统哲学和思想体系形成的重要方法。

而非西式的归纳推理、演算探究。

对《老子》来说，对事物的整体性、感受性、综合性、宏观性、关联性的重视，比对确定性、量化性、明晰性、客观性、规范性更甚。

与法制商贸逻辑中的思想、哲学系统相比，中国传统哲学、思想体系，更重视生活经验、重视原境体验、重视自然体验、重视农耕情境中的社会人际关系体验。与法制商贸逻辑中的社会人际关系相比，更有人情味，更讲人际关怀，更重亲情伦理。

也更重生物本能，更侧重文学原理，更倾向于母系氏族生境。

由于观念和思想来源于周边的事物、农耕、天地环境、日常实践，因此，老子的哲学充满对不可知的道的敬畏，对天地万物的敬畏与依赖，对人的渺小的清醒认识，对耳闻目睹的肯定，对人与天地自然万物混成一体的切身感受。

所以，在此基础上生成的世界观思想，被当地文化圈里的人们认为具有合理、合法性，因为它深层次地体现了天地万物的运行法则和规律，具有不可替代的价值。

而由于这种世界观是天地万物运行法则和规律的展示，因而就更显出它深厚的和谐内涵，因为天地万物本身亿万年运行和谐不悖，因此出于天地万物又表达了天地万物内在规律的学问也就体现了和谐不悖的深层精神。

推此及彼，老子更推崇抱团取暖、姿态低下、利于他人而成就自己、相互依存、包容和睦、捧场共生、万物攸关等等观念。人是天地的一部分，天地是道的一部分，道是天的一部分，天是地的一部分，地是人的一部分，所有的这些一部分都相互依托，不可脱离单飞。因为不如此，则不符合周边日常体验和观察到的天地万物的寻常也是根本的规律，就违反了由此提炼出的道的道理，那也就不符合这种关于世界观的学问了。

因此中国历史上始终强调人不过是社会的一员，不过是组织的一员，不过是家庭的一员，离开了共同拥有的社会，离开了团体，离开了家庭，只能成为另类，成为叛逆，成为公贼，成为罪人。人们历来重视大家庭的共同生活，人们也习惯于“护短”“护窝子”“不讲理”，因为这些“本能”是最符合万事万物运行的“本能”的，无须经过严格的逻辑归纳提炼，具有强烈的感受色彩。当然这丝毫不影响其思想深度和对才华智慧的苛刻要求，这只是体现了思维形式和方法的巨大差别。

西方商贸哲学则推崇个人成就、个人至上、发现自我、独立自由、精准计量、确定无疑、探究不止、抽象归纳、理性至上。从一个不怎么恰当的角度比较，我们或可以说，老子天地哲学的特征是轻视自己，重视他人，送他人去远方即是自己和整个社会的成功；而西方商贸哲学则要独立进取、完善个人，所有人都如此，还不是自己和社会的成功?

【听雨花园笔记】

夜里一直在下雨，早晨起来，天就很有点凉快了，晨风吹在身上，甚至感到有些凉意，不过这并不是真的“凉”，是那种凉快的凉，毕竟在家里身上只穿着裤头呢。站在园子门口看一会园子，只见雨噼里啪啦地落在植物的叶片上，像是没有止境的样子，也给人的心情带来一丝惆怅。我回到淮北佬斋，从窗口仍然可以看到植物的生长，眉豆呀，无架豆呀，金银花呀，都在窗口外生长得鲜活、旺盛。淮北佬斋是我的书房名，这个书房是两个半房间打通形成的，面积约 50 多平方米，还专门请鲁彦周先生题了斋名。最初搬进来时，我女儿的同学到家里来，看到我的书房，就告诉许尔茜说：你家那哪是书房，那是舞厅。2000 年时还流行唱歌跳舞，纪念大学毕业 20 周年，我的同学来了，都在书房里唱歌跳舞呢，不过现在大书房多了，我的这个书房就显得很小了。起名“淮北佬斋”，是因为我对淮北感情深厚，我在沿淮淮北出生、长大、插队、工作，淮河流域的地理和文化基因，已经深深地植入了我的血液和内心。淮北佬斋又名“五闲阁”。所言“五闲”，即“有一些闲暇，有一些闲钱，有一些闲趣，有一些闲友，有一个闲人”之谓也。中国传统的知识分子，既追求事业功名，也向往闲情雅趣。我受到这种思想的影响，觉得事业之外，还是要深谙并享受宽厚的文化、休闲乐趣才好，唯有如此，人生才会丰富多彩，山水迭现，高潮不尽!

【原文】

含德之厚，比于赤子。蜂虿虺蛇不螫，攫鸟猛兽不搏。骨弱筋柔而握固，未知牝牡之合而朘作，精之至也。终日号而不嗄，和之至也。知和曰常，知常曰明。益

生曰祥，心使气曰强，物壮则老，谓之不道，不道早已。(共79字)

【译言】

含德深厚的人，就好像初生的婴儿。蜂蝎毒虫不刺伤他，凶鸟猛兽不伤害他。他筋骨柔弱小拳头却握得紧，还不知男女交合事生殖器却勃起，这是精气非常旺盛的缘故。整日哭号嗓子不哑，这是和谐之气非常充裕的缘故。知道和谐的道理就懂得了顺应天成的常理，懂得了顺应天成的道理这就叫作明智。纵欲贪生会有灾殃，心思主使精气元气叫作逞强，事物发展到盛壮就会衰老，这些就叫作不合于道，不合于道就会早早消亡。

【音义】

含，蕴含。赤子，初生的婴儿；赤，纯真。虿，音 chài，蝎子一类的毒虫。虺 huǐ 悔，一种毒蛇，俗称土虺蛇，色如泥土。螫，音 zhē 遮，虫行毒。攫鸟，鹰隼等猛禽；攫，音 jué 决，禽兽用爪抓取。不搏，不与他交手。握固，拳头握得紧；握，攥拳头。牝牡之合，雌雄交配，代指男女性事；牝牡，音 pìn mǔ 聘母，雌雄。朘作，生殖器挺起；朘，音 zuī，男孩的生殖器；作，兴起，勃起。号，音 háo 嚎，大声哭。嗄，音 shà 霎，嗓音嘶哑。常，懂得顺天自成的道理。明，明智，聪明，明白。祥，多解为不吉祥，这或是根据上下文义及全文大义而解。不道，不合于道。早，早早，提早。已，停止，死亡。

【重心】

道深德厚。

【臧否】

已阅。

【困扰】

物极必反，可不知何时会到临界处。

【智语】

没有抽象的伦理，只有虚无的道德。

【视野】

知道和，就算是了解、认识到恒久的天地社会规律了；有了这种认识，那就是明智，就是个明白人。

现代社会，大家都知道和的好。和谐、和睦、和畅、和平。

和而为上。认定和是一种最顶级的发展状态，没有这种高级意识，没有这种通盘考虑，没有这种长远打算，没有这种基本认知，没有这种领导常识，哪里有和谐安宁的社会？哪里有经济发展的宽松环境？哪里有安居乐业的起码条件？

和而为贵。认定这是一种超级的人际关系，没有这种关系，人无成，事无成。

有了这种关系，则难成易，短为长，低亦高，相辅相成，相容共生。

和而生物。知道这是一种最佳的人与社会、人与天地、人与万物的关系。因和而万物生，因和而有无相生，难易相成，长短相形，高下相盈，音声相和，前后相随，天地自生，万物自成，彼此相融。

但和而为上、和而为贵、和生万物、和气生财、和平共处、和则两利、和则两赢、和和睦睦、和平万岁都是至上的理想，都是道所属的层次，都只是我们的目标。

人类社会或永远只有取得相对的或比较的和谐的可能。

我们喜欢和，但和不一定喜欢我们，或一定不喜欢我们。因为和就是取消差异，和就是抹杀不同，和就是趋向同一性，和就是只求坦途不论坎坷，和就是讲究共赢，但从来就只有差异化的共赢，没有对等的共赢。

和而为贵，有可能变为和而稀泥；和而为贵，有可能变为和无原则；和而为贵，有可能变成和无底线；和而为贵，有可能变为和无斗志；和而为贵，有可能变为相互抵消；和而为贵，有可能变成庸俗不堪、一窝俗事。

因此，和是短暂，不和是长期；和是局部，不和是全局；和永远是过程，不和永远是结果；和是临时，不和是常态；知和曰常，知不和曰明。

因此，和而不同最久、最长、最广、最难。

包容不同、理解差异、相互妥协、共筑和谐，说起来容易，做起来最难。

《老子》六十三章说报怨以德，就是多难中的一大难。

南非的曼德拉被白人政权关押折磨几十年，出狱后他报怨以德，在各种场合宣传种族和解，宣传社会安定，宣传相互包容，并以身作则，成为民族和解的楷模，南非也由此而走上社会比较稳定、发展比较快速的轨道。

以怨报德可以和为贵，但也可能只是对敌人的姑息，是对错误的迁就和放纵，是遗虎为患。

因此，我们说，和于道而明，不合道而惘。

和与不和，都要归于道，都要以道作为最终的参照，都要接受道的最终检验。和于道的，就心灵清明；不合于道的，则生吞活剥、生搬硬套，就违道而动、背道而驰。

至于何为道，那只有道才知道。

【听雨花园笔记】

三园（花园、果园、菜园）现已进入平稳收获和过渡的阶段，豆角还在结果，虽然不是那种爆发式的，但确实很平稳，不急不慢的，既不一下子结得很多，但却能持续不断；眉豆不同，每年到高温渐退、秋意趋浓时，眉豆都花开连片，绿荚簇簇；枇杷又打花骨朵啦，刮寒风、下冷雨的时节，枇杷的花就要开放旺盛了，这真是季节的安排啊，是生命进化的密码在暗暗运作着它们的生命进程，从中我们也可以领略到，凡事须得顺“道”而行，预先准备，匆忙的启动，很难成功的啊！含笑经过一个夏天的经略和储备，似乎也已经准备好了明年春天的花事；红芋到了秋天，正是结果膨大的时候，如果不急着品尝，就让它们多在土壤里待一些时日，那时的收获，会是高产的呢。现在我站在三园的植物旁边，心里清静着呢，眼睛里看着植物的绿叶，心里却在飘移不定地乱想。我想起有一天在电视里看到的一个画面，南方荔枝产地的一位果农对荔枝的介绍，他说，荔枝不好保存，一日而色变，二日而香变，三日而味变，真是精彩！如果没有长期的实践，当地人不可能有如此精辟的总结。我又想到，语言是码头和都市之间的桥梁，如果我们不能成为码头或都市，我们就一定要争取成为桥梁。哦哦，我在想什么呢？我也不知道我在想什么啊。

【原文】

知者不言，言者不知。塞其兑，闭其门，挫其锐，解其纷，和其光，同其尘，是谓玄同。故不可得而亲，不可得而疏；不可得而利，不可得而害；不可得而贵，不可得而贱。故为天下贵。（共66字）

【译言】

智者不夸夸其谈，夸夸其谈的人不是智者。堵塞（音 sè 色）欲望的孔窍，关闭欲念的门户，挫掉锐气，消解纷扰，收敛辉煌，混入尘世，这就叫作玄妙齐同的境界。因此不可能用亲近的方式改变他，也不可能用疏远的方式塑造他；不可能用利益俘获他，也不可能用伤害胁迫他；不可能用尊贵动摇他，也不可能用贬损使他就范。所以，这样的人才为百姓所尊贵。

【音义】

智，音 zhì 智，同“智”，明智，智慧，聪明。不言，不妄言，不夸夸其谈。塞，音 sāi 腮，堵，填入。兑，音 duì 对，孔洞，这里或指人的感官。门，门户，这里或指感官通道。挫，挫掉，磨掉。锐，锋芒，锐气。解，化解，消解。纷，乱，结。和，混合。光，光芒。同，混入，混同，同一，同化。尘，世俗，尘世。玄，玄妙，深奥，奥妙。不可得而亲，不可以或不可能用亲近的方式改造他；得，得到，获得，意思是改变他的思想与行为，使智者与众人水平一致；亲，亲近。疏，疏远。利，利益。害，伤害。贵，尊贵。贱，下贱，或引为贬损。

【重心】

智者的风范。

【臧否】

首句认同，后言懵懂。

【困扰】

人生到底要有什么样的标准？

【智语】

没有永远的智慧，只有永远的蠢笨。

【视野】

老子时常谈人性，谈人的本性，谈人生的准则。

道家以性真读人性，儒家以善恶看人性。各有侧重，不见雷同。

道家以抽象评人性，儒家以具体谈人生。一个哲学，属人文科学；一个政治，属社会科学。

不同的视角，真的能塑造不同的社会呢。

中国走儒教之道，以人性既善又恶做基础，是宗亲人情社会。调整好人情关系，人性即善，就好办事情；调整不好人情关系，人性即恶，就难办事情。数千年下来，个性鲜明，自立于世界之林。

如果有一个社会走老道，以人性本真做基础，不知会是一个什么样的风景：或人人冲淡和气，家家和和睦睦，事事平平安安，真正鸡鸣狗叫、柳林若烟、相安而无事？

无论人性为真、人性为善、人性为恶、人性为利，还是人性为诚，人性都需调整、蓄养、升华。

修性：人性由小至大，可调、可塑、可造、可树、可修、可剪，需要时时调整、修正，以便知好、知坏、知亲、知疏、知善、知恶、知优、知劣、知近、知远、知正、知邪、知深、知浅、知多、知少、知大义凛然，知低俗猥琐，知阳光明媚，知阴雨晦暗。

养性：调整好人性后，便得养性，需要时时去坏存好、去恶存善、去疏存亲、去劣存优、去远存近、去邪存正、去浅存深、去少存多、去污染存净洁、去物欲存澄澈、去轻躁存静虚、去冲突存融合、去低俗猥琐存大义凛然、去阴雨晦暗存阳光明媚。

善性：调整、调养了人性，更要升华人性，使之达至善美，达至知真、知诚、知敬、知畏、知天地、知形神、知气理、知万物、知宇宙、知道德、知精神、知自化、知互补、知天命、知忘却、知根本、知人心、知感恩、知和谐的境界。

【听雨花园笔记】

秋雨还真不少，不过也很好，下一下，停一停，出一出太阳，有利于瓜果蔬菜的生长。前天去巢湖边的善水轩，闻到一些淡淡的桂花香气，才知道今年的桂花已经开了。当天下午从善水轩回来，陪园长到三园去视察，东转转，西看看，突然发现毛芋头的根部，长出了许多小的毛芋头，于是就和园长商量，能不能“偷”几个毛芋头，尝个鲜。以前在园子里“偷”过红芋。另外，生姜也可以“偷”，俗称“偷娘姜”，就是把当种姜种下去的老姜提前挖出来，而生姜当年新长出来的根，可以继续生长，继续长出新姜来，虽然“娘姜”我们还没有真正“偷”过，不知道能不能偷得到，不过那毕竟是有先例的。而毛芋头能不能“偷”，这却连书本上的先例也没见过哦。可现在仔细观察毛芋头一半长在土壤外的小果实，不正是要给人“偷”的吗？“偷”过之后，应该也不会影响它们地下根茎的生长。于是和园长商量好，“偷”了几个半露在外的小毛芋头，第二天早晨放进粥锅里煮熟，捞出来蘸上蜂蜜吃，哈，绝对的美味呢！尝到了甜头，今天下午随园长去园子游玩，又去“偷”毛芋头。今天是白露节气，也是中秋节，传统中要吃月饼、螃蟹、毛芋头，喝桂花酒的。“偷”了一把小毛芋头。家里的月饼、螃蟹、桂花酒都是现成的，过节的食品就齐全了。呵呵，这个中秋节，过得有意思呢！

【原文】

以正治国，以奇用兵，以无事取天下。吾何以知其然哉？以此：天下多忌讳，而民弥贫；民多利器，国家滋昏；人多伎巧，奇物滋起；法令滋彰，盗贼多有。故圣人云：我无为，而民自化；我好静，而民自正；我无事，而民自富；我无欲，而民自朴。（共88字）

【译言】

用清静正道治理国家，用出奇制胜指挥打仗，用无所作为管理天下。我怎么知道是这样子的呢？从下面这些事情知道的：天下禁忌越多，百姓就越贫困；百姓利器越多，国家就越混乱；百姓技巧越多，怪事就越发生；法令越是严明，盗贼反倒越多。因此圣人说：我无为，百姓会自我教化；我好静，百姓自会规矩；我不搅扰，百姓自会富足；我没有私欲，百姓自会朴实。

【音义】

正，清静；四十五章：清静为天下正。奇，无事，无为。取天下，治理社会。何以，怎么，如何，凭什么。然，如此，这样。忌讳，禁忌，苛政。弥，越，愈，更加。利器，锋利的器械，锐利的武器。滋，越，更加。昏，混乱。伎，音 jì 技，伎俩，花招。起，兴盛。彰，强调，彰显。自正，自我清正。无事，无为。欲，私欲。自朴，自我质朴。

【重心】

治国理政，无为为上。

【臧否】

高明的洞见。

【困扰】

这些治国的道理，能够操作治国吗？

【智语】

没有永远的应然，只有永远的未然。

【视野】

老子这是让我们用榜样的力量来治国理事吗？

正人须得正己，清官、德官、正官、廉官，这是我们历来颂扬的榜样。

治国有多种标准，可以以正治国，可以以德治国，可以以诚治国，可以以廉治国，可以以法治国，也可以以制度治国。

如果用军事策略上的以奇治国，就有很大的风险。

也不好以谋治国、以（偏）好治国、以权治国、以威治国。不和谐的治国理政模式，都会带来不可承受的后患，都不是能够持续不绝的好办法。

但什么是清、德、正、廉？

西方的学者大都认为人的自利是天性，也是长期进化的结果。人不可能不自利，因为人要传播、扩散自己的生理和文化基因，如果一味利他，客观上就会把他人遗传信息的传播推上快车道，自己的使命将无法完成，生命即没有存在的价值和必要。自利也是保护自己和家人的本能，不自利，将无法保护自己和家人的生存权、传承权和发展权。这种遗传进化策略没有人会主动放弃。当然，当下人们越来越不在意自己的生理和文化基因能否传诸后人、影响他人，人们越来越愿意享受自己身心的快乐。不过这并不影响成千上万年来人类进化积淀下来的基因仍在起大作用。

但是，人又是一种特别会算计的生物，尤其当人成为群体中的人或社会中的人的时候。当人还生存在动物界时，面对体形高大的猛兽，个体的人如果仍然一味完全自利、自保，受害的不仅仅是他人，也可能是自己。当人成为社会人时，合作成为不二之选，因为没有他人的帮助或付出，单个的人无法生存，此时单个的人或家庭中的人必须部分利他，才能求得共同发展，也只有如此，人类的进化策略才能稳步进行。

完全的自利是人类行为的驱动力；部分的利他是自利的需要，哪怕只是为了个人感觉快乐和获得满足感的利他；生存比自利更重要；完全的利他则不存在。

对于人们的自利行为，老子的法则是无为、无事、无欲。

我无为，百姓会自我教化，自我合作，自我进化；我好静，百姓自会规矩，自明事理；我不搅扰，百姓自会富足，自会发展；我没有私欲，百姓自会朴实，自会相安，好处和尊重也自会找我。

无为就是无事，无为就是少事，无为无事就是从容淡定、起居歇息、相安和谐。把空间留给他人、社会、市场、大脑、创新、创造；把烦恼丢去太平洋。

但老子的理想只是宏观把握，在实际操作中，则会有无数的可能。

【听雨花园笔记】

多日来我忙忙碌碌的，要么在外面开会，要么到外面讲课，要么到外地参加活动，一直没有机会到花园去。现在是凌晨 1 点多钟，我忽然从熟睡中醒来了。我悄悄地抱着被往楼下走，经过花园大门时，我轻轻开了玻璃木门，透过防盗门看一看微暗中的听雨花园，听一听花园里的自然界的声音，然后下楼到书房里打开电脑，做一些工作。虽然现在还只是公历的 9 月中旬，但气温却一天比一天低，今年从夏天到秋天，气温似乎都是多年来最低的，并没有特别的长时间的高温出现，晚上回来坐在客厅里看电视，也竟然觉得有些冷了。呵呵，这让我想起前些年全球性的地球变暖大讨论。那时候世界舆论几乎一边倒地认同全球变暖这一论断，并且一定会把全球变暖同人类的活动直接结合起来，还一定会把全球变暖同人类的灾难等同起来，稍有不同的声音，就被认为是异类。先锋和激进总能在初期吸引眼球，甚至形成潮流。全球变暖自然是可能的，但如果一定要把这种现象与人类的活动直接联系起来，把变暖等同于灾难，那就不一定很有说服力了。人类到底能在多大的程度上影响自然界？这不是个容易回答的问题。当然，如果我们不从人类中心的角度着眼，那么地球的变暖和变冷，也就不再重要了，自然界就回到它的自在状态，想怎么着，就怎么着，不用再为人类操心，不再有包袱和负担。当然，它现在也应该没有包袱和负担，有包袱和负担的，只是我们人类。我们的思想太复杂了，精神世界太丰富。真没有办法。

【原文】

其政闷闷，其民淳淳；其政察察，其民缺缺。祸兮，福之所倚；福兮，祸之所伏。孰知其极？其无正也。正复为奇，善复为妖。人之迷，其日固久。是以圣人方而不割，廉而不刿，直而不肆，光而不耀。（共 71 字）

【译言】

政治宽厚，人民就淳朴；政治苛细，人民就离心离德。祸啊，福就藏在里面；

福啊，里面潜伏着祸端。谁知道祸福互为因果何时才分得出谁因谁果？它们并没有一个定准。正又变为邪，善重变成恶。人们的迷惑，时间实在已经很久了。因此圣人方正而不伤害人，有棱角而不伤人，直率而不放肆，明亮而不刺眼。

【音义】

闷闷，音 mèn mèn 焖焖，一说淡然无为，一说宽厚不机巧。淳淳，质朴恬淡。察察，精细，严苛。缺缺，离心离德。倚，倚靠。伏，潜伏，隐藏，埋伏。极，终极；或指祸与福互为因果，什么时候才有终结。正，定论，标准，准则。正，正面，正常。奇，邪，反常。妖，恶。迷，迷惑。日，日子，时光。固，本来。久，久长。方，方正，引申为端正。割，刀割，引申为伤害。廉，棱角锐利。直，直率。肆，放肆。耀，过于明亮。

【重心】

治国有道，因果互易。

【臧否】

其政闷闷——有条件地喜欢。

【困扰】

其政闷闷的治国最好，可是到哪儿能找到？

【智语】

没有永远的有识，只有永远的无知。

【视野】

政治宽厚，人民就淳朴；政治苛细，人民就狡诈。以正治国，其道久长。闷闷，符合人的性格。我们说一个人有些闷闷，不怎么吭声，他的性格也多偏向宽厚、不声张、实在。

或可认为老子的治国观建立在自然主义的理念之上，他所推崇的体制或可称之为自然主义制度。

是一种原始的朴素的自然主义制度。无为而治是他治理的理想常态方式。

这是政治的范畴，不是哲学的范畴，也可以是政治哲学的范畴，但不是老子道德哲学的范畴。

我们还是回到人的“本意”，即自利与利他的问题上来。

春秋时期，商鞅在秦国搞改革、推新法。他担心所要推行的新法没人相信，就下了个钓鱼推法的套子，诱人上钩。

商鞅在国都集市门外立下一根长达 3 丈的柱子，发布命令说谁能把柱子扛到北门，就赏他十金。大家感觉此事怪异，没有人响应。商鞅提高价码，下令谁能扛到北门，可赏五十金。重赏之下，必有勇夫，果然有个冒失鬼出头，将信将疑地把木柱扛到北门。商鞅马上命人赏他五十金，表示言出必行。此后的新法，果然推行成功。

这虽然是人治而非法治的显例，但很能说明人的自利本能。

西方则更习惯或注重用制度性的安排来理性解决利益攸关的问题，这是另一种解决问题、治理社会的思路。

前面我们说到美籍犹太数学家诺依曼创立了博弈论，他关于两个孩子分蛋糕的二难推论，很好地说明了人的自利与制度设计的关系。

两个自利的孩子分一块蛋糕，天性使他们谁都想自己多分一些、多吃一些、分到一块大的。如果如此这般让他们分，他们要么吵起来，要么打起来，要么不欢而散，没法分得好。制度的设计是，让其中一个孩子切蛋糕，而让另一个孩子先选，虽然两个孩子都不相信对方，但他们也都只好接受，因为这是一个最公平的方案。

蛋糕理论说明了人的动机仍是自我和自利的，但在一定的规则之下，能够有一个理性的解决办法。

蛋糕的分切是否仅此一法？相信还会有惊绝的高招，或会出现其他精妙的解读。

在看得见的将来，人一定都还运行在根本自利、部分利他的命运轨道上，因此人类体制不会单一，人类对体制的完善没有终点，也不会、不可能就此封存。

老子的治国理念没有意识形态，没有地缘政治，也没有国际关系（老死不相往来除外）。

但老子的治国理念里又处处潜藏着意识形态、地缘政治和国际关系。

我们得到的还是那个结论：

在老子的哲学里，或治国理念中，永远正确的结论，是说不出来、说不清楚的。如果说出来，并且说得清楚，说出来怎么怎么做，那这个理念或方法一定是不能长久的。

它们并没有一个定准，今天的福，可能是明天的祸，明天的祸，有可能是后天的福；今天的好，可能是明天的坏，今天的错，也可能是明天的对呢。

商鞅的办法，到后世没有行得通的，第二次也就行不通了。因为那只是一种政治性的手段，只适用于一时一地，不能行之恒远，不能永远正确，更不能放之四海而皆准。

因此，人们不应该发自内心地认为自己的所作所为是绝对、根本和永远正确的。人们在治政的时候，应该采取方正而不割人，有棱角而不伤人，直率而不放肆，明亮而不刺眼的手段和方法。

但这到底是一种什么样的手段和方法，那各人自有体会。

【听雨花园笔记】

绵绵秋雨淅淅沥沥地下个不停，下个不停，虽然雨不大，但从前天晚上开始，一直在下，一直在下个不停，下个不停。我听见园长在楼上开花园门，端水倒水的声音。园长又在楼上大声地告诉我，小一子和小四子两只大乌龟总是形影不离，一起行动，但下雨的时候，小一子喜欢爬到有流水的盆子里去，小四子小，爬不进去，就在盆子外面乱转，园长捉了一把蜗牛扔在水盆里，小一子吃得咔啦咔啦的，可香啦。园长还告诉我，园长起了一只大红芋，共有两斤半重，园长又把渐黄渐枯的无架豆和有架豆拔去，栽种大蒜和莴笋，但嫩嫩的莴笋苗总是被蜗牛吃掉，园长为此而苦恼。不过她又说，天渐渐凉了，蜗牛现在都出来得少了，有时候想捉一些给乌龟们打打牙祭，要找好久才能找到几只。呵呵，季节转变的趋势似乎是不可改变的。我昨天早晨醒来后躺在书房的地铺上听雨声，昨天中午午睡醒来后听雨声，今天早晨醒来后又躺在书房的地铺上听雨声，并且总是心意游离，胡思乱想。我想起了我的关于游记写作的一些想法：一种游记写风景，一种游记写感受，一种游记写思考。现在，人人都在写游记，真正能写好的，还是凤毛麟角。秋天是个思想的好时光。我还是要遵循下述的准则：独立行走，独立思考，独立为文，独立看世界。唯有如此，我才能更好地分配我个人有限的资源。每个人都面临这样的问题啊！

【原文】

治人事天，莫若啬。夫唯啬，是谓早服；早服，谓之重积德；重积德，则无不克；无不克，则莫知其极；莫知其极，可以有国；有国之母，可以长久。是谓深根固柢，长生久视之道。（共64字）

【译言】

治理百姓，侍奉上天，没有比节俭精力积蓄能量更好的了。正因为要节俭精力积蓄能量，因此就要早做准备；早做准备就是多多积德；多多积德就战无不胜；战无不胜，就没有人知道他力量的尽头在哪里；不知道他力量的尽头在哪里，就可以担负治国重任；掌握了治理国家的根本道理，就可以长久。这就是深根固柢，长久存在的道理。

【音义】

治，治理社会。事，侍奉。啬，音 sè 色，节俭，爱惜，保养；如果从治国理政角度看，或还是无为无事义。夫唯，正因为，正由于。早服，早做准备；服，通“备”。重，音 chóng 虫，多，重复，不断增加。克，战胜。极，终点，尽头，终极。有国，拥有国家，即可以承担治国重任。母，根源，根本。固，坚固，牢固。柢，音 dǐ 底，根。久视，长久存在。

【重心】

顺应事理，持之长久。

【臧否】

精辟而实在。

【困扰】

这是要我们放眼长远和持久吗?

【智语】

没有永远的人性，只有合乎道德的人性。

【视野】

《老子》有哲学，有政治学，有社会学，有护生学，有养生学，有地理学，有水文学，有文艺学，更有政治哲学，有治理之“道”。

老子的治理之道，强调的是遵道理政、无为治国；强调的是以百姓为中心、以治理为辅助、以无为为方针、以引导为重点、以推动为要务；强调的是在权力面前，要自我控制，让百姓自成、自化、自主、自强、自富、自胜、自进、自正、自治、自理、自求、自然；强调的是惜政、减政、守啬、持静、贵弱；惜政、减政、守啬、持静、贵弱，都是爱惜精力的表现，都是减少干预，让民自化的法则。

在社会实践方面，老子的无为而治，仅在汉初及唐初取得过一定的成效；特别是在汉朝董仲舒“罢黜百家，独尊儒术”后，人们一般不再把《老子》当作治国理政的法宝，而更多地把它作为修身养性的尊典。

西方在惜政、减政方面，曾经有过一些成功的经验，从某种意义上说，西方的一些“民主政府”，相对而言是“爱惜精力”的。政府的理性、法制、减政、民主和市场意识，也是中国 100 多年来洋为中用的一个重要部分。

据说法国思想家福柯在《物与词》中谈到一本中国百科全书中的记载，听来很有感触。这本百科全书把动物分类为：1. 属于皇帝所有的；2. 有芬芳的香味的；3. 驯顺的；4. 乳猪；5. 鳗鱼；6. 传说中的等等。这是什么标准的分类呢？这种文化的差别，导致了政治治理的走向，或者说，这种政治的走向，扩大了文化的差异。

人可以是理性的，也可以是非理性的；政府可以爱惜精力，也可事必躬亲；社会可以是人情社会，也可以是公事公办的社会；民主可以是公平公正的，也可能导致民粹主义的发生。同一种政治体制，既可以是良性的治理，也可能是劣质的治理；相同的一群“人民”，既可能是驯顺的，也可能成为暴民；民主既可能是合

“道”的，也可能演变为“游戏”；程序既可能是万能的、有效的，也可能成为摆设、成为标签，甚至成为恶政的帮凶；市场既可能是长远的，也可能是短视的；人才既可能是固定的，更应该是流动的；国家的需求可能是无限的，国家的能力可能是有限的；人们的眼光有时远得让人感觉飘缈，有时又近视得令人震惊；氛围有时暖得让人心里发热，有时又冷得让人内心寒凉。

要有所作为，有所不为；要追求良政善治；要多多积德，使良政善治成为一种终极的政治价值理念。

天人合一是中国人生存的终极价值理念，人死了，不是去天堂或者地狱，而是来自土地，回到土地，与土地结合，重新成为天地万物的一部分。良政善治、多多积德，亦应成为政治人的一种终极价值理念，政治生命结束时，能够全身而退，安享天年。

【听雨花园笔记】

又有许多天没有到三园去了，真是很有些想念它了。想念它的葱茏，想念它的意境；想念它的树叶，想念它的果实；想念它的蜗牛，想念它的乌龟；想念它的鸟雀，想念它的花朵。前一日去往大别山区参加评奖，又赶往黄山徽州参加中英文学交流；后一日来在长江岸边听涛，又接续前往淮河水域研讨。我想起以前有些时候很奢侈，那时候常有机会可以整天待在家里，随时可以去三园走一走，看一看，整理一番，或修修剪剪，十分悠然，也非常从容。虽然怀念，但我并不就要有所取舍。悠然是必要的，忙碌也不是坏事。悠然有悠然的得，忙碌有忙碌的舍。悠然就养精蓄锐、添膘加肥，忙碌就深入社会、享受俗尘。在这样的年岁，就要有能力创立工法，创设标准了。就要或悠然自得，或忙碌自立了。悠然和忙碌，都有其妙，又有其不妙。能够掌握分寸，这才是最最紧要的精到！

【原文】

治大国，若烹小鲜。以道莅天下，其鬼不神；非其鬼不神，其神不伤人；非其神不伤人，圣人亦不伤人。夫两不相伤，故德交归焉。（共48字）

【译言】

治理大国，就像煎小鱼一样，不能折腾。用道来治理天下，鬼怪就不灵验了；不但鬼怪不灵验，神也不伤害人了；不但神不伤害人，圣人也不伤害人了。鬼神和圣人都不伤害人，因此，这多方的德就交互归一了。

【音义】

烹小鲜，煎小鱼；烹，煎煮；小鲜，小鱼；现在一般都把治大国若烹小鲜解为治理大国就像烹小鱼一样不能折腾，这是有道理的，但我个人理解，治大国若烹小鲜，也还可以解为字面上的意思，就是治理大国就像烹小鱼一样容易，但前提是要改变一下句读，即治大国若烹小鲜：以道莅天下，其鬼不神……用冒号的意思是，以道莅天下其鬼不伤等等，都是治大国像烹小鱼那样容易的前提，没有这些前提，治大国就不容易了。莅，临，引申为对待、治理。神，灵验，起作用。神，神灵。伤，伤害。交归，交互归一。

【重心】

以道治国，鬼神不伤。

【臧否】

生动而形象。

【困扰】

真能不折腾吗?

【智语】

没有看得见的进化，只有看不见的退化。

【视野】

用道来治理国家，也就是用无为而为的观念来治理国家；用无为而为的观念来治理国家，也就是要用自然而然的理念来治理国家。

道，不仅仅于政治有效，于社会有效，于人世有效，于天地有效，于宇宙万物都有效。这就是天之道，无所不包，无所不容，无处不在，无所不覆。

天道，遵从自然而然，顺然而然，不争，不取，不夺，不言，不奢，不骄。人道，却常不平、不公、不义、不正、不理。所以，人道要效法天道，要顺势而为，要减少人为，不独断，不专横，不偏狭，不妄为，既不取人类中心主义的偏执，也不取人类无用的偏颇。

媒体上曾经有一篇文章，谈农药残留的问题，并说农药残留并不那么可怕，可怕的倒是别的一些事情。

文章说，没有农药残留的想法是理想主义，已经不可能成为当下的现实了，一方面通过施用农药可以挽回因病虫害造成的大量损失，另一方面，现代农业生产也需要使用农药进行除草、控高、脱叶、坐果以利于机械化操作。但农药残留不等于农药超标，食用含有农药残留的农产品是否安全取决于农药的残留量、毒性和食用量，各国在制定农药残留限量标准时，增加了至少 100 倍的安全系数，因此，残留量低于标准就是安全的，就可以放心食用。

但食用安全是一回事，残留标准可能又不完全是那么一回事。现在各国越来越多地把农药残留作为国际贸易的一种技术壁垒，对本国不生产不使用的农药，往往制定最严格的标准，而对本国使用的农药特别是将要出口的农产品上使用的农药，就尽可能地宽松再宽松；对本国不生产或主要依赖进口的农产品的标准则严而又严，例如有些国家把某种农药用在葡萄上的标准放得较宽，而把用在大米、茶叶上的标准却定得很严，这是因为葡萄是这些国家的优势作物。

在全球气候变暖问题上也有许多人为的利益考虑，全球变暖对人类是否有影响是一回事，而如何应对全球变暖又是一回事。发达国家不愿意向发展中国家进行“过多”的把地球弄脏了的历史补偿，而发展中国家则坚持自己的发展权，指责发达国家没有诚意；发展中国家还认为，对气候变暖的过分反应，是发达国家为限制后发国家发展而制造的借口；据统计，全球温室气体的排放只有一小半来自于工业生产，大部分来自于人们的日常生活以及家居和建筑，因此人们需要改变现有的生活方式和消费方式；美国人则认为自己的高消费生活方式不容谈判，美国不愿意放弃其高耗能的生活方式；中国则会提起相关的质问，我们的碳排放中的相当一部分是为世界生产商品，那应该向生产者征税还是向消费者征税？

天道的规律不会出现这样的不正，而人道的世界就会出现各种各样的不公，这正是人道不道的状况。

【听雨花园笔记】

好了，这一天我终于有时间前往三园了。这一天先阴后多云，在室内多坐一会，觉得挺凉的，忙完了一干事后，已近中午，我忽然觉得这是个窗口期，很有必要前往三园走一走，于是在向园长申请之后，我独自开门进了园子。哦，真的感觉亲切呢。我这里看看，那里看看，忍不住边看边动起手来，仿佛回到了园长不在家的时光。我把已经进入颓势的无架豆和有架豆拔除，这样园长有时间就可以种上大蒜、莴笋、黄心乌或香菜了。拔去渐黄的有架豆时，看见带起的土块旁有一个鲜红色的东西，定睛一个，哇，是一个大红芋哦！我惊喜地蹲下去，慢慢把它挖出来，大约有2斤重呢，我没有动红芋的其他根须，这样在秋天和初冬的两个月里，地里的小红芋还能长大。我站起来，四面环顾，哈，突然发现小四子在靠近废而不用的水箱附近的土地上晒太阳，小四子，你长得可真慢，这么多年了，你还是这么小，你的后代都快超过你啦。小四子一动不动地伏在地上晒太阳，一动也不动，我也就不好多打扰它了。我摘了五六颗已经变红了的山楂，放进篮子里。柚子正在膨大。枇杷已经开出了几朵白玉般的花来了。这时园长上来了，开始吆三喝四地移栽莴笋、种大蒜和黄心乌，并指派我做这做那的。在人家的地盘上不好混哪。这时我也有点出汗了，我赶紧找了这个借口，回到室内，洗澡喝茶去啦。哈哈，心里可真是爽呀！

【原文】

大国者下流，天下之牝，天下之交也。牝常以静胜牡，以静为下。故大国以下小国，则取小国；小国以下大国，则取大国。故或下以取，或下而取。大国不过欲兼畜人，小国不过欲入事人。夫两者各得所欲，大者宜为下。（共82字）

【译言】

大国要像居于河流的下游一样，处于天下雌柔的位置，这是天下归往的地方。雌柔常常以淡静战胜雄强，就是由于淡静位处下方的缘故。所以大国以谦下的态度才能对待小国，就可以得到小国的信任；小国以谦下的态度对待大国，也可以得到大国的信任。因此，有时大国用谦下的态度才能赢得小国的信任，有时小国用谦下的态度才能获得大国的尊敬。大国不过是想统领小国，小国不过是想侍奉大国。大国和小国各得所愿，大国更应该谦下。

【音义】

国，指诸侯国。下流，像江河那样处于下游低洼地，小国会因此归往。牝，音pìn聘，雌，或喻母爱归属。交，交汇。牡，音mǔ亩，雄性。下，屈己尊人，谦卑。取小国，赢得小国信任。故，因此。或，有时。欲，想要，打算。兼畜人，聚养众人，或含统一领导义；兼，并，汇聚；畜，音xù序，养。入，或有两义，一义：进入，即进入大国的势力范围；一义：交纳，进献，即成为大国联盟的一部分。事，侍奉。

【重心】

以雌胜雄，贵在包容。

【臧否】

可奉为治国圭臬。

【困扰】

共赢才是王道。但实际上是否可能？

【智语】

所有的绝对都是相对，所有的结论都是过程。

【视野】

大国要居下，要像河流的下游或湖泊一样，处于淡静柔弱，但又是水流汇聚的位置，如此，大国将能更好地成为大国。

老子的言论符合水文科学的规律。

江河的下游或湖泊，总是众水汇聚之处，因而广大、浩淼、包容、复杂和多样。

老子在《老子》里许多次谈水，谈河流，谈个不停。

谈河时他谈的是包容、宽阔、容纳、谦虚、不自满、低姿态、低位置、不张扬。谈水时他谈的是利于万物、以柔胜刚、随遇而形。

老子不谈河（黄河），不谈山（泰山），提到江（长江），提到海。

海洋后来似乎成为西方的专利。

的确，海洋代表了更多的未知。世界上或许有两类人，一类人喜欢按部就班，在自己熟悉的地方过有规律的生活，另一类人向往未知、渴望陌生。

西方人多是另一类人。

1890 年，美国海军军官马汉《海权对历史的影响》面世，德国皇帝把它带到德国所有的舰船上，德国的海军军官反复地引述、研读、讨论书中的内容，德国由此而建立了一支强大的舰队。

更早的希腊人生活在大海的周围，就像蚂蚁和青蛙生活在池畔。希腊人在战争后返回希腊，当他们克服陆地上的千难万险，终于看到大海的时候，他们都激动得狂叫起来：大海！大海啊！

13 世纪，热那亚人维瓦尔第兄弟驾驶两条船进入大西洋探险，他们的后续者络绎不绝，正是由于这种对大海不间断的热情，欧洲人从 13 世纪起，开始了所谓的地理大发现，或地理重发现，扩展和重建了西方文明。

所谓乘船出海的强烈愿望改变了全球史。有需求，才有发现和发明，创立一个有理想、有需求的体制，才是政治学、经济学意义上的大手笔！

因此西方的海权论者认为，帝国是在统治海洋的基础上建立起来的，现代的开创性事件绝大多数发生在海上，谁统治了海洋，谁就统治了世界，这一论点在全球化时代依然适用。

我想说：海权非常重要！但现代的开创性事件大多既非发生在海洋深处，也非发生在大陆内部，而大多发生在海洋与陆地的结合部位。

而且，德国的海权努力最终失败了，英国的海权也不保，美国的海权正在走向衰落……

中国现在正在强调海权的重要性，这无疑十分正确。但也须知，这只是一种补课，一种补偿，弥补原有的缺失。海权不能代替中国巨大的陆权，即陆地上的巨大利益和权力；同样，中国巨大的陆上权力和利益，也不能代替巨大的海洋权力和利益。

当然，你会说海权一直是极端重要的，衰落的只是一个个掌握海洋的国家。这没有错。作为一个文化和文明整体，西方现在仍然是强大的，统治海洋的观念还在起作用。但传统的陆上大国中国也正在重新崛起，重塑辉煌。

这就说明，历史上特别是近现代史上，没有掌握海权的国家，最终都没能掌控世界；这也说明，历史上从未真正掌握海权的国家，并未全盘崩溃，它们存活下来并有可能成为世界一流强国。

为什么会这样？为什么会这么绕？

在老子的哲学中，这样的现象变得很好理解。

我们所做的一切都是过程中的工作、过程中的决策、过程中的决定、过程中的认同。在这一过程中，我们必须说、必须沟通、必须去做、必须努力，我们说的，就是我们要去做的，我们做了的，就要说出来，就要总结。

但恒久的道理是无法说出来和说清楚的，能够说出来、说清楚的，就一定不是全面的、终极的、绝对正确的。因此我们不应该把任何人说出来的话奉为一成不变、完全正确的圭臬。

虽然我们所有的言行都不可能是全面的、终极的、绝对正确的，但我们又必须得说、得说出来，把陆权、海权、海上丝绸之路、陆上丝绸之路都说出来，如此说下去、做下去，看看我们是否有可能愈来愈接近那个终极的“道”。

【听雨花园笔记】

似乎已经许久都没到听雨花园去了，时序已入公历十月，国庆小长假中后期的这几天，我终于能够安稳下来，谛听内心的声音了。天气不热不冷，人的身体和心灵，也都有外部的条件可以安稳和平静下来了。并不明确地知道，但似乎就是我的内心推动我，这几天每天都情不自禁地要去三园（花园、果园、菜园），去采收，去观看，去聆听，去收拾整理。柚子还在绿叶里膨大，无花果的叶子几乎已经落尽了，山楂开始变红，花椒树准备冬眠。虽然现在早晚的温差较大，早晨已经较冷凉了，但眉豆结得还挺旺，站在眉豆秧子旁边，耐心地翻找一番，不一会就会有一大堆收成，手上沾满了眉豆特有的那种强烈味道，不宜外出与人握手，却能获得一种劳动和丰收的满足。枇杷树鼓满了花蕾，玉白色的花也这里那里地开放了，明年一定会有一个好收成，这都是我上半年下功夫浇水施肥的结果，枇杷结果以后，一定要多多地浇水施肥，不让它有一段或几天缺肥少水的经历，它的资源积累得多了，秋天和冬天才能开好花、结好果。此时园长也来到了三园，我们共同起出了一棵暴露在土壤外面的红芋。哈，这棵红芋可真不小！除了小四子因为出现了特殊状况以外，大乌龟们都不出来了，随着温度的下降，它们要准备休眠啦。小四子尾巴后面出来了一些东西，园长到花市去了解了一些治疗的方法，现在还没看出来明显的效果，但是期待它能快快地好起来！

【原文】

道者万物之奥。善人之宝，不善人之所保。美言可以市，尊行可以加人。人之不善，何弃之有？故立天子，置三公，虽有拱璧以先驷马，不如坐进此道。古之所以贵此道者何？不曰：求以得，有罪以免邪？故为天下贵。（共80字）

【译言】

道是万物的主宰，它是善良者的法宝，不善的人也要依靠它。漂亮的言词可以买到，可贵的行为可以有益于别人。人即使不善，哪能抛弃道呢？因此，树立天子，设置三公，虽然有捧璧在先、驷马随后的隆重礼仪，还不如心地安然地把道当作献礼。古时候重视道的原因是什么呢？不就是说：有求就能得到，有罪就可以免除吗？所以，道被天下人珍重。

【音义】

奥，主宰。宝，法宝。保，依靠，依附。市，买。行，行为。加人，有益于别人，或影响他人。何弃之有，哪有抛弃道的道理呢？或，哪有抛弃那个不善之人的道理呢？之，代词。立，设立。置，设置。三公，周朝所设辅佐国君的高官，即太师、太傅、太保。拱璧，双手恭敬地捧着璧；拱，捧；璧，璧玉，指用于礼仪的重器；又说拱璧为一种璧玉。驷，四匹马拉的车。坐，或有安然义。

【重心】

尊道重道，人之法宝。

【臧否】

不置可否。

【困扰】

道太大而笼统，如何才能有小的可以操作使用的道？

【智语】

我们不喜欢兵器，但是兵器喜欢我们。

【视野】

人类的生物基因及文化基因是在当地有机的整体环境中形成的，因而遇到无机环境，人类需要长期的适应，适应不了就会出现病变，出现不适，出现灾难，甚至发生崩溃。

我们的生物基因及文化基因是在这块土地及老子道论、孔子仁论等有机的整体环境中形成的，因而遇到无机的环境，我们需要长期的适应，适应不了就会出现病变、出现灾难，甚至发生崩溃。

还好，儒家、道家都有充分的生命力，都有似乎取之不尽、用之不竭的思想资源，使我们和我们这个社会不致于崩塌。

所谓有机整体的环境，就是原本如此，恰当自如，完全贴切，且磨且合的当地的社会、天地环境。它们的一根一线、一草一木、一气一息、一风一雨，都长年累月地参与到了生物基因及文化基因的形成和塑造中。无所谓用，无所谓废，无所谓存，无可能替代，无可能支配，无可能有，无可能无，无可能急，无可能缓。

因此，体质的人和文化的人，与天地无缝对接，与阴阳零距离贴合，与万事丝丝融洽，与万物平等相当。无造物，有造化；无掌控，有“道”“德”；无规律，有规则；无极端，有平衡；无轨迹，有自然；无强迫，有渗透；无断裂，有延展；无天命，有运势。

老子言说的道或德，代表的是道理，而不是真理，因为在老子这里，只有循环，没有真理；只有永恒，没有永远；只有反复，没有不变；只有变化，没有固化。

老子重视的是社会中生存的生活原理、进退之道、出入智慧。

老子构建了一个既朴素无华，又自在豁达、飘逸悠然的宇宙观、人生观、方法论的大思想、大境界。

老子重视天地万物中人与天地，与万事万物之间的依存关系、共存共荣的关系。老子强调的是天地主义，即天地至上、万物至上，最大化地认同天地万物，而非居高临下地合于天地万物。

老子构筑的是一种均衡文明，对所有的人都以文化的眼光看待，而不是以政治的、权力的和利益的眼光看待，因此才有包容、吸纳和融合。

老子打造的是一种无神论体系，因此我们命中注定是无神论者，我们都是世俗之人。道德是对我们的一种心理暗示，伦理则是一种向外的社会约束。因此，世俗的道德才是束缚我们和我们习惯遵守的规则。

【听雨花园笔记】

这又是一个丰收的早晨。我和园长兴致勃勃地来到园中，毛芋头的叶子有些衰败了，这是植物发出的信号，大概它们的一个生命周期即将结束了，对于农耕人群来说，这是采收挖掘的时节。在植物学上，植物获取的资源总是围绕着生长、生存和繁殖三个方面进行配置的，而植物获取的资源又永远是有限的。因此，植物把获得的资源配置到其生活史的哪个方面，要根据情况安排，而衡量资源配置优劣的最终标准是生殖成功与否，例如在恶劣和突然变坏的环境里，植物会把大部分资源协调到生殖过程中，以便传宗接代，而在优质稳定的生长环境里，植物则会把更多的资源配置到生长过程中。呵呵，万物的种种精妙，真是一言难尽哈！现在我们在收获毛芋头，抓住毛芋头的叶秆，把毛芋头的根茎拔出来。呵呵，三棵毛芋头，就收获了一篮子毛芋头的球根和地下茎呢，真是大丰收。可是我说不清楚，毛芋头的地下球根和地下茎大丰收，是因为它们生长的环境好呢，还是它们生长的环境还不十分理想。不过有一点可以肯定，它们资源的配置应该是优质和成功的。在收获毛芋头的过程中，连土带出来一些鲜活乱动的红蚯蚓，园长捉了一些去喂放在盆子里养的小四子，小四子大概饿了，哇哇地吃了七八根。哈哈，还是祝愿小四子快快康复，冬眠的时节也快要到了。

【原文】

为无为，事无事，味无味。大小多少，报怨以德。图难于其易，为大于其细；天下难事，必作于易，天下大事，必作于细。是以圣人终不为大，故能成其大。夫轻诺必寡信，多易必多难。是以圣人犹难之，故终无难矣。（共79字）

【译言】

无为即是有为，无事就是做事，无味就是滋味。大生于小，多起于少，用恩德回报怨恨。解决困难要从容易处着手，做大事要从细微处入手；天下的难事，必须从容易的地方做起；天下的大事，必须从细小的做起。所以圣人永远不自认为在做大事，因此能够成就他的伟大。轻率地承诺必定很少守信，把事情看得太容易必定会碰到很多困难。因此圣人应该认真对待事情，仔细考虑其中的困难。所以最终就没有困难。

【音义】

为无为，以无为的理念来作为；为，作，做，引申为作为、有为。事无事，以尽可能不做事或无事可做的观念来做事；以上两句都是不乱为、不妄为的意思。味无味，把无味当作有味，没有滋味也能品味出滋味；或可理解为不要刻意去做事、去作为、去寻找繁忙、去追求刺激。以，用。德，恩德。图，图谋，谋取，对付。难，困难，不易。是以，因此，所以。终，始终，终究。夫，音 fú 福，句首语助词。轻，轻易。诺，承诺。多易，容易的事情多，意思是看起来似乎容易。犹，宜，应。

【重心】

行易后难，先小后大，行为处事，无为无事。

【臧否】

妙不可言呵！

【困扰】

是要学会留提前量，学会留出空间，学会低姿态吗？

【智语】

我们不喜欢武力，但是武力喜欢我们。

【视野】

无为的统治是最自然、最高效、最有效、最实效的统治。

做大事要从小事做起，但须知道要做的是大事；天下的难事要从容易处做起，但须明白要解决的是天下的大难事；虽然不要认为自己是在做大事，但又必须知道自己做的是大事，虽然不要认为自己解决的是世上最难的事，但又必须知道自己正在解决世上最难解决的事。

理论与方法相互堪用，理论阐明万物道理，方法解决找到道理的路径。

无为就是要减少干涉，减少想当然，减少瞎操心，减少对权力的使用，特别要减少对权力的不当使用、滥用；要宽容待人，要相信他人，要相信百姓；要宏观把握而非滞留微观，但又要重视微观、不忘宏观；要抓大放小，又要以小促大；要放眼世界、规划大局，而非事无巨细、一管到底，又要紧盯细小、着手局部，而非空头大论、脚在天空。

一位金融大鳄曾经说过：在进取的道路上永远只关注大事，但在进取的道路上又永远都没有大事，只有小事。

老子促使我们深思，思考我们的全力索取之路是否最终走得通；思考我们无底线的探索是否会对天地万物产生不可预测的损毁；思考我们是否要调整人类进步的路径，与天地万物相向而行；思考我们是否要调整我们的生活方式，更多地回望我们的内心，回归我们的心灵；思考我们是否要减少我们的享乐，使我们的日常生活更简洁、更素净、更一目了然；思考我们的自由是否已经变成过度自由，我们的任性是否已经变得过度任性；人的自由应该是有条件的自由，而非无条件的自由；人的任性也应该是有尺度的任性，而非放纵和无度；在天地万物面前，人一定、总是相对不自由的，人一定、总是相对不可以任性的。

思考我们是否要更协调地顺应“自然”。所谓“自然”，即自然而然、本然而然、应然而然，顺然而然、顺其自然、顺物而然、就当如此、本来如此、自己如此、自行其是、自行作主、市场经济、减少行政、开门见山、闭门思水、自寻其欢、自得其乐；以无为的姿态或心态去作为，以不做事或不生事的姿态或心态去做事，以无味的姿态或心态去体味，自然如此，顺应“道”理。

我们既要找到天地万物的法则，找到社会民生的规律，更要找到自己内心的规律、内心的法则。

总之，老子的话永远都要两面看，都要正反地看，都要辩证地看，都不能只看他表面上说的，而不看他背后真正想说的，都不能只看他背后隐含的，而不看他表面上实际在说的。

【听雨花园笔记】

接连几天都在收获，都是大丰收呢！国庆假期的倒数第二天的下午，我又随园长到听雨花园去采收。这次主要收获的是红芋。园长嫌我碍事，不让我插手，我倒落得清闲，一边给她打个下手，递个铲子啥的，一边到处观望。哦哦，辣椒还在结哩，不过果实已经变得较小了，毕竟气温比夏天低了。生姜生长得十分喜人呢，虽然种下去的时候仅仅数枚，现在长成了一大片，嫩姜露在外面，初冬时一定会是一个好收成！年初剪下的一根无花果枝插在土里，现在已经长成了一棵旺盛的小树苗，无花果结果快，明年差不多就能结果啦。下午 5 点多气温开始下降，我像小孩那样对一件事的兴趣持续不了很长，我想回屋看电视去。我哼哼叽叽地请示园长，园长正忙得带劲，听我哼叽她也心烦，立即批准了我的请示。我回到客厅里打开电视，喝着茶，歪在沙发上看电视，可真是一种大享受，天气不冷不热，十分舒适。半个小时以后，园长手提臂挽地回到屋里，带来了特大喜讯：她刚刚收获了近 20 斤红芋，最大的一个，达到 4 斤重，创下听雨花园红芋重量的新纪录。哈哈，向园长表示衷心的祝贺啊！

【原文】

其安易持，其未兆易谋；其脆易泮，其微易散。为之于未有，治之于未乱。合抱之木，生于毫末；九层之台，起于累土；千里之行，始于足下。为者败之，执者失之。是以圣人无为故无败；无执故无失。民之从事，常于几成而败之。慎终如始，则无败事。是以圣人欲不欲，不贵难得之货；学不学，复众人之所过，以辅万物之自然而不敢为。（共 125 字）

【译言】

形势安定时容易把握，事物未现变化征兆时容易应对；脆弱时容易分解，微小时容易将其消散。处置于未露头时，治理于未混乱时。合抱粗的大树，是从细微的萌芽长成；九层的高台，从一筐一筐的土积累而起；千里的远行，开始于脚下的第一步。有心作为，就会失败，掌控在手，就会失去。所以，圣人无所作为，因此没有失败；不掌控，因此没有损失。人们做事情，时常在差不多快要成功时失败了；如果像对待开始那样谨慎地对待结束，就没有失败的事情了。因此圣人想要别人不想要的，不看重稀罕的财物；学别人不想学的，宽待众人的过错，以此辅助万物顺然天成，却不敢去干预。

【音义】

安，安定，安稳。持，把握。未兆，没有先兆，没有征兆。谋，谋划，商量，引申为应对，对付；易持和易谋都是从统治者角度而言的，因而谋或应解为应对、对付，而不是不明所指的谋划。泮，音 pàn 盼，冰化开，引申为分开、分解。散，分散，消解。为，处理，作为。未有，未兴起时，未发生变化时。乱，混乱。合抱，两臂合围的范围。木，树。毫，长而尖细的毛，比喻极细小的东西。末，树梢，枝头，或喻指萌芽。九层，或特指九层，又或泛指多层。累，音 lěi 垒，堆积，积累。足，脚。为者，有心作为，刻意作为。执，执掌，掌握，掌控。几成，接近成功；几，差不多，快要；成，成功。欲不欲，想要别人不想要的，打算做别人不打算做的，向往别人不向往的。复，宽待。自然，顺然天成。

【重心】

宏观视野，超限眼光，重视起步，慎终如始。

【臧否】

妙论！已为恒常道理。

【困扰】

到底是做好，还是不做好？是心中有数好，还心中无数好？

【智语】

我们不喜欢烦恼，但是烦恼喜欢我们。

【视野】

《老子》是一个极其开放、多义、广义的文本。

它总是从事物的起点开始，最后还会回到事物的起点；它总是从万物的前传开始，最后又返回万物的初始。

天地万物的规则就是无规则，无规则就一定会有大规则，大规则却又是看不见的规则，看不见的规则就像是无规则，如此循环往复，无见止境。

媒体报道了最新的科学研究成果，说宇宙可能是无始无终、永远存在的。根据广义相对论的估计，宇宙的年龄大约是 138 亿岁，这一说法已经被大家广泛接受；此种理论认为，一切事物在一开始都存在于一个密度无限大的点中，这个点开始膨胀直到发生了所谓的大爆炸，宇宙才因此诞生。至于结束，此种理论认为，宇宙的一个可能的终结将从收缩开始，直至最后又缩成一个密度无限大的点。

如果这是真的，那么点的膨胀和爆炸，造就了地球和千千万万个星球，也成就了我们的天地家园、社会家园和精神家园。

宇宙似乎是很远的猜测，而家园却是很近的现实。

人为了自身的存在和发展，都不同程度地参与了对天地万物的探究、开发和挖掘。人类的耕地已经翻耕了3000多年，人类投入大量人力、物力和财力在地球上修建大坝、梯田，人类砍伐古树建造宫殿，人类施用化肥和农药提高粮食产量，人类抽取石油驱动汽车，人类的工厂流出有害的液体冒出有害的气体，人类的生活现在已经丰富多彩，人类的能力现在也已经超乎寻常，人类现在才似乎有可能慢下来思考人与天地万物的关系。

生存驱动了发现、发明和改造。

但经过修造的欧洲的环境，和南美亚马孙河流域的相对原始，哪一个更好？是人比天地万物重要，还是天地万物比人更重要？没有人能够肯定地回答。

人类不一定能够掌握自己未来的走向。

英国牛津大学的研究团队报告了世界毁灭的12种可能方式。

1. 未知影响因素，这是人类不知的各种因素的总和；2. 小行星撞击地球；3. 人工智能；4. 超级火山爆发；5. 生态系统解体，地球无力再维系数十亿人口的生存；6. 糟糕的全球治理，全球事务严重失控，文明解体；7. 全球体系崩溃，经济和社会解体；8. 极端气候变化；9. 核战争；10. 全球性流行病；11. 合成生物学，偶然地制造出一种病原体来攻击人类，比任何可能的自然流行病更严重；12. 纳米技术，这一技术也可能用于制造可怕的武器。

的确，人不应向天地万物低头，但天地万物又有何必要向人俯首？人不可以奴役天地万物和自然环境，但天地万物和自然环境又为何一定要把人作为奴役的对象？人不应否定天地万物，但天地万物又为何要否定依其而生的事物？人不应为次，天地也不会为主；人不可穷尽天地万物，天地万物又何必断人生路？

多样性既要体现在人对社会文化的价值上，也要体现在人对天地万物的关照上。相辅相成，相依相存，相补相衡，相互参照，以至无涯。

【听雨花园笔记】

阳光已经变得可爱，阳光已经变得美好。中午在书房里午睡，睡醒之后头脑异常清醒，天气仍然不冷不热，又一直是持续的晴好天气，江淮大地这样的深秋真是难得！在书房的地铺上看看自己十分喜欢阅读的报纸，然后爬起来，洗洗脸，喝喝淡香的清茶，再上楼去，和园长说说话，到西阳台看看正在阳光下晒太阳恢复健康的小四子（昨天晚上我和园长带着小四子到农业大学动物医院为小四子做了个手术），小四子乖乖地晒着太阳，相信它很快就能康复！我又到听雨花园去摘山楂。哈，山楂都已经红了，有的稍稍一碰，就掉落在手心里了，这可不得了，得赶紧采摘了，不然山楂都掉到楼底下去了，我和园长可就吃不到啦。我摘了好几把山楂，略微冲洗一下，和园长分而食之。呵，现在的山楂一点都不酸啦，吃在嘴里，虽然不太甜，但已十分好吃。我吃着山楂，在阳光照耀的园子里转悠，突然又有了新发现，今年扦插的无花果竟然已经在主枝和侧枝附近结果啦，哈哈，我上次还预测它要明年才会结果呢，预测赶不上形势啊。深秋的日子真好，真舒畅！

【原文】

古之善为道者，非以明民，将以愚之。民之难治，以其智多。故以智治国，国之贼；不以智治国，国之福。知此两者亦稽式。常知稽式，是谓玄德。玄德深矣，远矣，与物反矣，然后乃至大顺。（共69字）

【译言】

古时候善于以道治国的人，不是让人民追求精明机巧，而是让人民追求淳朴憨厚。人民之所以难管理，是因为他们过分追求机巧。所以用智慧去治理国家，是国家的祸害；不用智慧治理国家，则是国家的福分。认识这两者之间的不同，也是治国的法则。常守这一法则，就是深妙的德。深妙的德深深啊，幽远啊，与万物回归于本根啊，然后才能达到最大的和顺。

【音义】

为道，用道治国，用道执政。明民，使百姓过于精明机巧。愚，解为淳朴憨厚。智，智慧过多。贼，害，灾害。稽式，法则，标准；稽，音 jī 机。反，同“返”，回返，回归。

【重心】

以道治国的法则。

【臧否】

老子深邃，我智力不足，此刻跟不上。

【困扰】

这是愚民政策吗？

【智语】

我们不喜欢麻烦，但是麻烦喜欢我们。

【视野】

游牧民族整天赶着羊儿到处走，牧羊人一个人说了算，羊儿都成了顺从的羔羊，久而久之，就发展出了一神的宗教。

农耕民族需要协作，干活要多人协作，治水更要大伙儿齐上，因此发展出了多神的宗教，甚至不需要正儿八经的宗教，只需要深层次的思想道德和实用有效的社会世俗道德，就能维系社会的团结、安定和有序。

老子的思想是农耕协作文化的经典符号。

老子钟情静、牵挂水、依恋天地万物、体现贵柔贵弱的品质、倾向于女性视角，这正是协作精神和包容精神的显著特征。

这种特征强调母性的忍耐、关怀、包容、体谅、理解、谦卑、牺牲、妥协和协作，这大概正是老子面对不可捉摸、不可战胜、不能认识的天地万物时的感受，也是他对不可捉摸、不可战胜、不能认识的天地万物尊崇的缘由。

在中国，人们以老子的“老式”的道德观念看问题、看事物，会普遍认同人与天地万物和谐共生、荣损与共的观念，这既是中国数千年深厚的农耕文明的文化遗传，也是数千年天人一体观念深入人心的思想引导。《老子》正扮演后者的引导角色，或是主要引导者之一。

而在西方，人们则普遍认为人与大自然是对立的，文明就是人类通过探索、创新、发现和发明，对大自然进行索取、支配和改造的结晶。如果说人们认识到当前的地球已经发生了危机，这个危机是真的，是确确实实的，那么东方文明、中国文明的成果，也就是所谓的“老式观念”，恰恰能为人类提供有力的精神和思想资源，助人类一臂之力，使人类能够更好、更快地找到与天地万物共荣共生的出路。

【听雨花园笔记】

前天晚上和园长一起带着小四子到农业大学动物医院给小四子做了个小手术，我不愿看小四子疼，就到空旷的大院子里打电话，园长躲不掉，只好配合兽医的治疗，和小四子说说话，全程在场。当晚回来后，还带了碘酒回来，可以每天给小四子消毒。我最担心的是，天气很快就要进入初冬了，乌龟们也要准备冬眠了，如果小四子能在冬眠前康复，那是最好的。昨天天气晴暖，我和园长都很高兴，小四子待在西阳台一个干爽的盆里，西阳台是封闭的，打开窗户可以透气，但气温会比较高一些，很暖和，有利于小四子的康复。它一天都乖乖地待在盆里，有时候换个能晒到太阳的位置。晚上我在书房里睡觉，早上醒来后，我像以往一样，靠在床头看报纸。园长轻轻地从楼上下来了，在书房里转了几圈，也不知道要做什么的样子。终于她告诉我，小四子不行了。不行了？是的，已经不行了。昨天还好好的呢。园长有些恍惚，又说了些话就去厨房了。上午我开电脑做了些当紧当慢的事，又打了些工作电话。9 点多钟，园长用绸子布把小四子小小的身体包裹好，放进一个纸袋子里，然后我和园长带着小四子出门，到离我办公室不远的一个风景优美的地方，她下了车，我去办公室处理事务。一上午忙忙碌碌的，一直忙到 12 点多，昨天约好的一位朋友给我打电话，他们快到了，吃饭的地方在北门方向。我离开办公室，接到园长，前往北门方向。园长说，都处理好了，找了一个很僻静优美的地方。我听了，也就放了心。晚上在家里看电视，广告时分，我对园长说，哪天找个时间，去看看小四子。刚才还高高兴兴的园长一下子情绪变得低落下来。她说，好不容易才努力淡忘这件事，你又提起来了。我赶紧说，不提了不提了。园长后来就上楼了，我继续在楼下看电视。但心里对小四子的惦记，却怎么都化不去。

【原文】

江海所以能为百谷王者，以其善下之，故能为百谷王。是以圣人欲上民，必以言下之；欲先民，必以身后之。是以圣人处上而民不重，处前而民不害。是以天下乐推而不厌。以其不争，故天下莫能与之争。（共78字）

【译言】

江海所以能成为众多河流汇聚的目的地，是由于江海善于处在低下的位置，因此能成为众多河流的归往地。因此圣人打算统治老百姓，一定要言语谦下；打算领导老百姓，必须有把自己摆在老百姓后面的心态。因此，统治者虽然在上面统治但老百姓不感觉重压，领导百姓，但百姓不感觉危害。因此天下百姓乐于拥戴而不厌弃他。因为他不争，所以天下没有谁能和他争。

【音义】

百谷王，百川首领，百川领袖，归往的中心；谷，川。以，因为，由于。其，它，指江和海。善，善于。下，在……下，处于其下。之，代词，它们，指众多河流。是以，因此。欲，打算，想要。上，在……上，在其上，即处于统治位置。民，百姓，人民。以，用。下，谦下，谦卑。先民，在老百姓前面，即统治领导人民；先，在……先。后之，在百姓后面；后，在……后；之，众人。重，音 zhòng 仲，沉重，重压。害，担心，危害，妨害。乐，音 lè，乐意，愿意。推，推荐，拥戴，爱戴。厌，讨厌，厌烦，厌恶。以其不争，故天下莫能与之争，或能感受到两义，一义：因为他不争，因此天下没有人和他争；一义：因为他不争（占据了道德高地），因此天下没有人有能力或有资格与他争。

【重心】

老子特色的社会治理要则。

【臧否】

佳绝。

【困扰】

这政治艺术还不够高超？谁说老子要出世了？

【智语】

我们不喜欢发火，但是发火喜欢我们。

【视野】

江海之所以能够成为众望所在，是由于江海所处低洼。

我们前面说，河流有它的地理水文特点，它从源头开始，就不断地搬运泥沙，收纳侧支，给中下游带去适合人类居住、农耕、运输的平原，并且愈来愈大，愈来愈包容，终成大得不得了的大江大河大海等等“大器”。

但是，老子不讲江河——长江与黄河，只讲江海——长江与大海，不知道为什么。

长江就是现在中国最长最阔最大的江，大海是哪个大海？

按照当下的划分法，长江口以北是黄海，长江口以南是东海，长江干流自古以来并无变化，那这个海大约就是中国大陆以东的海了。

老子执意不提政权正统和文化主流的黄河，难道老子对黄河有什么成见？

老子毕竟是楚人，楚人对长江的印象可能更深切些。

或者是不是老子只想拣大的说，因为江（长江）比河（黄河）大，海比江大。

我们在这本书里提到的河，只是现代意义上河流的河，而不是黄河的河。

《老子》从来不说黄河。的确不知道他为什么从来不说黄河。

难道老子对黄河有意见？或对黄河流域的政权有看法？或与黄河政权里的某个人或某几个人意见不洽，志不同，道不合？

都有可能。但都只是臆测。

洛阳近黄淮之地，但跟黄河很近，离淮河的支流颍水还稍远些呢。

可是，传言中老子骑青牛从洛阳往西走，是走近黄河，远离淮河了哦。

如果他真的与黄河不对付，与长江更对付，那他往东走，离他的家乡涡淮愈近，往南走，离他多次提到的长江愈近，理由仿佛更充分一些……

黄河是中国历史上的文化主流，而长江是中国历史上的文化从流。

除却一些后命名的例外，长江以南的河流历史上大都称江，钱塘江、新安江、珠江、邕江……

长江以北的河流大都称河，淮河、海河、渭河、汾河、永定河……

后来新带来或新命名的江河除外。

连成语等固定词组都浸透了正统和他者的区别。

山河壮丽、还我河山、大好河山、气壮山河、海晏河清、砺山带河、锦绣河山、河清社鸣、河清人寿，都是对正统的正面歌颂。

而江湖骗子、江洋大盗、江湖医生、过江之鲫、混迹江湖、流落江湖、落魄江湖、翻江倒海、海沸江翻、江流日下、相忘于江湖、船到江心补漏迟、江山易改本性难移、泥菩萨过江自身难保，都是对从属的蔑视或轻待。

叫《黄河大合唱》，而不叫《长江大合唱》，是要找到正统的庄严感吧。

可是，如此一来，《老子》和长江，就都不那么重要了，江淮之间被称为“边荒地带”，长江两岸又地广人稀，被称作火耕水耨之地。

不知道是由于老子看重长江而使长江不主流了呢，还是由于长江不主流而带着《老子》不主流了。

或者它们本都不是主流，也没有准备做主流，它们是靠它们强大的内心和实力存在着的。

【听雨花园笔记】

很多天没有到三园去了，这中间有过一次寒流过境，是今年的第一次寒流。在我的想象中，寒流来了，冬天接踵也就到了，园子就像幻灯片一样，也会完全变一个画面了。由于事物的忙乱，人对季节变化和更迭的敏感也会降低。这一天的下午，我终于又有心情和时间到听雨花园去了。园子里既没有完全旧貌变新颜，也不是完全的老一套，而是新旧交替，景物渐变。总体而言，园长把园子管理得井井有条，平阔的地方多了，新绿的地方多了，能够让人细细品味的细节多了。我在园子里从容不迫地浇浇水，松松土，整理整理衰败的枝叶。这种时光真让人留恋，让人感慨，让人回味。不过，我心里到底还是有事的。很快，我又回到了屋里。

【原文】

天下皆谓我：道大，似不肖。夫唯大，故似不肖。若肖，久矣其细也夫！我有三宝，持而保之：一曰慈，二曰俭，三曰不敢为天下先。慈，故能勇；俭，故能广；不敢为天下先，故能成器长。今舍慈且勇，舍俭且广，舍后且先，死矣！夫慈，以战则胜，以守则固。天将救之，以慈卫之。（共99字）

【译言】

天下人都对我说：道博大，但不像有那么大的样子。正因为道博大，因此好像不像那么大。如果像具体的事物那么大，它早就细微渺小了。我有三件宝贝，我掌握并守护着它们。第一件叫慈爱，第二件叫节俭，第三件叫不敢处于天下人的前面。慈爱，所以能够勇敢；节俭收敛，所以能够宽裕；不敢处于天下人的前面，所以能够成为万物的首长。现在，舍弃慈爱求取勇敢，舍弃节俭求取宽广，舍弃退让求取争先，死路一条啊！慈爱，用它去打仗就能胜利，用它去守卫就能稳固。上天要救助谁，就用慈爱来护佑他。

【音义】

天下，天下人的略称。肖，音 xào 笑，像，与……相似。久矣其细也夫，即其细也夫久矣；细，细小，渺小；久，长久，引申为早已。曰，叫作，称为。慈，慈爱。俭，节俭。广，宽广，宽裕；因为俭为节约，即收缩、收敛，因而用节俭的反面义对应。器，器物，泛指万物、事物。长，音 zhǎng 涨，首长，长官，首领。舍，舍弃。且，表示转折，却。死，死亡。卫，护卫，护佑。

【重心】

生活的标准和原则。

【臧否】

口语似的，十分喜欢！

【困扰】

这是老子的心灵鸡汤吗？

【智语】

我们不喜欢失控，但是失控喜欢我们。

【视野】

当老子谈到无为，谈到姿态，谈到态度，谈到先后的时候，我们总是立刻就想说，又是和西方文化背道而驰的过时观念！

老子的主要论述，主要思想，主要观念，甚至主要方法，似乎都与当下的中国现实相悖，都与西方的所谓“进取精神”“先发制人”理念相去甚远。

什么是慈爱？没有理性精神的慈爱只是不讲原则的和稀泥，实不足取！

什么叫节俭？没有消费就没有生产，没有消费就没有创新，没有消费哪儿有竞争和市场。

不敢为天下先？那还争什么上游，那还搞什么代差，那还创什么新，那为啥还不回到 1840 年代去呢？

这个文化差异真要命。

同一种文化传承中的时空差异也不可小觑。

如果说《老子》不“适应”当下的现实，可以举出无数个例证。

可如果说人类社会还未达到《老子》所论述的那种最佳境界，即升级版的慈，升级版的俭，升级版的不敢为天下先，不也有多重的理由吗？

老子描述的是一种理想境界。

人们现在做不到，但这不是人们评论其价值的最终标准。

现在做不到，以后水准提高了，就可能做得到。

而正因为人们现在还做不到，将来很长一个时期都做不到，甚至一直到永远都做不到，这才彰显其价值的恒远、持久。

如果最后证明这不是一种虚无的价值评判的话。

也正因为如此，人类各文化间，既会产生冲突，也会产生交流、借鉴的兴趣和冲动。

冲突、交流、借鉴、互鉴，将是一个持续不绝、不见止境、恒远的动态过程。

【听雨花园笔记】

现在是公历的10月底，连续晴了许多天以后，今天夜里下雨了。雨不大，但淅淅沥沥的，下个不停。这场雨断断续续，有可能会下上今天一天，明天一天，甚至下到后天。我想，这可能是今年的最后一场秋雨或最后两场秋雨之一，因为到11月7日，就要立冬了。淡淡的秋雨把前些天的干燥一扫而光，空气和环境都变得滋润起来。下雨也没有带来过多的降温，除了早晨有一些稍凉的风之外，整个的气温，仍是十分宜人的。早晨我起来之后，站到三园的门外，向三园里细细张望。一个星期以来一直在参加各种会议，昨天下午才从江南回来，因此就像汛期河流涨水一样，对三园的渴望已经增加到一个比较高的水位了。是的，夜来香白天打苞，夜里还在开放，大概是前天夜晚，我在楼下看电视时，就闻到很浓郁的花香不断袭来；柚子可都开始黄熟啦，今年柚子结了不少，据园长统计，总共结了11个大大小小的柚子，这对一棵仅生长在大花盆里、每年都有果实奉献的植物来说，已经是相当给力的啦！枇杷还在开花，相信明年春天一定会果实累累，因为秋深后一直到冬天，开花结果的植物寥寥无几，不管是园长还是我，我们都特别注意给它施肥浇水；生姜仍旧枝绿叶茂，哈哈，鲜嫩的生姜不断地往上冒，园长就不断地往上添土，它们还是不断地往上冒，不过现在还不是收获生姜的时候，再等一等，它们还在继续长大，冬至后再酌情采收吧；大小乌龟都早躲起来不见影子了，当第一场寒风吹起来以后，就要把它们捉到沙子里冬眠啦！

【原文】

善为士者，不武；善战者，不怒；善胜敌者，不与；善用人者，为之下。是谓不争之德，是谓用人之力，是谓配天，古之极也。（共44字）

【译言】

善于作统帅的人，不轻易动武；善于打仗的人，不会发怒冲动；善于战胜敌人的人，不用对打；善于用人的人，身段放得低。这就叫作不相争的品德，这就叫作借用他人力量，这就叫作符合事物运行规律，自古以来的最高准则。

【音义】

士，武士，此指统帅。武，武力。不与，不交战，或不与敌人正面交锋。为之下，态度谦逊，姿态低下。用，借用，利用。配天，符合事物运行规律。极，最高，顶级。

【重心】

备而不用，精而不显。

【臧否】

莫名的大喜欢！

【困扰】

这都是实用的艺术吧？

【智语】

我们不喜欢错误，但是错误喜欢我们。

【视野】

老子谈抽象的道，谈不可以讲清楚的道，老子的境界是理想和未来。

但老子也谈心理和理性，谈科学和自控，只不过老子的具象为抽象的光辉所遮盖，老子的理性为感性所掩蔽，不为大家所注意而已。

有资格做领袖的人，不会轻易动武、发怒、冲动、打仗，他们身段放得低，他们的自控力脱俗超群，他们甚至可以不与人对决，就能取得成功，他们的智慧真是了得！

现在看来，这些都是领袖的好品质。

这难道不是老子可量化和可操作的法则？这难道不是老子可确定和可复制的理性？

没错，读老子越多，越惊讶于老子的广阔；读老子越深，越慨叹于老子的精深！

那么，理性的自控力来自于哪里？

理性的自控力来自心理。

心理学家把人的性格特征分为五个方面。第一个方面是外向度，第二个方面是随和度，第三个方面是责任心，第四个方面是谨慎度，第五个方面是接受新事物的开放度。

每一个人都对这些特征有所侧重，大智慧的人会协调得更好，但据说没有人能够例外于这些特征。

理性的自控力来自地域。

地域对人性格的塑造起到重要作用，不管我们承认还是不承认。

报纸上有文章介绍美国这方面的情况说，美国有一条南北向的“谨慎带”。“谨慎带”的北端为美国东北部的缅因州，另一端为美国南部的路易斯安那州，生活在这条带上的人普遍比其他地方的美国人更谨慎；生活在美国西海岸和东北大部地区的美国人更容易接受新事物、更开放；而外向性格的美国人则多集中在美国的大平原、中西部和东南部地区；生活在美国东南部和中西部的人较随和；生活在美国南部的人则更有责任心。在哪里生活，哪里就会赋予你不同的自控力。

理性的自控力还来自哪里？

国家也对人性格的塑造起到重要作用。

胳肢窝里夹着地图，手里还拿着备忘清单的，一定是目标明确、严于律己的德国人；德国人和瑞士人都认为自己富于责任心，他们也尽职尽责在生活中表现出来；日本人则循规蹈矩，出国旅游一定要进名品正牌店；爱沙尼亚人和日本人都很内向；波多黎各人和澳大利亚人外向第一；意大利人热情奔放，是爱情高手，但战争似乎并非他们擅长；印度人则极随天意，听从自然。在哪个国家生活，哪个国家就会赋予你不同的自控力。

理性的自控力还来自哪里？

还来自于个人。

1976 年，我作为知青到灵璧县向阳公社插队，有一段时间被抽到公社当通讯员，我住在公社办公室当晚在日记本上写下的第一句话就是：没有忍耐，就没有现代世界。至今还记得非常清楚。但并不知道为什么写出了这句话。

现下的中国第一富马云说，他现在拿着望远镜都找不到对手，找到的都是榜样，表现出他的自控力。马英九的父亲马鹤凌说有原则不乱，有计划不忙，有预算不穷，强调的也是理性和自控力。每个人都会因环境、家庭文化等等的不同而形成不同的性格特征，每个人都会有不同的自控力。

理性的自控力还来自哪里？

还来自训练。

媒体介绍了心理学家做过的两个实验。一个是道德实验，他们把几个小孩留在房间里，桌子上有一些糖果，他们告诉孩子们，不要吃别人的糖果，半个小时以后，有一个孩子忍不住吃了糖果，专家们回来后，告诉那个孩子，没有得到同意，他无权享用别人的食品，反复几次以后，所有的孩子都产生了自控力。另一个实验是规则实验，桌子上有一些很好吃的糖果，如果孩子们在大人不在的时候吃，每个孩子只可以得到一颗，如果等大人回来，那么每个孩子就可以得到 10 颗。经过这样的训练，那些孩子都有了自控力。这些有自控力的孩子，长大成人后，可以更快地融入社会，适应环境，与人合作，取得成功。

不同的生活方式、不同的价值观念，会训练人们接受不同程度的自控力。

老子的告诫，是来自 2500 年前对中华民族的自控力训练。

不要再说我们没有理性思维了，我们不缺少理性，我们只是缺少对民族理性的发现和发扬光大。

【听雨花园笔记】

这一天终于没有既定的活动安排了，我要好好地、好好地享受这一日的轻松和自主！一大清早不到7点我醒后就起来了。我打开听雨花园的大门，走进园子里去。园长19日又去太平洋彼岸给她闺女帮忙带一阵子小孩去了。呵，一转眼，此时已是11月下旬，时间过得可真快，快得简直让人招架不住哦！有时候看新闻，比如前些天在北京召开的APEC（亚洲太平洋经济合作组织）会议，一晃眼之间，这个组织已经成立25年了，但想想我们印象中的这个组织曾经的情况，还历历在目呢。和永恒的时间相比，个人的历程实在是不值一提的！我“漫步”在园子里，尽量让自己沉淀下来。城市清晨的空气并不算太好，太阳正在从东边升起，不过我已经许久没有见过霞光万丈的盛景了。可这没有关系，因为世界万物，分久必合，合久必分，优则易劣，劣而思变，我们只须守持耐心，就会迎来曙色。我告诉自己，一定要：把节奏留给自己，把烦乱丢给俗人。老子提倡的“守静”，就是这个道理，静与不静，真静与假静，大静与小静，天性的静与做作的静，在明眼人的眼里，都是能一眼看得出来的，都是做不得假的。静与不静，真静与假静，大静与小静，也和事务的多少、活动的有无没有根本的因果关系。有许多人很忙，但他们永远沉静，忙而不乱，忙而不躁，忙而不烦，忙而不怒，忙而不失控，忙而不崩溃；有些人想做出安静的样子，但他们的躁乱显而易见。

【原文】

用兵有言：吾不敢为主，而为客；不敢进寸，而退尺。是谓行无行，攘无臂，扔无敌，执无兵。祸莫大于轻敌，轻敌几丧吾宝。故抗兵相若，哀者胜矣。（共54字）

【译言】

兵家说：我不敢主动挑起战争，而宁愿采取守势；不敢前进一寸，而宁愿后退一尺。这就是说，布阵像没有布阵一样，挥胳膊像没有挥胳膊一样，对抗像没有敌人一样，拿着兵器像没拿兵器一样。最大的灾祸就是轻敌。轻敌几乎丧失我安身立命的三大宝典。所以，对抗的两军力量差不多时，被攻击的一方取胜。

【音义】

用兵，指挥军队打仗。有言，有这样的说法。主，主动。客，被动。寸，此指短。尺，此指长。行无行，行军布阵不像行军布阵的样子；前一个行，音 xíng 型，指行进，行军，行动；后一个行，音 háng 杭，指队列，布阵。攘，音 rǎng 壤，捋袖子，意为振臂、挥臂。扔无敌，交手像没有敌人一样；扔，音 rènɡ，牵引，拉扯，意为对抗、交手。几丧吾宝，几乎丧失我的宝物；几，几乎，差点；丧，丧失；宝，宝物，宝贝，或指六十七章三宝：慈、俭、不敢为天下先；轻敌就意味着失败，失败就意味着对生命的不慈爱、对资源的不节俭以及不敢为天下先原则的无效。抗兵相若，交手双方力量相当；若，仿佛，相似。哀，悲伤，悲痛，悲愤。哀者，或指受攻击、被侵略的一方；一说哀为慈爱义，哀者即指慈爱人民的一方。

【重心】

后发制人，战略隐藏。

【臧否】

东方的智慧！

【困扰】

隐藏得深和胸怀大志是什么关系？

【智语】

人情生于宗族，理智生于商贸。

【视野】

老子的军事思想，一个是军事谨慎，一个是后发制人，一个是集中优势力量，一个是重视一切敌人，一个是军事理性思维。

呵呵，有这么多的军事思想，就好像没有军事思想了；所有的都是军事思想，就所有的都不是军事思想了。这是我总结、归纳能力差的表现啊。

军事谨慎，是说对待兵戈之事，不可造次，不可轻举妄动，一定要慎之又慎，一定要三思后行，一定要小心翼翼，如履薄冰，考虑成熟，充分准备，静待时机。因为战争关涉全局，关涉生命、政权、荣誉、财富、文化、理想和未来，不可以不千万小心。

但谨慎并非被动、懦弱、迟缓、消极、听天由命。谨慎就是谨慎，不毛手毛脚，不浮不躁，不卑不亢。要知道，军事行动开始前，所有的军事行动都是战略行动；而军事行动开始后，所有的军事行动都是战术行动。

后发制人，是说所有的军事行动，都要采取“后发制人”的方式。一种后发制人是真正的后发制人，即敌在前、在明处，先期跳跃、表演、充分消耗资源；我在后、在暗处、充分蓄积能量，观察敌人，找到敌人最大的弱点和软肋。另一种后发制人，是欲先发制人时，应先制造后发制人的表象，扮演成受害者的角色，呈现出哀兵无奈的形象，既是对敌人的麻痹，也是对自己的铺垫。

后发制人可以形成道义、道德和心理上的优势，也可以以逸待劳，有充分的布置及准备。但后发制人仅仅是战略上的，不一定或一定不是战术上的；老子说，

"我不敢主动挑起战争"，这是战略上的后发制人，有其特殊的规律和价值。弱势的一方一般不得不采取后发制人的模式，才可能有取胜或战平的可能；强势的一方如果不能更好地使用后发制人模式，则有可能由强转弱，由胜致衰。

集中优势力量，是说保证不出错，取胜第一。取胜第一，取败第二；没有第二，只有第一；第二即败，败了重来；重来再败，败了再来，屡败屡战，定有所得！

在任何战斗、战争、战役中，都要集中优势资源，保持优势力量；在没能调集、整合所有能够调动的资源之前，只要有百分之一的可能就不应轻启战端。要举轻若重，才能真正举重若轻。响鼓亦用重锤敲，蚊子也用高炮打。当然，内里的掌控，各人自悟、自知。

重视一切敌人，是说不认为威胁有轻重之分，不认为战争有大小不同，不认为敌人有强弱之别，不认为形势有缓急之分，都要一律重视、对症下药、把握分寸、有序处置、穷尽各种可能。强可转弱，弱亦可强；败可成胜，胜亦能败；败胜互转，胜败相倚。

军事理性思维，就是要信息在先，决定在后；谋略在前，行动在后；谋划在首，决策在次；理性为重，情感弃绝；规律在前，特殊在后；一般在先，具体在后；常态在前，异态在后；战略在先，战术在后；全局为重，局部为次；生命在先，物质在后；取势第一，霸地第二；得心第一，获势第二；变动为要，不变为辅；脑静为主，身动为次；灵活为主，固滞为弃。当然，军事理性最不可绝对、不可强求一律、不可强求一端，灵活掌握，才现正"道"。

张文木先生有一篇文章，说到欧亚互动的战略意义。他说，历史上英国对欧洲的传统政策是大陆均势，其要义是确保大陆国家的力量平衡，在这种平衡中使大陆国家互相制衡，从而造成谁也不能单独挑战英国霸权地位的地缘政治格局。美国崛起后，美国政治家全面继承并在全球范围内推行源于英国的大陆均势政策，在欧洲使西欧与俄国相互制衡，在西欧使德法相互制衡，在亚洲使中俄印日等国相互制衡。而在欧洲，法国则向美国出售北美领土，以便利用美国的崛起来牵制英国。

这正是军事理性的决定意义。当然，我们现在可以看到，运用了谋略的英国最终仍然衰落了，推崇军事理性的美国，也走过了顶峰期。因此我们可以说，不坚持军事谨慎和军事理性，将会加速消亡；坚持了军事谨慎和军事理性，将会最终消亡。这正是兵家不敢、不愿主动挑起战争的终极原因。

【听雨花园笔记】

清晨，我到三园里转一转，本来就是想转一转的，可到了园子里，先给太阳能热水器放水，再这看看、那看看，手不由就痒起来，拿起水舀子给果树浇点儿水，拾掇拾掇枯枝败叶，数一数正在变得黄澄澄的柚子，总共13个（不是11个），个个膨胀喜人，枇杷还有凝白色的花在开，今年新栽的无花果结了三个果实，只是还没成熟，青青的。我想起前段时间到明光和泗县“下基层”的事情。我们在明光市自来桥镇附近的地里挖红芋，虽然只是做秀，但我多少也能找到近四十年前在农村插队的感觉。那时候红芋面红芋馍，离了红芋不能活，红芋含糖高，天天吃，顿顿吃，吃得胃酸，见到红芋就反应，那时候可把红芋吃够了，几乎把这辈子的红芋都吃完了。现在红芋是很好的东西，据说还是世界十大最佳蔬菜之首呢，偶尔吃一吃，十分可口。自来桥镇大约在一个小盆地里，四面多丘陵，中间有河流经过，土壤适合种植红芋。由于当地红芋种植面积大，红芋的产量又高，因此当地企业家在镇北的低山山坡上用半开挖的方式，建了一些“山芋城堡”。这些山芋城堡，由于是在山坡上开挖建成的，温度、水分、其他的理化指标，都适合红芋的储藏，看上去很有创意。在泗县大庄镇佃庄村的晚餐令人难忘。那是在当地农家，桌上摆着煎饼和切成段的大葱，还有辣酱豆子，这是淮北有特色的食品，吃过了，就忘不掉！

【原文】

吾言甚易知，甚易行。天下莫能知，莫能行。言有宗，事有君。夫唯无知，是以不我知。知我者希，则我者贵。是以圣人被褐而怀玉。（共48字）

【译言】

我的话很容易懂，很容易去施行。可天下没有人懂得，没有人能够施行。说话要有宗旨，做事要有主旨。因为人们无知，因此人们不懂我。懂我的人少，效法我的人就很珍贵。因此圣人只好外穿粗衣而怀揣美玉了。

【音义】

言，话。知，懂得，明白。行，施行。天下，天下人。宗，中心，宗旨，根本。君，主，主旨。夫，音fú福，句首发语词。不我知，不知我。希，同“稀”，少。则，效法。被，音pī披，通“披”，穿着。褐，粗布衣服。怀，怀里揣着。

【重心】

怀才不遇之慨。

【臧否】

自恋，自信，妙言！

【困扰】

老子这是预知后人或他人的智力要差一些吗？

【智语】

我们不喜欢失误，但是失误喜欢我们。

【视野】

老子的慨叹很有些道理。

我们不仅仅不了解、不理解老子，我们总体而言不了解他人、不了解对方、不了解敌人，甚至不了解朋友。

有时候是真不了解、不理解，有时候是因为我们不愿意了解、不愿意理解。

对敌人，我们弃绝他的一切！让他从我们的视野里、头脑中消失！“不要再让我见到你”，表明了我们的决绝。

对朋友，我们更多的是不理解，认为他们应该和我们完全一致，我的想法即是你的认知，你的认知也是我的想法。其实不然。

对古人，我们就更难以了解和理解。

譬如2000多年前西汉的司马迁。

司马迁在《史记》里说，楚越之地，地广人稀，饭稻羹鱼，或火耕而水耨……江、淮以南，无冻饿之人，亦无千金之家……

联系上下文，司马迁的意思是说，江、淮以南，既物产富饶，又发展落后。

可是，江、淮以南，到底是长江以南，还是淮河以南呢？

西汉时期，江淮之间也同样有一两百公里的距离呢，江淮之间与江南的地物、社会差别，今天看来是蛮大的，2000多年前，差别也不会小。

如果说一地富饶或不开化，那就直接说好了：江南之地，地广人稀，或淮南之地，地广人稀；而且说了淮南，也可以包括江南；为什么要说江淮以南呢？

当代学者邹逸麟，在《中国历史地理概述》中，就直接把地广人稀、饭稻羹鱼的江南指为长江中下游地区，不过，这可就十分宽泛了。

一直不解，有时想起来，竟觉十分苦闷。

有一次开车走淮河支流闾水，忽然想到，这是不是就是古代智者的智慧：

江淮相连，说江南物产丰饶，那淮南也不差。如果只说江南，丢了淮南，确有点可惜；但如果说淮河以南，这样虽然也包括了江南，但江淮和江南相比，又差了那么一点点，因而并不十分准确。

于是就说江淮以南，或江、淮以南。

于是这其中微妙的差别，就可完整地体现了。

至于能否感受和理解到，那是读者自己的事情，作者已经做了最大的努力。

我又想到了另外一层意思，这也是我在闾河岸边突然想到的，但不知是否神化了古人：

纬度的概念是西方传来的，我们现在都已能够接受。

司马迁时代并没有经纬度的用法，但应该已有地理位置的理念，司马迁想必也会注意到。

长江下游从现在的江西九江开始，就往东北方向偏流了，所以至少汉代已有“江东”的说法。长江在下游最偏北处的南京、镇江一带，已经很接近淮河中下游主干的纬度了，因此现在江苏江南的相当部分，对应于安徽江北而言，其实就是江淮之间，或称淮南。

古文都是极简的，但司马迁竟考虑得这么周到?!

精细入微?!

【听雨花园笔记】

上午去大姐家，和文成哥聊了一些工作和生活上的事情，中午回来睡了一觉。一觉睡醒，精神充沛，所有过往的事情都沉淀下去了，沉淀成历史和养分了。我躺在床上把一位朋友的电影剧本读完，边看边写出发言提纲，下周一可是要开这个电影文学剧本的研讨会的哦。正想着怎样订明年的晨晚报，外面就有人晃楼梯口的门，原来是送晚报的小伙子主动上门来订报啦，真是困了就有人递枕头。诸事办完，上楼到听雨花园去，给果树和干了的蔬菜浇浇水。哦，哦，有原则就不会忙乱，有底线就知道如何动作，现在，我可以坦然并且井然有序地在花园里浇一浇水，走一走路，欣赏欣赏果蔬了。花园里现在长得最出色的是蒜苗、莴笋和乌菜了。莴笋最高，又青葱，吸引人的眼睛；蒜苗略矮一些，颜色也淡一些，很朴实；地里的乌菜有黄心乌和黑心乌，黄心乌心子是黄的，黑心乌心子是黑的，它们成片成片地匍匐在沃土上，叶片与叶片之间既挤得紧紧的，又都努力要挤开周围的邻居似的，因此一片一片的乌菜厚实而又紧凑，乌黑黄亮，挤挤挨挨的，十分喜人，它们是冬天菜地里的“建群植物”，是背景和底色，也是亮点！

【原文】

知不知，尚矣；不知知，病也。圣人不病，以其病病。夫唯病病，是以不病。(共26字)

【译言】

知道自己有所不知，那很了不得；不知道却自以为自己啥都知道，这就有毛病了呢。圣人没有这样的毛病，因为他把这种以不知为知当成一种毛病。正因为圣人把不知为知当成一种毛病来对待，因此他就不会再犯这种错误了。

【音义】

知不知，已经知道了，自己却并不知道自己已经知道了。尚，上，上等，高明。不知知，不知道却自认为都知道。病，毛病，缺点，弊病。病病，把不知为知的缺点当成一种缺点看待，第一个病为名词，第二个病为动词。

【重心】

自知为要。

【臧否】

无条件赞同。

【困扰】

那什么叫知，什么叫不知？知多少叫知，知多少叫不知？

【智语】

我们不喜欢吹牛，但是吹牛喜欢我们。

【视野】

《老子》中生僻的字并不多，从传之恒远的角度看，这种文风是高超的。

艰涩的文字往往由于未能在知识转化为思想的过程中发酵成熟，因而不能举重若轻、深入浅出。

这是一般而言。

任何事物都有例外和特情。那需要我们用一些相关的标准去衡量和评判。

知道自己不知而去学习、成长、进步，尽量使自己知道得多一些，已经很不容易了。

而自己已经比较知道了，却清醒地认识到自己知道得还不够、很不够，就难很多。

这都是从人的自省心说开去的。

我们要清醒地知道知与不知的关系。

我们要清楚地知道自己知与知不足的现状。

但除了内省心之外，还有些知与不知，更复杂，需要我们用最高级的智慧去应对。

气候变暖是近些年来最热门的话题之一。

在这一话题域，占上风的舆论大都是针对人类的，说是因为人类的活动导致气候变暖，长期下去，地球将无法承受，人类的生存环境终将突变，或崩溃，人类将会灭亡。

北冰洋将会融化，海平面将会上升，岛屿将被淹没消失。

还有些科学研究别开生面。

说因为人类养的牛多了，牛放的屁使大气臭氧层破洞扩大，紫外线过量涌入，将使地球生物不堪生存。

一般而言没有人敢于全面否认因地球变暖而导致的对人类的指责。

因为看似不为个人利益而进行的激烈批评和笼统指责，人们无法轻易反对。

批评和指责的人动机似乎没有问题，人家是为大家好嘛。

反驳则需要过硬的事实和证据。

而反思在所有的文化中又都是高尚和不容置疑的。

再说，绝大多数不专业不懂科学的人只有聆听权，没有发言权。

仅凭感觉是不专业和不能服人的。

因此，看到少数持不同意见科学家的言论，就觉得这个世界特别需要专业化的多样性，特别需要对思考独立和言论多元化的保护。

荷兰一位学者克罗宁认为，当下发生的一切气候现象，从地球的立场出发，都是正常的，时下的气候变暖也如此。

他说，大自然的变化周期类似于一年四季，这一次地球的“春天”大约开始于1万年前；现在，我们生活在“盛夏时节”，“夏季”大约在1万年后就会过去，“秋天”将会降温，“冬季”更会冰雪覆盖，寒冷异常。

哦，这都是正常现象！

人类是否太过自恋，太把自己当成一回事？

他又举例说，上个世纪，里海的海平面曾经发生过三次剧烈的升降，波动幅度高达3米，人们饱受惊吓。

但是把目光放开到3000年里，在那个时段，里海的升降幅度曾达到惊人的25米，那3米的小升降简直就不值一提了。

可如果把目光放开到1万年以上，那时里海水面的升降幅度竟高达75米，整个里海北部平原50万平方公里的陆地都淹没在水面以下，25米的升降幅度又算个啥？

如果人类的寿命能够高达一万年，所有的人都见多识广，沧海桑田，谁还会在意气温升降一两度，谁还会吵吵着海平面和牛放屁的问题呢？

在无时无空无垠无限的“道”面前，人算个啥呢！

谁再拿人类当那么一回事，谁再那么装孙子，谁再那么摆萌，谁就土得掉渣、馊得冒泡了！

可是，老子说了，人法地，地法天，天法道，道法自然，道大，天大，地大，人亦大，人和万物、天地都是平等的，是万物中的一环，所以人也是要受尊重的。

如此一来，我们就会知道：

所有的结论其实都是过程，
所有的绝对其实都是相对，
所有的已知其实都有未知，
所有的知与不知、知与知不足，都有时空的前提。

所有的知与不知，知多少，知多深，怎样知，知什么，都相对重要，又都相对次要。

【听雨花园笔记】

早晨一起来，我第一件要做的事就是去园子里转一转，听听植物在这个几十平方米的地方生活的声音，看看鸟从花园外低空飞过的影像，闻一闻城市早晨那种混合味的空气，然后找来工具，把一个空花盆里的土挖松，种上已经萌芽、正渴望与土壤和水分亲密接触的大蒜。种好了蒜，也浇过了水，我满足地看着胸有成竹、沉稳不语的土壤。是的，土壤绝对是胸有成竹的，虽然它可能并不肥沃，但毫无疑问，进入它怀抱的种子，如果种子自身不出问题，它一定会用它所有的肥力，去供给种子的萌芽、生根、长叶的。哦，今天早晨真有收获！我已经有许多年不曾在早晨就有这种收获和感觉了。这还不是跟遵道、守静、居下、合一的原则相互因果吗？这大概就是人们常说的“接地气”吧，这是真的接上了“地”气，还有许多不直接接“地”的接地气，也是很好的。我一定要时时想着接地气这件事。这是一件大好、极好的事情！

【原文】

民不畏威，则大威至。无狎其所居，无厌其所生。夫唯不厌，是以不厌。是以圣人自知不自见，自爱不自贵。故去彼取此。（共45字）

【译言】

百姓不害怕威治，那么可怕的大动荡就要到来了。不要迫使百姓不能安居，不要压迫百姓生存的空间。只有不压迫，老百姓才不厌恶。因此圣人有自知之明而不自我显摆；自尊自爱而不自显高贵。所以舍弃那些（自见自贵）而保留这些（自知自爱）。

【音义】

威，威力，威权。威，动乱，威胁。狎，音 xiá 狭，通“狭”，狭窄，逼迫。厌，音 yā 压，通“压”，压迫，逼迫。不厌，第一个不厌是不逼迫，第二个不厌是不厌恶。自知，自己明白自己的情况。自见，自我显摆；见，音 xiàn 现，表现，炫耀。取，选取，择取。

【重心】

治理百姓的要义。

【臧否】

不予评论。

【困扰】

官民关系到底要维持在一个什么度上才好?

【智语】

我们不喜欢抑郁,但是抑郁总找上我们。

【视野】

老子的“道”理,既概括了万事万物存在的终极规律,也指明了人类的终极追求,描画了人生的理想化境。

道是无限的,而人的认识有限;万物是无限的,而人的能力有限;万物是一体的,而不一定是被捏造出来的;事物是循环的,而不一定是线性的;科学是用来了解天地的,而不一定是用来控制万物的。

老子在本章中谈到了治国理政,谈到了社会的管理。

美国政治学家萨缪尔·亨廷顿说过,人类可以不自由而有秩序,但不能无秩序而自由。

现在,老子谈到了治世的手法,谈到了秩序。

因此,我们有理由发问:老子到底是一个什么样的思想家、政治家?

按照政治心理学理论,沃辛斯基把政治家从政动机分为7种类型。第一种类型是欢愉型,这类人参与政治是想找到朋友,获得心理满足,他们乐于助人;第二种类型是义务型,这类人是道德家,遵循良知,怀有高度的政治责任感;第三种类型是程序型,这类人关注问题、搜集信息、折中调和;第四种类型是游戏型,这类人喜欢竞争,喜欢找到互动的那种感觉,以玩家的心态享受操纵和控制感;第五种类型是地位型,这类人想当名人,想出人头地;第六种类型是使命型,这类人追求生命的意义,为了信念不顾一切;第七种类型是谄媚型,这类人喜欢将自己置于焦点之上,喜欢听好话,陶醉于别人的马屁声中。

老子大概没有欢愉动机,因为老子没那么无聊;老子大概没有义务动机,这不是他的工作;老子大概没有程序动机,因为老子自信悠然;老子大概没有游戏动机,因为老子严肃认真;老子大概没有地位动机,因为没听说老子想出人头地;老子大概没有使命动机,因为这本书是关尹逼迫他写的;老子大概没有谄媚动机,因为老子天马行空,只喜欢听牛屁。

老子大概也不是威权主义政治人格,因为老子并不关心权力,不留恋权力,不乐于行使权力，也不乐于服从权力。相反，老子倒是关心天地，关注河流，乐于守静居下，乐于歌咏大道无象无形无边无沿……

老子似乎也不是政治自恋人格，因为老子非以自我为中心，非贪恋鲜花、要求掌声、习惯吹捧、争取认可、抢夺荣耀之辈；相反，老子倒好像以周围、天地、他者为重，躲避鲜花、掌声、吹捧、认可和荣耀。老子不是自恋的那种人。

老子这也不是，那也不是，大概，西方人还没有概括东方政治文化类型的能力。

但，我们自己也未必能。

【听雨花园笔记】

下午天愈加阴得厉害，也许夜里会下雨呢。我在电脑上整理下周要去大学讲演的讲稿和PPT，工作了许久，我离开电脑，到花园里去，休息休息。我给蔬菜上上肥，给果树浇点水。收拾整理枯叶零乱的地方。我一边做着杂事，一边脑子里却想着讲演内容。这次的讲演，主题是长篇小说里的地域文化。用西方人类学术语来讲，地域文化是一个地方性知识系统。地域文化是一个相对的概念，徽州文化圈是江南地区的一种地域文化，江南的文化在中国这个大的文化共同体中是一种地域文化，而中国这个大的文化共同体在世界的范围里也只是一种地域文化，甚至只是东方文化的一部分。呵呵，这倒是符合老子的“道”理呢：人法地，地法天，天法道，道法自然，你中有我，我中有你，万事万物，都只是相对的，同时也是变化的，是以他者为参照而存在的。

【原文】

勇于敢则杀，勇于不敢则活。此两者，或利或害。天之所恶，孰知其故？天之道，不争而善胜，不言而善应，不召而自来，繟然而善谋。天网恢恢，疏而不失。（共57字）

【译言】

勇于作为就死亡，勇于不作为就存活。这两种勇，有的带来好处，有的带来灾祸。上天所厌恶的，谁知道是什么缘故？天地的规则，是不争夺而善于取胜，不说话而善于应对，不召唤而自动来到，状态舒缓而善于谋划。天网宏阔无边，虽网眼稀疏，但什么都不会漏掉。

【音义】

敢，作为，进取，或指不合天道的作为。杀，代指死亡。或，有的。恶，音wù务，讨厌，厌恶。孰，谁。故，原因，缘故。繟，音chǎn产，舒缓，悠然。

然，状态，样子，模样。恢恢，宽大无边。失，漏。

【重心】

自然的规则，人事的秘要。

【臧否】

天人关系，难以探知。

【困扰】

什么事都不出头，这到底要忍到哪里是尽头！

【智语】

我们喜欢和谐，但和谐不一定喜欢我们。

【视野】

老子的思想，是多面视角的大思想。

在所有的社会生活和天地实践中，由于人们永远不可能掌握全部信息，并由此作出正确的决定，因此信息就永远只能是单向的、不透明的，因此万事万物就永远充满了不确定性，因此人类的思想永远都不可能是全能全向全方位的，因此人类所体验的万事万物永远都只能是过程、是尝试，而不可能是终点、是结论、是终结，因此人类的决定永远不可能完全“理性”正确。

老子主张无为、公平、简政、反战，都是从贵弱、尚柔的角度着眼的。

任继愈先生在《〈老子〉新译》绪论里说：“辩证法在我国的哲学史上有两大系统：一个系统尚柔，主静，贵无，这是老子哲学开创的；一个系统尚刚，主动，贵有，这是《易传》开创的。这两大流派在中国哲学史的发展中都有很大影响。由于宗法制度贯穿着封建社会的全过程，而《易传》是儒家的经典，因此刚健一派的辩证法体系略占优势。事实上，不论尚柔的辩证法还是尚刚的辩证法，都只是说到了事物发展的一个方面，而不是全部。”

在思想和实践的过程中，理性被证明在很大程度上是正确的。这是由于万事万物都依道遵律而行而动，而道律自有其永远不可能被完全破解的规律，这个规律是有其或变或不变、或永恒或不永恒的规律的，因而人类只能冷静而理性地面对道律。人类只可能了解一部分道律，而永远不可能了解全部道律；人类只可能去顺应道律，而永远不可能知道怎样去顺应道律；人类永远不可能了解道律，但人类又必须去了解道律；人类永远不知道怎样顺应道律，但人类又必须去顺应道律；因为人类就在、也要在道律中生活，人类就是道律的一部分。道律可能永恒不变，道律也可能永恒地变化；道律可能有规律地运行，道律也可能有规律地变化。变也是道，不变也是道；道永远有理，理永远随道。因此，面对道的理，人类只能以理面道。

理性被西方的学者分得很理性、很细化、很有道律的感觉。理性就是人类冷静面对天地社会进行逻辑推理、沉着处理的特性和能力；理性既是一种心灵的力量，也是万物的根本特征。与理性相对应的则是经验和感受。价值理性，强调的是无条件的价值、纯正的动机和正确的手段；工具理性，注重的是无条件的行动、效果最大化和忽视情感与人事。

老子在这一章中的理性就是冷静地对待敢与不敢、争与不争、唤与不唤。在广大无边的道律天网中，人可以任凭意愿行事，也可以任凭理智行事；人可以任凭感觉行事，也可以任凭冷静行事；人可以既凭经验行事，又凭逻辑行事；但人永远都只能在天网中行事，或人永远都只能是天网的一部分。人逃脱不了天网。

【听雨花园笔记】

初冬的雨从前天夜里开始下，一直下到今天早上还没有停止。如果天气较冷了，雨一直下一直下，会让人觉得寒意入心，但今年到现在为止，天还不太冷，所以我对这场雨的看法，总体而言，是正面的，觉得它为我带来了安静的心绪，带来了平和的心态。早晨起来开门看花园，发现花园里的植物正在发生变化，也可能是深刻的变化的开端。夜来香的叶子已经变黄了，有些已经飘落；秋天放在室外照秋阳的一盆长势茂盛的君子兰，这场雨后就该搬进屋里来了，它们在室外照晒了秋阳，又接受了许多肥水，能量积蓄得很好，因此一整个冬天它们都能身强体壮，到春天就会开出又大又艳的花来。枇杷树依然开花不已，雨水把深绿色的树叶淋洗得愈加鲜亮厚实，对世界上所有与人相关的植物而言，人类的爱心有多深，植物的生长就会有多好。自然，以上这些所见、所思、所想，都与平和的心态有关，在一个相对而言的边界内，没有平和的心态，就不可能有如此这般的所见、所思、所想。平和的心态真的这么重要？是的，哪怕在激烈的足球场上，平和的心态与躁乱的心情也必然会影响事件发展的结果。平和的心态会带来冷静的对待，冷静的对待会发现转瞬即失的机会，失去了机会当然就可能失去舞台和成功。不过，地球上的万事万物都是相对和有边界的，不同的视角即会带来完全和彻底的改变。

【原文】

民不畏死，奈何以死惧之？若使民常畏死，而为奇者，吾将执而杀之，孰敢？常有司杀者杀。夫代司杀者杀，是谓代大匠斫，夫代大匠斫者，希有不伤其手矣。（共59字）

【译言】

老百姓不怕死，怎么能拿死亡这种事让他们害怕呢？假如使老百姓总是怕死，对那些作恶的人，抓起来杀掉，谁还敢乱来？本来有专门掌管杀人的人去做杀人这件事。如果代替掌管杀人的人去做杀人这样的事，就如同代替高明的木匠去砍木头，代替高明的木匠去砍木头，很少有不砍伤自己的手的。

【音义】

畏，害怕。奈何，怎么，为什么。惧之，使之惧；惧，害怕。若，假如，如果。奇，邪恶，诡异不正。执，抓住。司，掌管，掌握。代，代替。匠，匠人，此指木匠。斫，砍，削。希，同“稀”，鲜，少。

【重心】

要有界，要有位；不越界，不越位。

【臧否】

思路跳跃，一时莫辨。

【困扰】

是不是各司其职才好？

【智语】

我们喜欢富足，但贫穷更喜欢我们。

【视野】

老子提倡效法水性，因为水性求平。

因此，执政者如能追求“道”理，求正求平，浩然无际，包容万物，言谦意卑，持柔贵弱，遵道显德，明理知事，拿捏到位，分寸感受，就能造福百姓，执政长久。

《论语》是管理，因此主要谈社会、谈政治、谈人际、谈伦理；《庄子》是文学，因此主要谈感觉、谈哲思、谈虚拟；《老子》是哲学，因此主要谈世界观、价值观、方法论；但《老子》也谈文学、谈飘渺、谈意境、谈无形，也谈社会管理、政治手法、百姓调教。

《老子》的智慧书写，是老子对天地万物认知思考的结晶，也是老子参照天地万物，对自身思考认知的结晶。

政治学者将领导方式大致分成剥削式集权领导方式、仁慈式集权领导方式、协商式民主领导方式、参与式民主领导方式四种类型。各有各的特点，各有各的不同，各有各的定义，各有各的侧重，各有各的价值，各有各的优劣，各有各的时代。

在各种关系结成的一定空间里，政治的首要和至要问题是解决合法性问题。杀与不杀、由谁杀不由谁杀，都不能乱来。乱来就没有合法性，乱来就可能导致丧失合法性。

个人安定取决于他人的安定，他人的安定取决于邻里的安定，邻里的安定取决于社会的安定，社会的安定取决于万事万物的安定，万事万物的安定取决于环境宇宙的安定，环境宇宙的安定取决于上述所有因素的安定，上述所有因素的安定取决于宇宙环境的安定，宇宙环境的安定取决于万事万物的安定……如此循环不已。

因此，不乱为、不妄为、不越界，尤其重要。

【听雨花园笔记】

早上雨停住了，天略有点放亮，这是很好的。对生物性质的人来说，天气是人体舒适与否的重要因素，阴久思晴，晴久盼雨，这种循环永无止境。我走进园子里看花、看菜、看果树。园子里一片翠绿，花草和蔬菜的叶子上湿漉漉的，真清新！园长去她闺女那之前，还留下一株白茄子和一盆辣椒。茄子还在结，还有大约5个果实，但不知道随着气温的逐渐降低，这些果实还能不能长得更大些；辣椒除了数十个果实外，还打了许多花苞。不管怎么说，它们都是够敬业的，它们的生存能力也值得我们思考、效法和学习。我突然发现雨后的蒜地里长出了一些细芽，凑近了仔细一看，呵，原来是园长许久前撒在地里的芫荽（香菜）。芫荽出芽很慢，有时候出了芽也会由于种种原因而枯萎，现在是初冬的雨后，它们借助自然界的雨情，自然而然地长出来了，根据我的经验，这样长出的芫荽，会长得很好，长势也会很强。附近一个盆里的荠菜也长大了，园长在家的时候，它们还只是野草一样的小苗苗，现在它们长得很挤、很密，呵呵，我倒是希望它们能真像野草那样，趴在地上，颜色老灰，那才是我们都看重的野荠菜啊！

【原文】

民之饥，以其上食税之多，是以饥。民之难治，以其上之有为，是以难治。民之轻死，以其上求生之厚，是以轻死。夫唯无以生为者，是贤于贵生。（共54字）

【译言】

人民之所以饥饿，是由于统治者征收的赋税太多，因此造成饥荒。老百姓之所以难以管理，是由于统治者胡乱作为，因此难以统治。老百姓不看重死亡，是由于统治者过于追求享受，因此老百姓铤而走险。只有不过于看重生命的人，才比过于看重生命的人高明。

【音义】

饥，饥饿。上，上面，指统治者。食，吃，引申为拿走、征收；用食字，或是一种形象的说法，表现一种吃的贪婪相。是以，因此。治，管理。为，作，此指妄为。轻死，以死为轻，不看重死，不重视死。厚，丰厚，引申为奢侈享乐。唯，只，只有。无以生为者，不把保养生命看得过重的人。贤，高明，明智。贵生，以保生养命为贵。

【重心】

管理者的守则。

【臧否】

这不是老子的强项。

【困扰】

这一章太实在，是老子写的吗？

【智语】

我们喜欢爱情，但爱情不一定光顾我们。

【视野】

只有不过于看重生命的人，才比过于看重生命的人高明。用贵身的态度去治理天下的人，就可以把天下托付给他；用爱惜自己身体般的态度去治理天下的人，就可以把天下托付给他（十三章）。这都不矛盾。因为所有的事物都具有多面性，忽视了任何一面，都是缺失，都无法更近地接近“道”。

多年来人们对《老子》的印象总是消极的：老子叫我们无为、不作为，老子叫我们感性不叫我们理性，老子叫我们出世而不入世、逃避而不进取，老子叫我们一味忍让忍让再忍让，老子叫我们示弱示弱永远示弱。

《老子》里有消极、避世、不争、弃政、非理性、无原则忍让、一味示弱吗？又有，又没有。

有，是因为老子说过无为，说过居下，说过守静，说过鸡犬之声不相往来，说过见素抱朴，说过守其辱，说过不争。所以认为《老子》里有消极、不争、避世、无原则忍让、一味示弱、弃政，都有其根据。

但如此一来，《老子》为什么还有2000多年的生命力呢？

难道除了消极、避世、无原则忍让、一味示弱、非理性、不争、弃政这些文字表面的意义以外，《老子》还深有内涵？

是的，老子说的话都在这里，你如此理解，它在这里，你如彼理解，它还在这里。它不会回避你。有或没有，都在于你的理解。

老子重感性，但也很理性。天地不讲偏爱，把万物都当作祭祀用的草狗来对待。这是最理性的理性。老子既感性，又理性。

老子重不争，但也重相争。真有智识的人表面上不较真，表面上较真的人不真有智识；尽力帮助别人，自己更加富有，因为他不争，所以天下没有谁能与他争。老子既不争，又相争，不争是另一种争，不得是为了得。

老子重自身，但也重他人。重视自己的身体就像重视大祸患一样，用贵身的态度去治理天下的人，就可以把天下托付给他；用爱惜自己身体般的态度去治理天下的人，就可以把天下托付给他。老子既自利，也利人。

老子重无为，但也重有为。按无为的准则做事，用不言的方式去教化；道总是没有什么作为，却又没有什么不是它作为的结果；我无所作为，百姓就自我教化；顺应自然不妄为，就能够无所不为。当代英国一位哲学家认为，现代经济的自由市场理论就源自《老子》的无为而治思想。至少，资本主义的基石之一自由市场原则，与老子的不干涉、少干涉、不刻意作为、不妄为、不乱为的思想是相互佐证的。减少再减少行政干预，让市场自由调节，政府轻松自由了，市场也应然而然地调节、发展了，这正是自由市场机制能够存在的内在之“道”。

老子重居下，但也重居上。道虽然幽微不显，天下却没有谁能控制支配它；圣人打算统治老百姓，一定要言语谦下，打算领导老百姓，必须把自己摆在老百姓的后面。大国要像居于河流的下游一样，居于下游，这是天下交汇的地方，大国以谦下的态度对待小国，就是要得到小国的信任，大国不过是想领导小国，所以大国更应该谦下。老子知道居下是手段，居上是目的，老子并不避讳。

老子重自弱，但也重自强。生养而不占有，培育帮助而不倚赖，功成而不居功，正由于不居功，反倒因此永存；圣人置身于后，却能被众人推前，把自己的存在置于度外，却能保证自身的存在；正因为不与人争，所以天下没有能争得过他的；天下最柔软的，可以驾驭天下最坚硬的。弱与强互正互反，相辅相成，相映相衬，互成互见。

【听雨花园笔记】

这个初冬的早晨，天空中突然传来几番雷声，接着就下起了小到中雨。哦哦，冬天打雷总体而言是不多见的。园长仍然不在家，当我把冰箱里的饺子和馒头吃完的时候，园长就该回来啦。我撑了一把旧雨伞到园子里去。雨点打在听雨花园的菜叶上、树叶上、雨篷上。我站在植物中间，听到雨声不断，正如英国作家伍尔芙说的，所有的思绪都一涌而上，占据了我的整个脑海。我撑的不是戴望舒雨巷式的油纸伞，而是一把现代稍不时尚的折叠布雨伞，丁香一样的姑娘早就飘忽不见了，空遗下一些儿惆怅、一些儿迷惘、一些儿困倦。高铁闪电般通过，惊动了一片、又一片、再一片软卧在土壤上、草丛里或河渠旁的黄叶。就像一片树林一样，这片树林会有一个中心，或若干个中心，其余的都是副中心、中间地带或边缘地带。但中心、副中心、中间地带和边缘地带的概念只是一个视角的结论，即在某种视角中，比如在一个外来的植物学视角中，这是中心，那是副中心，那是中间地带，那是边缘地带；但在另一个外来的社会学视角中，原来的中心可能只是一个次中心，原来的边缘地带反而可能成为中心；而对生长于这一片地域中的植物或动物来说，中心往往就是它们自己，其他的分类都是外来的、人为的……

【原文】

人之生也柔弱，其死也坚强。草木之生也柔脆，其死也枯槁。故坚强者死之徒，柔弱者生之徒。是以兵强则灭，木强则折。强大处下，柔弱处上。(共54字)

【译言】

人活着时身体柔软，死后身体僵硬。草木活着时柔脆，死后则干硬。所以坚强的状态是通往死亡的道路，柔弱的状态是通往存活的道路。因此军力过强就会灭亡，树木高大就会折断。强大处于下降的位置，柔弱处于上升的通道。

【音义】

柔弱，指身体柔软。坚强，指身体僵硬。槁，音 gǎo 搞，干枯。徒，一义徒通途，道路；一义徒为党徒，同一类人。兵，武器，指军队，武装力量。木强，树木高大。下，下降。上，上升。

【重心】

物盛必衰，人强易折。

【臧否】

柔弱处上，从此无弱。

【困扰】

是物极必反的道理吗？

【智语】

我们喜欢金钱，但金钱总敬我们远之。

【视野】

兵强则灭，“兵”是兵器，引申为军队、军事、用兵、打仗等等。如果延伸解读为打仗时“逞强”，也不会有人认为解读过度，意思也通畅，也能够认可。

强大处下，柔弱处上，强大的就处于下降的位置，柔弱的就处于上升的位置。我们都知道，都明白老子说的不可能浅薄浅显，不会就事论事，一定会有深意在其中，因此阐释得迂回一些，说明我们读得更懂。

但这不就是现代解读了吗？

不过还是那句话，古今的汉语是传承关系，语言又永远处于增减变化的动态过程中，因此对古文的释义，不应有也无法有绝对的禁区。约定俗成，是语言变化的一个前提；其他力量的强制介入，也是语言变化的前提；影响力人物的言说，是语言变化的又一个前提；经济的发展，文化的交流，政权的更迭，地理的发现……都是语言变化的前提。

《老子》是那么圆润，解读起来有无数的维度，具有前无古人、后无来者的混沌性，具有无数的意义的可能性。

这一章是从“柔”和“圆通”处下手，特别强调“柔弱”和“柔脆”，就是要更正人们褒尚刚强的偏向，推崇刚柔并济，这是最好的状态。

刚强和柔弱，是一种循环往复的形态，由于柔弱已经处于底线位置，如果后退，就会消亡，如果进化，就成为刚强。刚强达致顶峰，将会下降，下降至柔弱，再次刚强。所以，循环、起伏、增减、变更、兴衰，是规律，更是常态。大的柔强转换，带来激烈的更迁变动；小的柔强转换，带来和风细雨的更迁变动。没有大的柔强互换时，一定会有小的柔强互换，时刻不停，永无止境。

静止不存在，互换是恒态。无常强，无常弱，无恒久的巨变，也无恒久的微变。大到了顶就将缩为相对的小，小将至于无或将胀至相对的大。大到不是它就会成为另一种小，小到无了就会成为另一种大。

大、小、强、柔，没有不是相对的。参照物强，它就又弱又柔，参照物弱，它就又刚又强；在柔的环境中，柔可能是强，在强的环境中，强可能是弱；强者，在柔的环境中，不一定强得起来，柔者，在强的包围中，却可能一枝独秀、以柔凌强；弱还有心理的条件，在不断的鼓励下，弱能成强，在持续和众多的负面指责中，强也会崩塌溃决。正言若反，反之亦然。

【听雨花园笔记】

多天的冬雨后，太阳终于出来了，不过早晨的气温也有了大幅的下降，降到了零度以下。下雨的那几天，我一直都在外面跑，连轴儿转，前天到淮河以北了，夜里9点多才到家，昨天一大早爬起来，又跑去了大别山区。现在太阳出来了，我这个上午也可以选择待在家里了，虽然中午还要外出赴宴，但能够舒缓一下，心里觉得轻松了许多。清晨开门去听雨花园一游，哦，寒风阵阵，大部分植物都有些瑟瑟的寒意呢，城市的面貌也变得紧缩和简单。但黄心乌、黑心乌和莴笋却是例外。莴笋依然长得清凌凌的，连莴笋叶片上的蚜虫也不怕冷，一片一片黑压压地繁殖，我用手去碾灭它们，这是对付蔬菜“害虫”最环保的办法，虽然有点儿费事，可一点儿都不会产生食品污染。乌菜也仍然饱满、多汁、丰厚，我喜爱地看着它们，想着能不能铲下几株，回屋里烧菜。这想法源于昨天晚上的一个速递。一位远在黑龙江的朋友给我速递了一盒红肠，看上去真是诱人。她短信里说：（速递）好快啊！这两天冷藏就可以，吃时也不用蒸，馒头稀饭红肠小咸菜是早餐的最佳搭配，两天后吃不完就冷冻吧，吃的时候蒸一下；两种颜色是两种工艺的，红色的是大众口味，深色的是秋林里道斯，炭熏的。呵呵，什么叫“秋林里道斯”？哈尔滨人肯定都懂，黑龙江人肯定也都明白。我回她道：说得我们都流口水呢，一定要按照你的指点，原汁原味地大吃一餐哦！哈，这正是我一大清早就来觊觎乌菜的动因。当然，乌菜并非“馒头稀饭红肠小咸菜”中的一种，但都是食品，我都喜欢得不得了！

【原文】

天之道，其犹张弓欤？高者抑之，下者举之；有余者损之，不足者补之。天之道，损有余而补不足。人之道，则不然，损不足以奉有余。孰能有余以奉天下？唯有道者。是以圣人为而不恃，功成而不处，其不欲见贤。(共79字)

【译言】

自然的法则，不是很像拉开弓弦吗？弓弦高了就往下压低，弓弦低了就往上举高；力大了减少一些，力小了增加一些。天地的法则，是减少多余而用来补充不足。社会的法则，不是这样，是减少不足用来供奉多余。谁能用有余来供奉天下的不足？只有遵道的人才能做到。因此圣人有所作为而不自恃己能，功成而不自居功劳，他不想显摆自己的功劳。

【音义】

犹，就像，好像，如同。张，开，拉开。欤，音 yú 鱼，同“与”，句末语助词。高，指弓弦抬得过高。抑，抑制，压低。下，指弓弦压得过低。举，抬高。余，多，过。损，减少。奉，奉献，供养，供奉。孰，谁，哪个。是以，因此，所以。为，帮助，奉养。恃，倚仗，仗着。处，占有，居功。见贤，显摆功劳；见，音 xiàn 现，显露，表现，显摆；贤，功劳，才能。

【重心】

顺对自然，善应人事。

【臧否】

难以言说。

【困扰】

说“道”容易，做到不易。

【智语】

我们喜欢顺利，但挫折不请自来。

【视野】

钱穆先生1939年在《国史大纲·引论》中说，中国为世界上历史最完备的国家，其特点有三条，一是悠久，二是无间断，三是详密。

他说的是“最完备的国家”，不是“国家之一”。

这表明他有自己的知识自信，也有他对自己思考的自信。

这并不容易。

甚至很难。

因为有许多人没有这样的知识自信，说不出来。

有许多人没有这样的思考自信，也说不出来。

有许多人囿于各种利益，不说出来。

有些人见风使舵，根据需要才决定说出来，或不说出来。

有些人翻手为云，覆手为雨，会说出各种匪夷所思的话来。

但首要的条件是说出来，然后才是说什么、怎么说、说到哪（一步）。

老子的学说，就是这个悠久、无间断和详密的国家，或这个群体的一块厚重的压舱石。

自然的法则像拉开的弓弦，弓弦高了就往下压一压，弓弦低了就往上举一举，力气大了就减少一些，力气小了就增加一些。

老子的哲学正是一套不确定、常变化、相对化、不量化、不固化、不僵化、如水随形的系统。

按照老子的标准，钱先生的论断也不可能是恒久的“道”。

因为真正恒久普世的道，无影无形，无法言明，无章无法，飘忽不定。

一切的肯定、一切的确定、一切的认定、一切的否定，都值得怀疑，都尚未成熟，都将速朽！

因此，钱先生的论断，大概也只能是相对的确定，是暂时的确定。

动态的变化是永远的常态。

敌友友敌，分合合分，高低低高，动静静动，才是恒道。

我们还用老子喜欢借用的河流来说事。

前面我们说到南水北调。南水北调在中国是件大事，1952 年 10 月，毛泽东主席指出，中国南方水多，北方水少，如有可能，从南方借点水来也是可以的。

这是一件激动人心的大事。

因为在人类社会中，政治的决定最能改变绝大多数人的利益和命运，所以政治的决定永远不是小事。南水北调又是人定胜天、改造自然的大手笔，足够激动人心。

所谓南水北调，主要就是把南方丰水区的水，通过人工手段，调至缺水的中国东部黄淮海流域，主要是黄河下游及海河流域地区，或者说，主要是华北平原地区。

因为这个地区，是我国水资源承载能力与经济社会发展矛盾最为突出的地区。

中国水资源短缺，人均水资源量为2163立方米，只有世界人均水平的1/4。

而黄淮海地区的人均水资源量为462立方米，仅为全国平均水平的21%。

其中京津两市所在的海河流域，人均水资源量仅为292立方米，不足全国平均水平的1/7。

据国务院南水北调工程建设指挥部办公室网站资料，黄淮海流域总人口4.4亿，约占全国人口的35%，国内生产总值约占全国的35%，人口密度大，大中城市多，在中国经济格局中占有重要地位，而水资源量仅占全国总量的7.2%。

由于长期干旱缺水，这一地区有2亿多人口不同程度存在饮水困难，700多万人长期饮用高氟水、苦咸水。

在当前这种社会、经济和技术现状下，南水北调是一个直接有利的选择。

2014年12月中旬，南水北调工程中线开始向北京输水。

工程规划与施工过程中，一直伴随着不同的或反对的声音。

沿江地区是否真的水资源丰富？或者只是现在是丰富的？或者只是现在表面上看起来是丰富的？南水北调的可持续性究竟如何？

沿江多为经济发达地区，是否有足够的净水输往北方，还是会把一河污水送往北京？

南水北调的成本会否高得不可接受？而北方的受惠程度会否大打折扣？

超长的人工河道与打乱的自然水系之间能否匹配，长远而言会否带来不可预知的灾害？

会否对自然环境造成潜在的重大危害？

这一结果到底是怎样导致的？主要是气候变化、统计差异、人口激增、水土流失、政策失误、玩忽职守、人为因素，还是其他原因？

像我们前面述及的那样，在老子这里，具体的问题都得不到明确的解答。

《老子》不是社会学著作。

老子只告诉我们，要动态地、变化地、变通地、高低低高地、动静静动地、如水随形地看待事物，看待问题。

高了就降低，低了就增高，多了就减少，少了就增多。

有博弈，就有竞争。

有竞争，就有妥协。

有妥协，就有合作。

有合作，就滋生差异。

有差异，就有博弈……

如此周而复始。

变是常态，不会一成不变。

不变里蕴含着变化，变化里隐含了不变。

变与不变，永远相对而言；不变与变，永远相伴而生。

【听雨花园笔记】

早晨又到花园去，哦，外面结冰了。果树的盆土都冻得有点硬了，莴笋的嫩叶儿冻得瑟瑟的，大蒜的细叶弯曲着，黄澄澄的大柚子挂在树枝上，大概是连枝剪下来的时候了，黄心乌和黑心乌不受天气的影响，依然如故，山楂的叶子几乎就要落完了，它的树枝看上去都还肥腴，说不定明年会有较好的收成。四季总是和人生有许多相似，四季轮替，雨雪更迭，人生也多多少少会时秋时夏、冬去春来。遵道，大约就是要遵循自然的和社会的规律。不过，自然和社会的规律到底是怎么样的？怎样才是自然的和社会的规律？则需要实践和理解。

【原文】

天下莫柔弱于水，而攻坚强者莫之能胜，以其无以易之。弱之胜强，柔之胜刚，天下莫不知，莫能行。是以圣人云：受国之垢，是谓社稷主；受国不祥，是为天下王。正言若反。（共65字）

【译言】

这个世界没有比水更柔弱的了，可是攻陷坚强没有能胜过水的，因为水是无可取代的。以弱小胜强大，以柔软胜刚强，天下人没有不知道这个道理，可也没有人践行此理。所以圣人说：承受国家的屈辱，这才可称作国家的君主；承担国家的灾难，这才可说是天下的君王。正话听起来倒像反话。

【音义】

莫，没有。攻，攻陷，击破。易，取代，代替。受，承受。垢，耻辱，屈辱。不祥，灾难，灾祸。

【重心】

柔可胜刚，弱可赢强。

【臧否】

非常喜欢！

【困扰】

承担了国家的灾难，就真能得到普遍的认可？

【智语】

我们喜欢升官，但别人比我们爬得更快。

【视野】

天道贵弱。

老子所谓的弱，一是知强守弱，一是知强示弱，一是无为而为，一是万物自为（即自然而然，自行其是，减少干预）。

老子所谓的柔，既可理解为顺应天地，也可认为是走与世无争的处世之道。

《老子》让你不由自主就辩证起来。

不过，老子的柔性主义哲学，你无法说这是好还是不好。

你可能更喜欢硬朗，也可能更喜欢柔软、柔弱。

弱之胜强，柔之胜刚。这里的“柔”和“弱”，可以认为是同义词，可以互文、可以调换：可以柔弱，可以弱柔，可以以柔胜强，以弱胜强，也可以以柔胜刚，以弱胜刚。

迁移到日常生活的领域，意思就是，该强硬的时候，一味服软不可取；该妥协的时候，就不该固执己见、伸头冒进；该逞能的时候，不可掉链子，该讲策略的时候，也没有必要硬顶。

大概还是那句话，各种各样的价值观、人生观和方法论，只有在该用的时候用到该用的地方、用到该用的位置、用到该用的点位，才可能叫作“好”。

但是，什么时候该强硬？什么时候该妥协？并不好拿捏。

又由谁来判断那是不是个该用的时候、该用的位置、用得到不到点位？

因为找不到最公平、最公正、最让人服气的裁判。

再说，有资格进行评判的那个人，或那一群人，或那种标准，又有谁来共识、认可、委托、任命？

所以，没有人有资格、有能力、有依据断然签字决定是硬朗好还是柔软好。

同时，世界上和宇宙中的万事万物都还没有终结。没有终结的事物，你没法下最后的判断。

再说了，老子早已告诉过我们，万事万物都没有来由，也不可能有终结。所以，你要做出正确的判断，就必须在尘埃落定后才能着手去做；而万事万物又不可能有结束的那个时刻。因此，这是个不可能完成的任务。

老子的水哲学表现出持续的女性特征。

水在我们眼里，似乎无所不在。

水分不仅是生物体的重要组成部分，也是生命能够进行下去的重要生理元素。

一般而言，植物体含有60%—80%的水分，有的甚至可以达到90%，就是最干燥的部分，例如种子，都含有10%的水分呢；动物体含水一般高达75%，蛙类体内含水80%，鸟类70%，哺乳类75%，水母竟高达95%。任何一种生物，当其体内水分低至一定程度时，生命的活动就不再能够进行，或者因此而死亡。所以老子说，人生而柔软，死而僵硬，人死了，水分会蒸发、消失，没有柔软的水，人就变得死硬。

但为什么老子偏爱柔性主义哲学？

地域的元素，肯定是十分重要的一个条件。老子出生成长的淮北涡河地区，河湖密布，水势漫天，影响了老子世界观的形成。

也可能是淮涡广袤无边的平原地形，塑造了老子对“道”或对天地万物的敬畏之态，老子在将广大无边、不可捉摸、难以控制和强大不可战胜的“万物”作为人的参照系时，透彻地深悟到人的弱小无力，因而倾向于女性化的哲学表述。

又可能这种取柔舍刚的价值趋向，表明老子具有鲜明的艺术人格，这是他艺术气质的哲学表现。水性求平，求平则为自然天道；水性下位，下位则人心归顺、万民追随。

还可能是老子在日常生活经验中进行了取舍，舍刚而取柔，舍硬而取软，软硬相较，他可能觉得，还是柔软、柔弱，来得久长、持续。

再可能是老子在国家图书馆工作久了，看到太多权力兴衰，国家盛亡，他总结出了柔弱胜刚强的规律，以警后人。

又可能是老子时代的文化特征使然。老子生活的东周时期，与我们现在相比，可能还有深厚的氏族母性社会的遗存，在人的观念里，女性的地位和权利还很高、大、上，因此他自主不自主地强调母性、强调柔弱、强调弯曲和虚空；同时，也表现出老子对母爱、母性关怀及包容的安全依赖与依偎感。

再可能是现代一般认为，殖民地在被他国或其他集团占领时，当地的民族认同常表现出女性化特征，老子在生活中应该没有直接的这个问题、没有直接的这种体验，但周王朝的衰落，会否使这位京官日益体察到这种预感、感受到这种沮丧，也不是完全没有可能。

还可能是老子除了有一个男孩外，另有更多的女孩，现代社会研究表明，有女儿的父亲，会对社会政治、经济、安全等问题的看法发生重大改变，有女儿的父亲会更加关注社会安全问题，更倾向于采取柔性政策，也更强调社会稳定。

正话倒好像是反话，这句话里似有深意。

或是老子时代的一句俚语。

方言土话中的人，经常会说一些方圆多少里都听得懂的俚语，当地的人都听得懂，方言区以外的人一头雾水。

或方言区里的俚语，被用于官话场所，当时的人都听得懂，后来的人可能逐渐就无法理解它丰富鲜明生动的含义了。

比如现在有些流行语，“老虎苍蝇一起打”，“把权力关进制度的笼子”，“高富帅土豪金”，时过境迁，人们对它们所蕴含的丰富含义可能就会大大削弱，甚至曲解。

【听雨花园笔记】

这几天我天天早上都可以到园子里去看一眼。年末岁尾，天气转变，这本书的读写也到了末尾了。下午到花园里去给蔬菜和果树浇水，因为天气较冷，蔬菜们尚不需要太多的水，但枇杷、含笑等果木却仍在开花或生长，需要较多的水分和营养。多年种植植物，我常常在花园里感慨：有些植物，种植或移栽后很快就死亡了，但有些植物，哪怕你把它抛弃了，它也能在一个偏僻的角落，默默地、但显然是快乐地成长起来。当你突然看到它正在茁壮生长时，不由得你不感慨，不由得你不感叹，不由得你不钦佩，不由得你不思考。我们做人、做事，也要这样，再严酷的环境，也能顽强地存活，甚至活得更出彩，活得更丰富，活得更有味，活得更有哲理。因为我们的存活，是为我们自己，但又不仅仅是为我们自己，我们同时也为人类积累了优良的品格和坚韧的精神。我们将为此而自豪。

【原文】

和大怨，必有余怨；报怨以德，安可以为善？是以圣人执左契，而不责于人。有德司契，无德司彻。天道无亲，常与善人。(共44字)

【译言】

调和深巨的怨恨，必然会留有余怨；用德来回报怨恨，哪里能认为是好的办法呢？因此圣人拿着债权凭据，却并不向负债人讨债。有德的人掌握债权凭据（却宽容不讨债），无德的人掌管税收（分厘必较）。天道对谁都没有私亲，经常帮助有德行的人。

【音义】

和，调和，和解。余，剩下，余留。怨，怨恨。安，怎么能，哪里。执，拿，握。左契，借据；左契为周朝的一种借据的名称，在木简或竹简两边各写上相同内容，中间亦写上相关文字，然后从中间劈开。吉事尚左，被借方执左，因此称左契，借方执右，称为右契；契，音 qì 器。责，求，要债。司，掌管，主管。彻，十取一的税收。亲，偏爱。与，帮助。

【重心】

怨德关系。

【臧否】

晕。

【困扰】

既然说用德来回报怨恨不是个好的办法，那为什么又肯定圣人不向负债人讨债的宽容行为?

【智语】

我们喜欢灵感，但灵感无法随叫随来。

【视野】

分厘必较，这是司税官的工作，不能马虎，却被拿来作为负面形象的代表，不知老子时代的实际社会生活中，赋税官是否就是这种不堪的面目；或者老子本人对当时的税收体制有看法；要么这是文人基因中固有的反体制冲动使然？果若如此，老子倒是文人反体制的鼻祖。

所以视角很重要。从社会管理者的角度看，工作应兢兢业业才好，至于税收制度如何，与承担此项工作的个人，没有太大的关系，让做具体工作的人背黑锅，也不是时常帮助有德行的人的行为。现代社会体制对各行各业的劳动制度都有严格的管理和规定，你既然吃这碗饭，就要做好这件事，这是现代社会的“良知”，也被称为“敬业精神”，还是一种法制观念。当然，这无关乎体制的优劣对错。

老子生活在农耕文明的时代，在他生活的前数万年、后两千年的范围内，都基本上是农耕社会，所以老子们的思想和方法，对我们的理解而言，没有根本的障碍，因为在宏观视野里，农业文明之间的差异可以忽略不计。

在农耕社会，国家赋税的主要对象，自然多为农产品，在老子的时代，应该以谷物类农产品为主，因为吃饭是社会首要和最重要的事情，也是最基本、最重要的社会财富，是国力的标志，谷物的分量，远超过其他农产品的分量。所谓谷物，一般指的是禾本科中的作物，比如水稻、小麦、玉米、高粱、燕麦、荞麦、小米等，其中多种谷物类作物为中国人和亚洲人的传统食品。

小米古称粟，又称谷子、狗尾粟等，是中国北方公元前旱作农业的代表性作物。中国是小米的起源地或起源地之一。小米十分耐旱，有些品种的小米，生长期只要有一场透雨，即可完成生命的全部过程。小米又十分耐储藏，这对生产力低下的古代社会十分重要。

中国也是水稻原产地之一，水稻的栽培驯化可以追溯到万年以前，中国多地都发现有距今7000年左右的碳化稻。水稻产量高，是中国南方不可替代的粮食作物，随着中国版图的扩大，稻米也成为中国北方主食之一。中国起于春秋、盛于隋唐的运河开凿，除水利、农业、运输等作用外，主要就是从江淮和江南向北方运送稻米。

中国可能也是高粱原地产之一，在中国的栽培至少已逾5000年。

玉米原产于中南美洲，明朝以后传入中国，虽然玉米在中国的栽培历史并不悠久，但它与土豆、山芋等引进作物一起，革命性地促进了山区小块耕地和边缘性土地的利用，极大地提高了中国农产品对人口的支撑能力。

中国是小麦的传统产地，但可能不是原产地，小麦原产地一般认为在地中海沿岸。小麦在中国北方的较快发展始于战国时期，这主要得益于灌溉条件的改进和石磨的发明、改进。小麦的产量远不及水稻和后来的玉米，它能在中国北方作物系列中占据重要地位，主要是因为小麦有越冬覆盖、保护耕地的作用，这对相对干旱的中国北方作用重大，用现在的话来说，小麦不仅有经济效益，更重要的是有社会效益。

税收官据说更喜欢征收的是谷物类作物的赋税，也就是水稻、小米、麦类等等，因为这些作物种植面积大，果实看得见、摸得着，又几乎在同一时间成熟，便于估产。另外，相对于其他作物，谷物也更便于储藏和运输，对保证政府和军队的需要，意义重大。而生长在地下的根茎类作物就不是这么直观了，需要经验和猜测，因而容易引起歧义和纠纷。

【听雨花园笔记】

天气大好，晴，也不怎么冷，但过几天可能又会降温。我这几天每天早上都开门看看花园，而第一眼看到的都是柚子树上挂着的黄澄澄的大小柚子，于是每次我都会想，都12月初啦，该把柚子们采收下来啦，虽然园长不在家，没法及时请示她，但我也应该自觉负起责任来呀。于是昨天晚上睡觉前暗自决定，明天起来，第一件事就是摘柚子。所以今天早上一起来，我就开了园子的门，提着园长常用的很有生活气息的柳条篮，到园子里收获。柚子树紧挨着园子围墙，我小心翼翼地把园长为托住沉甸甸的大柚子而拴得很牢的尼龙网眼袋解开，然后再把柚子一个一个地剪下来，放进篮子里。柚子是种在一个较大的花盆里的，我一边采收，一边感慨，就是这一盆土，因为较重，从来没换过。尽管如此，柚子树每年都会为我们贡献十多个大小不一让人欢喜的果实，这说明植物的潜能是巨大的，也说明柚子树内心的强大。也正由于如此，我们才应该更好地呵护它，保护它，维护它，多给它浇一些带肥的水。经过二十多分钟的努力，14个黄澄澄喜人的柚子都采收进园长的柳条篮里去啦。我又趁势把已经有点衰退的辣椒秆拔掉，把上面的辣椒收下来，把盆里的土翻一翻，抓紧种上大蒜。呵呵，我退后几步，看着收获和整理过的三园。园子需要精心维护和打理，所有的物件、事情包括心田也都一样，你不关心它，它就荒了。

【原文】

小国寡民。使有什伯之器而不用；使民重死而不远徙。虽有舟舆，无所乘之；虽有甲兵，无所陈之。使民复结绳而用之。甘其食，美其服，安其居，乐其俗。邻国相望，鸡犬之声相闻，民至老死，不相往来。（共75字）

【译言】

让国家小百姓少。即便有各种各样的器具，并不使用；让老百姓看重生死而不向远处流动。虽然有船只车辆，就像没有车船乘用一样，因为用不着；虽然有战争工具，却没有搁置摆放它们的空间。让老百姓重回结绳记事的时代。自己的食品都觉得甜美，自己的衣服都觉得美丽，满足于自己的居所，陶醉于自己的习俗。望得见毗邻的国家，鸡鸣狗叫都听得见，老百姓到老死，却都不相往来。

【音义】

小国寡民，小和寡为使动用法，使国家小，让民众寡。什伯之器，各种各样的器具；什伯即什佰；什，十倍，佰，百倍；伯，音 bǎi 百。而，转折连词，也。重死，看重生命，不轻易冒险；重，音 zhòng 仲，看重；死，指生死，即生命。徙，音 xǐ 喜，迁移。舟舆，船和车；舟，船；舆，音 yú 鱼，车。甲兵，铠甲武器。陈，摆放，陈列。结绳，结绳记事，指回到结绳记事的简单时代。甘其食，以自己的食物为甜，即认为自己的食物好，自我满足，不羡慕他人，没有过多的欲望。闻，听得到。民至老死，不相往来，这句可能不是说人们没有友情，而可能是说大家都安居悠然，不会为身外俗事特意走动。

【重心】

老子心中的乐园。

【臧否】

似乎过于渊深，因而不敢表态。

【困扰】

去哪里找？

【智语】

我们不喜欢极端，但极端偏爱我们。

【视野】

这一章进入了“老子模式”，进入了老子的“理想境界”。

进入了他的乌托邦，进入了他的“文学世界”。

乌托邦有政治的，有社会的，有经济的，有技术的，有科学的，有军事的，有领土的，有环境的，有物质的，有爱情的，有家园的，有混合的。老子的乌托邦是混合家园式的。

人都有自己的理想社会和理想境界。

陶渊明有他的桃花源，《圣经》中有伊甸乐园。

许辉也常常做白日梦，曾经无数次梦想在某个农耕场景的地域中，一切都和谐、安宁、互助、互爱、自给自足、享天伦之乐。

看起来，或大或小，或细或巨，人好像都有自己的梦想或理想中的世界。

所以这第八十章如果真是老子的亲笔，我怀疑老子写这一部分的时候，只是把他的白日梦写出来而已，只是把他的思考、想法、灵光一闪写出来而已，不一定真是老子想要在现实生活中全尺寸复制的社会。

或者老子当时并不知道、也未有准备他的这些文字将会被后人定位为哲学著作，他不一定有现在那么严格的所谓学科概念。

因此我们读这一章，或者竟可以把它当文学作品读，因此我们对虚构就心安理得了。

在文学的境界中，老子为我们描述的是一个完美的虚拟社会，就像许辉常做的白日梦那样，我们尽可以陶醉于那样一个没有瑕疵的世界中。

我们不会把那个世界当成是我们需要在现实世界一丝不苟进行复制的世界。

那只是一个境界。

如此这般，我们才不会把保守、退化、消极、复古这些苛责强扣在老子的头上。

但老子的描述，表明了他对安居乐业、不求上进这种人性的洞见。

因为上进毕竟是要付出的，要牺牲一些或大部分休闲享受的时光。

按照美国心理学家马斯洛的生存需求理论，老子笔下的众生，在生理需求、安全需求、社会需求、尊重需求和自我实现需求诸方面，都已经达标或完成。

真是令人着迷神往的至境！

但果真如此，那还有西人的“地理大发现”吗？

还有现代金融体系，还有四个现代化，还有外太空探索，还有梦想和追求吗，还有广播电视手机网络吗？

都不存在了！

人类将定格于前老子时代。

表面看，《老子》总是充满了不合时宜，不合西训，不合常理，是倒退、消极、不想作为、不思进取，甚至是荒唐、颓废、自甘人下。

宜大批而特批、大弃而全弃之！

但阅读本章，一定要注意区别两个不同的视角。

一个视角是社会管理者，也就是官员的微观视角。

从社会管理者的角度看，此社会中的众生，都是最高标准的公民，不可能再对他们提出更高的标准了。

这无关乎物质的丰富贫乏，只牵涉精神世界的满足。

人人都满意自己当下的生活，这还不是人生所要追求的至境？

另一个视角是宏大的国家视角。

把望得见的毗邻国家作为参照，让国家小一些，百姓少一些。

这是当代地缘政治理论所要研究和解决的问题。

当代地缘政治理论发端于西方、丰富于西方。但会走向何方，西方还是东方，却也不好说。

所谓的“地缘”，即“地理缘分”的意思。这是个纯粹的汉语词，翻译者真了不起，把西方的内容与中华文化，完美地契合于一体。

说地缘政治理论发端于西方，丰富于西方，是因为西方提出了海权理论、陆权理论、边缘地带理论、生存空间理论和多极世界理论。

海权理论认为海权最重要，谁控制了海洋，谁就能控制全世界。

陆权理论认为陆权最重要，谁控制了地球的亚欧心脑地带，谁就控制了世界岛，谁控制了世界岛，谁就能控制全世界。

边缘地带理论认为边缘地带最重要，谁控制了海洋和亚欧大陆之间的边缘地带，谁就能控制全世界。

生存空间理论认为成熟的大国会不断吸纳周边破碎和不成熟的小国，以扩大其生存空间。

多极世界理论则认为现实世界就是一个分裂的世界，在不同的地区由不同的小国和中等国家组成不同的利益体。

在这种复杂的局面下，安宁而“不发达”和鸡犬相闻的社会，似乎没有存在的可能。

但是，我们前面说到，老子的这些话，要从两个视角去看。

国家之内，是中式的；国家之外，是西式的。

国家之内，要中式的精神世界；国家之外，要西式的行为方式。

因此，我要说：《老子》永远不会过时，过时的只是我们的解读。

我还要说：

权力易得，百姓难治；百姓易服，国家难管。

国家好治，百姓难管；百姓易服，权力难得。

正过来，反过去，都一样。

循环往复，互为前提。

【听雨花园笔记】

哈，我的保护神要回来啦，她不在家，我这里的事就一团糟地都来啦，虽然一如既往都能有条不紊地一一做定，但总搅得我多消耗一些宝贵的营养和细胞。我夜里要去机场接她哦。现在，我刚刚把一桶带有紫红芋皮的洗菜水提到花园来，给继续开花的枇杷、剪去了果实的柚子树、正在积蓄能量准备早春开花的金银花和叶子基本落尽的山楂树、花椒树、无花果树浇一浇水。又把西阳台的西南角收拾好，腾出地方，把几盆种满了乌菜、蒜苗和莴笋的盆子搬到西阳台去，西阳台夜晚比较暖和，上午也有阳光，下午的阳光就更充足了，蔬菜几天之间就能很好地长起来，这样我们就能每天吃上新鲜的蔬菜了。但蔬菜在那里也有个不足，就是在西阳台时间稍长些，蔬菜的叶片都长得较单薄，不厚实，蔬菜味淡，这是阳光不充足的原因，而一直在园子里的蔬菜，虽然叶片厚、菜味足，但因冬天气温低，因此长势慢，个头小。以前冬天时，我们都是把许多盆蔬菜搬到西阳台，一下子吃不完，菜又长得快，就显得不好吃了，今年我想到这个办法，就是每次只搬两三盆到西阳台去，待蔬菜从无保护的环境里突然到了暖和的阳台里，会在一两天的缓苗后，发力猛长，这样我们就可以每天饱餐了。这几盆快吃完时，我们再不断地陆续补充一盆、两盆。如此一来，青菜既不会长瘦、长薄，又能在阳台的暖和环境里长开、长大，哈哈，园长回来一定会批准我的这一妙招！

【原文】

信言不美，美言不信。善者不辩，辩者不善。知者不博，博者不知。圣人不积，既以为人，己愈有，既以与人，己愈多。天之道，利而不害；圣人之道，为而不争。（共57字）（本书引用《老子》全文共5276字）

【译言】

诚实的言语不华丽，华丽的言语不诚实。德行好的人不巧舌如簧，巧舌如簧的人德行不怎么样。有智慧的人不卖弄，卖弄的人不真有智慧。圣人不看重私物，尽力帮助别人，自己更加富有，尽力给予别人，自己就更丰厚。天地运行的规则，是利于物而不害于物；圣人的法则，是帮助而不是去争夺。

【音义】

信言，诚实的话。美言，华丽的言辞。知者，有智慧的人；知，音 zhì“智”，同“智”，智慧，聪明。博，广博，引申为显摆、卖弄。积，积累，保留。既，尽，全部。为，音 wèi 胃，助，帮助。

【重心】

表里不一与表里如一。

【臧否】

部分认同。

【困扰】

事物都要两面看或多面看，我信了。

【智语】

道常无趣，道又魅力无尽；道力大无穷，道又涓涓细流；道感性，道又理智；道寡言少语，道又话唠般滔滔不绝。

【视野】

对古文的解读是与时俱进的。对古汉语的解读，不是一成不变的，也应该是与时俱进的。现代汉语是从古代汉语渐进演化而来的，所以我们现在认识和理解的汉语词意，一定会与古汉语有直接或间接的词意关系。在这种情况下，既不能对古文词意做天马行空、望词生义的解读，也不可严设禁区、不准越雷池一步。

认知《老子》，特别要注重感受性的体会，要遵守“道可道，非常道”的原则，要闭上眼感受它的道理、原则和规律，那就逐渐会产生享受、大满足的感觉。

不要去追求绝对的正确和绝对的真理，那既不可以追得到，也违背了《老子》的原则。“道可道，非常道”，就是告诉你不要徒劳地去追求绝对的东西；就是告诉你不要试图绝对地量化人文社科领域；就是要告诉你大而化之的合理合法性；就是要告诉你世界充满了模糊性；至于你是否遵循，那就全是你自己的事、你自己的爱好、你自己的选择、你自己的脾气了。

我们竟可以选择？

难道世界不是一个世界？

难道天地规律不是一个天地规律？

难道事物不是一个事物？

我们竟可以选择？

世界当然只是那一个世界，事物也就是那一个事物，天地规律似乎也只是那一个天地规律；但通过《老子》我们知道，如果世界只是一个世界，规律只是一个规律，事物只是一个事物，那这种认知，就不是“常道”了。每个人眼里都有一个规律，每个价值观的视角里都有一个规律，每个背景前都有一个侧面，每一个事物都是一个体系。

【听雨花园笔记】

我待在花园里。我穿着园长走时为我准备好的手缝棉裤，这样在书房里久坐时就不会觉得冷了。花园里的果树、蔬菜和其他植物都很安静，静静地享受着阳光的暖意。天气十分晴朗，虽然温度不高，但如果风不大，而又待在阳光下，人的感觉会超好，人会有一种幸福感，有一种尘埃落定的心定感。这是一个消化营养，积蓄能量的季节。昨天，也就是2014年12月16日，我去走读淮河下游的支流白塔河，我起得很早，凌晨不到3点就出发了。省道在低山区转来转去，当我天还未亮来到来安县李官墩村时，我困了，因此把车停在路边村庄人家的门口，呼呼地睡了一小觉。当我醒来时，我的精神十分清爽，天也亮了，是一个很晴朗的天气，看得清天地间的所有事物了。气温在零度上下，车外清冷，但车里很暖和，这使我有一种享受生活的强烈感觉。我不急不忙的，记笔记，看地图，想事儿，心态极其放松，从身到心。当时已经快到7点了，但我停车的这些人家，没有一家起来的，没有一家开门出去做事的。我很有感慨。我要向这些村民们学习，只要有机会，就要无条件地享受这种慢生活！好啦，时候不早了，我要去机场接园长去啦。我离开花园，回到书房里。

第二卷 《老子》之外

这是一本“许辉和《老子》单独在一起”类型的书。《老子》是许辉的《老子》，不是别人的《老子》。别人有别人的《老子》，那也不是许辉的《老子》。譬如胡适有胡适的《老子》，王蒙有王蒙的《老子》，陈鼓应有陈鼓应的《老子》，任继愈有任继愈的《老子》，南怀瑾有南怀瑾的《老子》，奥德修（印度）有奥德修的《老子》，林语堂有林语堂的《老子》，但那都不是许辉的《老子》。许辉的《老子》也不是他们的《老子》。其实，每个人都有自己的《老子》，或者有自己心目中的《老子》。这正说明了“道可道，非常道”恒久的定律。

《涡河边的〈老子〉》，书名泄露了天机和密码。一望而知，这本书是偏性情而非偏社会的，是偏感知而非偏规则的，是偏思想而非偏考据的，是一本散扯、散漫的闲谈书。这本书不是《老子》的文本研究，而是我个人化的感悟记录，是思想随笔。

初读《老子》是在小的时候。我母亲出生在淮北泗县山头镇王沟村一个还算富裕的地主家庭，对传统文化的学习自然是那个时代的传统。我父亲出生在淮北泗洪县梅花镇朱集村一个私塾先生家，虽然家境不甚富裕，但文化学习的条件还是有一些的。因此，中国古代的这些典籍，我小时候多多少少都能接触到一点。

之所以要来读《老子》，一是感兴趣，二是自觉有许多相关的体会和感悟，三是觉得文化的事情很神秘，四是觉得与老庄孔孟都是流域内的乡亲，虽然时间先后，朝代远隔，但都生长于淮河流域，齐饮一河水，共沐一场风，同枕一块土，自会有许多相同或相似的感受、感觉，思想之树的根基，总会有不少类同。

在我父母亲那个年代，念过书的人背诵几段古文是稀松平常的事。我母亲就可以直接背诵古文、教我古文，在日常生活中，他们也经常能够把古文中的智语用到对话和谈论中，以此增加言说的分量。因此，能够认读中国古代经典，只需要小学语文水平。我们现在觉得古文有些难，是由于它并非我们学习的重点。

比照流域学的划分，把《老子》《庄子》《论语》《中庸》《管子》《墨子》等放在淮河流域内言说，这是文化流域学的内容和方法。流域学研究是把流域作为一个整体或一个系统来加以对待，以河流为主轴，主轴的附近有许多子系统，或系统链；这些主轴及副主轴、子系统，各种自然和人文要素，都有明确的地理范畴，边界十分清楚，不会混杂。这真的很好。因为这可以有全方位、多角度、多时空、多学科的叙说空间。依我看，这流域学就是一个神奇的筐，流域内的一切都可以往里面装。这正是我喜欢的大视野、大形式、大思路、大气象和大地域。

老庄孔孟生活在哪里？他们都生活在淮河流域。这是儒、道思想创始人不可更改的一大共同点，也是我阅读管仲、老庄、孔孟、墨翟和《淮南子》的兴趣点、兴奋点。

淮河流域的基本范围，2500年前和2500年后，大致上差不太大，特别是淮河洪泽湖以上的主干部分，自古以来没有大的变化：东至黄海，西到桐柏山、伏牛山、熊耳山、外方山一带，南至江淮分水岭、大别山，北与黄河分界。流域范围由西向东包括现今河南省、湖北省、安徽省、江苏省、山东省部分地区。

小时候看中国地理课本，知道淮河秦岭一线是中国南北自然地理的分界线。那是一个很笼统的知识。现在知道，淮河秦岭一线其实只是中国中东部自然地理的分界线。开车从G3京台高速合徐段走，过蚌埠淮河的时候，能看见桥边竖着大牌子，上书：中国南北分界线。一般人可能不太在意这个，觉得突兀，一头雾水，什么分界线？这是怎么回事？不了解内情。这是自然科学常识的普及问题。

淮河秦岭分南北的概念，是20世纪初的地学家提出来的，这很了不起！因为我们知道，所谓的做学问分两种，一种是知识型的，你掌握了许多知识，什么都知道，记忆力特别好，这很不容易。另一种是思想型的，就是在掌握相关知识的前提下，对纷繁复杂的现象和知识进行归纳总结提炼，拎出前所未有的思想和概念，这是创造，当然最了不起！

就像地理学家胡焕庸，他于20世纪三十年代，提出中国人口密度分界线概念，后来就称作“胡焕庸线”，非常了不起。他的这条线，又称瑷珲腾冲线。就是在中国地图上，从黑龙江的瑷珲（现为黑河市爱辉区）拉一条线到云南腾冲。这条线的东部，是人口密集区，这条线的西部，是人口稀少区；这条线的东部，还是农区，并是汉民族聚居区，这条线的西部，也是牧区，是少数民族聚居区。多么简洁明了。多么了不起！

但淮河是一条低于两岸土地的水流，不像秦岭等高山，能阻挡风云寒暑，它真的能透露大自然隐藏的秘密？真的能！淮河是亚热带和暖温带的分界线。淮河是中国东部冰点分界线，到了零摄氏度，淮河以北所有的水体都可能结冰，淮河以南较大的水体都不会结冰。淮河是竹子、橘子和乌龟生长的北界，是高粱生长的南界，在自然界中，过了淮河，这些动植物要么消失，要么品质会下降。生活在这里的我，能非常细微地体会其中的差异和不同。

据说“地理”一词最早出现在《易经》里。“仰以观于天文，俯以察于地理”（《易经·系辞》）。在古人的观念里，那时还似乎是把天和地分开的。天在上，要仰观，地在下，要俯察，符合实际的生活经验。不过也暗含一种“互文”的意思在里面。内中的意义在思维的层面某种条件下可以相互通用、置换。

就像“智者乐水，仁者乐山”，转而“仁者乐水，智者乐山”一样。聪慧的人喜欢水，喜欢像水那样的灵动、活跃，仁德的人喜欢山，喜欢像山那样的稳当、沉静。聪慧和仁德都是精神顶层概念。如果我们把聪慧和仁德都理解为泛指，那一切通道就都畅然了。当然，这某种意义上只是指它们暗含的意义，惯常而言，字面上尚不宜于置换。因为毕竟在实指层面，智和仁、上和下，是有区别的。

秦岭淮河南北分界线，以及淮河地理历史文化的点点滴滴，都是我一直十分注意、想方设法尽多了解的。一方面，这一分界线与中国思想、文化、历史、经济等方方面面的发展关系重大，另一方面是因为我几十年生活、活动在淮河两岸。低头不见抬头见，或抬头不见低头见，深受它的影响。

一个人生活在哪里？那里有什么？它与周边的关系是怎样的？它的过去是怎样的？以后会如何演变发展？这都是我们自然而然要关心的问题。否则，找不到自己的位置，找不到自己的过去，也很难找到自己的将来。人会因此而过得稀里糊涂，过得心里不踏实。

但是，沿着秦岭淮河划一条线分南北，到底有什么意义？有时候我们会觉得那不过是一条线，便于考试和学习。但这条线的确承载着许多许多关键性的东西。比如现在气候有转暖趋势，淮河南北分界线实际上可能会北推一个纬度，大概是111公里左右，北推到徐州、郑州一线。这时候农业专家就要关注了。这一个纬度内农作物品种、农作等的直接适时调整，以及南北毗连区大面积农作物生产的间接调整，会给农业生产带来巨大变化，也可能会在某种程度上改变国家农业政策，甚至还可能改变世界粮农生产中远期趋势。如果是一个小的国家，这甚至可能牵扯到这个国家的政权更迭。

淮河流域与“中原”的概念有很大的重合之处。中原是哪里？历代的范畴多不一样。一种是早期的地理范围，指某地的一块原野。一种是文化地域概念，指黄河中下游地区。又一种指现河南及周边地区：河南（平原区）、河北南部、安徽北部、江苏北部、山西大部、陕西小部，即中国中部的平原地区。还有一种指中国东部的平原，也就是洛阳以东的平原地区，因为古代洛阳地区曾被称为“天下之中”。另有一种指长江以北、燕山以南、太行山及秦岭以东直至大海这个区域，这一个广大的地区都是中原。淮河流域总是全部或大部分在中原的范畴之内。

涡河是淮河中游一条主要支流，其流域是纯平原区，跨今豫皖两省。现河道长度为423公里，上源为运粮河，发源于河南省开封以西、黄河南岸大堤堤脚，大致东南向流，经河南中牟、朱仙、邸阁、太康、玄武、鹿邑，安徽亳州、十九里、大寺、沙土、义门、涡阳、高炉、西阳、蒙城、龙亢、河溜、怀远，于怀远县城东北注入淮河。

由北而南，黄河是社会之河，它的流域出政权、军事和制度；淮河是人文之河，它的流域出哲学、思想和理论创新；长江是经济之河，蜀渝、两湖、江西、皖苏、沪浙，都是富庶之地。强大、成熟的文化都出自流域平原、沿河平原或微丘地带。法国历史学家布罗代尔表达过这样的意思：文明可以在水平线上扩张，却没有办法垂直扩张，两三百米都不行。所以流域内的平原地区值得特别重视，因为那里正是出文明的地方。

文化是过程，文明是结果。为什么流域内易于生成独特的文化圈？就因为流域的相对封闭而导致人文元素的趋同。为什么附带平原的大中型流域易于产生灿烂的文明？就因为附带平原的大中型流域内的人地关系、人人关系既具备开放性的充分交流的条件，也具备约束性的系统性和整体性。河流附近的河谷、平原形成一个交流充分的完整体系，在这个大系统中，交通体系、经济体系、语言体系、风俗体系、价值体系、饮食体系等等，皆由于交流的充分而趋于相同，也由于竞争和碰撞得充分而出新出彩。

老庄孔孟的文化不是山区文化，不是海岛文化，不是沙漠文化，也不是牧场文化，是亚洲东部的平原河流文化。自北而南，孔孟生活在泗淮平原，老庄生活在涡淮平原，管仲生活在颍淮平原，《淮南子》作者生活在淝淮平原。这些地方，都是现今淮河平原的一部分，也都是自古以来淮河流域的组成部分。曲阜、邹县，包括现在泗水县域的大部分，都是平原地貌。泗水县城南偏东有低山，应该是沂蒙山的外缘，据说孔子就是在泗水县东南部的尼山出生的。泗水县东部是沂蒙山，但从泗水县城起，以西都是大平原。越往曲阜、邹县、兖州方向走，越平原，略带紫红色的沙土厚壤，种啥长啥，十分富沃。

把《老子》放在淮河流域背景下阅读，是要寻找、还原它的地理土壤；把《老子》放在散文随笔的形式下阅读，是要恢复、还原它情感和日常俗世的氛围；把《老子》放在当下的时代底质前阅读，是要感受、还原它恒远的意义。

以上老庄孔孟等代表的河流平原思想文化是抽象非物质的，更高级，有更大的普适性和包容性。有些文化则不是，譬如徽州文化和敦煌文化，这些文化形态是近几十年来的“显学”。徽州文化是山区商贸文化，敦煌文化是沙漠宗教文化。但由于不具备充分的交流和开放性碰撞条件，这些山区文化或沙漠文化都以物质化为主要特征，难以带来普适的意义。

文化的生成、发展、扩大，总是呈现圈的特征，即总是由最内圈向外一圈一圈扩张。这个圈可能是圆的，可能是椭圆的，可能是心形圆，可能是茄形圆，可能是水滴溅式圆，还可能是各种不规则的圆。“圈”的意思是没有直角或棱角，是文化水特质的形象化。文化圈概念符合地理的时间空间特征，因为中心点到达周边各点总有一定的距离，需要一定的时间。文化圈概念也符合社会传播特点，因为文化传播需要相应的资源和媒介，资源和媒介不同，会形成不同的梯次。文化圈概念还符合人类心理特色，因为对信息的分析、接受、出口需要不同的对象、不同的环境、不同的时间。

淮河文化不是单一的文化圈现象，而是多文化圈形态，是一种复合型的文化。或者说，淮河文化是由一些特色鲜明的文化圈复合而成的。任继愈先生谈论儒道墨时说，老子这一派和墨派、孔派的不同之处，就是老子这一派不积极向当权者靠拢，而是采取了不与统治者合作的态度。由此可见，这些文化圈的思想价值观差异十分明显。

但这些文化圈都十分强势，都最终走向了世界。这反倒让人觉得淮河流域未曾有一个大的高度同质性的文化。这其实是一种错觉。生活在淮河流域的人们都坦然接受儒道价值观，亦无须分辨何为儒，何为道。因为某种意义上，儒中有道，道中蕴儒，道儒重叠。如果从文化圈视角看，淮河流域内的儒道各点是中心点，文明一定是在中心点结晶后才能向周边、向世界扩散。即先有圈子，后有时代。圈中心点的浓度最高，离中心点越远，浓度越低。这就说明，淮河流域内思想价值观的主流有同质性。但淮河文化的深层同质性在哪里？又如何成为条理性资源？这正是我渴望了解的东西，也是我努力探索的方向。这种工作的终极目标并非仅为得出一个概要性的结论。过程中的经验和内容，才最为重要。

什么是文化？由于无法说清，所以只能笼统地说，与人类沾边的一切都是文化。因为文化是人类的文化，不是他者的文化。当人类的目光没有打上月亮，或月球上空无一人时，月球不可能有文化。可是当人类把目光打上月球，或月球上上去了一个人，在那里走走、看看、坐坐、摸摸，月球就有了文化，即人类的月球文化。因此，文化就是“人 + X”。人与什么结合，就是什么文化。人与农业结合，是农耕文化；人与沙漠结合，是沙漠文化；人与饮食结合，是饮食文化；人与海洋结合，是海洋文化；人与牛羊结合，是游牧文化；人类的性行为，是性文化。这不是关于文化的定义，这只是关于文化的附议。

审视文化有多种视角。从性别角度看文化，能看出不平等；从战争角度看文化，能看出强弱；从地缘角度看文化，看到的是渗透和影响；从资源角度看文化，能看出贫富；从地理视角看文化，更易于得出文明难上山的结论。

对中国人思想影响最大的三大本土著作，一般认为是《老子》《易经》和《论语》。据说联合国教科文组织统计，全球被译成外国文字最多的著作，第一是《圣经》，第二就是《老子》。台湾学者陈鼓应也说，早在1350多年前，老子的书就被译成外国文字，那是唐太宗时代，高僧玄奘与道士成玄英等将《老子》译成梵文。《老子》现在共有640余种各种文字的版本。老子也被相关国际组织列为世界百位历史文化名人之一。美国《纽约时报》还把老子列为世界十大古代作家之首。

研究《老子》的学者已经对《老子》做了基本的梳理。《老子》研究专家们说，《老子》是中国历史上首部完整的哲学著作，又名《道德经》《道德真经》《五千言》《老子五千文》。我们现在见到的《道德经》，战国时韩非子称为《周书》，秦时《吕氏春秋·注》称为《上至经》，汉时则直呼《老子》，《史记》说“老子著书上下篇，言道德之意”。《老子》是早期的叫法，而《道德经》是后来的称呼。

至于作者，《老子》更可能由作者、注者、抄者和传者共同撰写。原文上篇《德经》，下篇《道经》，不分章，后改为《道经》在前，《德经》在后，并分为81章。这都有后人的脚迹。

《老子》多为韵文，或就是用韵文书就的一篇哲理诗。共约五千言，81章，分上、下两篇，前37章为上篇，后44章为下篇。上篇起首为“道可道，非常道；名可名，非常名”，故称《道经》；下篇起首为“上德不德，是以有德；下德不失德，是以无德”，故称《德经》，合称《道德经》。

但这些分章标点之类，均为后人臆定，并非原作固有，当然也不能肯定原作就完全没有。因此后人对《老子》的解读，空间非常大，对原作的丰富，也在一直不停的进行中。唯一可以肯定的是：后人的解读，永远是后人的解读，永远不可能完全是原意，也永远不可能完全不是原意，永远不可能与原作完全匹配，也永远不可能与原作完全不匹配。

王鸿生先生关于老子和《道德经》的论说十分精到。他说：“相较而言，春秋时最先涌现的道家学宗老子曾是周的太史，属于天子的近臣，在周官文化面前处于比孔子更高的立足点上，对败落期的周官文化有细致的观察和近距离体验，对周初圣王精心打造的周礼文化历史运行的结果，甚至达到了失望的地步，因而才辞官述道。这与孔子在野却拓道求官的人生轨迹恰好相反。与儒家相比，道家不再以理想的态度对待以伦理价值为基础构造的政治文化，对不完美的社会现实也不再抱苛求的态度，其价值理想更崇尚自然，参政致治的情怀明显减弱。在传统中国政治中，道家的影响虽不占主流，但始终存在。究其根本，恐怕在于其学真正发轫于离权力较近的平台上，能够平视权力，对伦理价值不再执着，对权力的心态是进退自如，既可立朝班之侧，亦可处江湖之远，不似儒家“‘居庙堂之高则忧其民，处江湖之远则忧其君’，始终与政治权力忧乐共舞”。（《历史的瀑布与峡谷——中华文明的文化结构和现代转型》，北京，中国人民大学出版社，2007年6月第1版，P108）

儒道两流，似乎一入世，一出世，一具象，一抽象，一阳刚，一阴柔，一政治伦理，一哲理神思，其实两者并非截然对立，却正好是事物的两个方面。也正由于在同一流域产生此两大思想奇葩，才使人们对淮河流域的神奇愈加心向往之。

老子是哲学的，那么抽象。孔子是社会学的，如何规范管理社会。庄子是文学的，浪漫而虚飘。墨子是工科男，就不那么灵动了。

《老子》五千言，前人已有无数语言、文史成果。所以对《老子》有兴趣的人，只要多花点时间，稍下点功夫，多读几本相关著作，一般都能对《老子》有个大概的了解和掌握。虽然有可能读错一两个音，点错一两个标点，但并无大碍，谁都不可能、更无必要垄断有关知识。重要的是在语言文史知识上对《老子》的个人化理解，更重要的是对《老子》思想多元、独特和创意解读。这看起来容易，因为每个人都会有自己的见解，但由此高下立见。知识和文化的积累，也就是这样完成的。

有人总结说：中国传统社会以儒治世，以道修身，以佛养心。这都是“经验”之谈。宋人说半部《论语》治天下。我想说：一部《论语》治天下，半部《老子》修人生。每一本书里都有智慧，但每一本书里都没有全部智慧。而《老子》这本书里有比较多、比较深的智慧。

与《论语》相比，《道德经》文字稍难一点，内容也稍不容易明白。《论语》是日常生活中的价值、规范和道理，文字浅显，有生活气息。这既可能是两千年来我们不断学习、理解和接受，那些道理已经成为我们日常行为准则的缘故，但也可能正由于最初《论语》的“通俗易懂”，促成了它在管理层和社会生活中的普及与接受，成为正统的学问。

我曾试着在不同的时间、不同的地点，读《老子》，体会是否有不同的感觉。上世纪 60 年代在家里读《老子》，没留下任何感受和记忆；上世纪 70 年代后期在安徽大学校园读《老子》，只觉得深奥；上世纪 90 年代初在合肥四闲阁读《老子》，最关注知识问题；2011 年在北京铁道大厦开会读《老子》，内心浮躁；2012 年 10 月国庆假期在巢湖中庙善水轩读《老子》，做笔记，似乎已有自解；2013 年初春在东淝河附近炎刘镇宾馆读《老子》，已觉流畅；2013 年 11 月在印尼雅加达、泗水读《老子》，并无异样；2014 年在台北、日月潭读《老子》，浮想连连；2015 年洗浴后睡觉前在香港宾馆房间读《老子》，不觉间已做了近千字笔记。

冥冥之中的事很有意思。2011 年我们在巢湖北岸买了一间湖景房，原本是想留着节假日没事过去住个一两天的。2012 年国庆节，我和董静第一次到那里去住一住。我带了《老子》和相关专著，没事就躺在客厅沙发上阅读。读着读着，竟开始产生联想。我想，应该给这间湖景房起个书房名，就叫“善水轩”吧。一方面这房子临湖面水，另一个主要的方面，是《老子》的思想多与水有关，水是老子思想的主要依托之一。后来要集中写《涡河边的〈老子〉》，最初打算在淮河流域的环境里写，因为毕竟淮河流域才主要是老子生活过的地方，在那个环境里，多少总能感受到老子或《老子》的一些气息。但是阴差阳错，《涡河边的〈老子〉》

偏偏没能在淮河流域写作，反而大部分都是在长江流域巢湖岸边的善水轩写的。本来如此，原来这般，顺然而然，应然而然，自然而然，许多事情，冥冥之中，也是说不清的。

《涡河边的〈老子〉》，是我淮河流域经典研读的第一本。这本书既然主要是个人化的对《老子》的感悟，就打算以现代思想和理念观照《老子》，同时突出淮河流域文化特色以及我个人的语言文学风格。以上大概就是这本书的一点点特色。

通过对淮河流域方方面面的言说，梳理出一种大而泛之而非定义式的文化轮廓，继而从淮河流域这一具体的平台上汲取思想、观念、道德和方法资源，兼容并蓄，或可有利于我们思想及精神的塑造。最主要的，是我想有一定的对自己的制脑权。这是我打算写这几本书的一个初衷。

期望这些以淮河流域为地理和文化范围的读书、写作，能逐渐谈出点淮河的文化特征来。谈淮河的文化特征，似乎不一定能谈得清楚，或一定是不能谈清楚的。但谈淮河流域的地理特征、气候特征、民族特征、饮食特征、历史特征、语言特征、服饰特征、生产特征、流民特征、民风民俗等等，却很容易谈得清楚。这些分类就是文化的分类，把这些分类施加于淮河之上，大约、可能、也许，就是淮河文化了。

《涡河边的〈老子〉》中《老子》原文、译文主要参考的专著，一是中华书局陈鼓应的《老子注译及评介（修订增补本）》（2009年2月北京第2版）；一是上海古籍出版社河上公王弼注、严遵指归、刘思禾点校的《老子》（2013年12月上海第1版）；另有上海古籍出版社任继愈的《老子新译》（1985年5月上海第2版），贵州人民出版社沙少海、徐子宏的《老子全译》（1989年8月贵阳第1版），黄山书社范永胜译著的《老子》（2011年1月合肥第1版），上海辞书出版社赵荣珦的《老子道德经语法读本》（2013年10月上海第1版），中华书局饶尚宽的《老子》（2006年9月北京第1版），中华书局陈梦家的《老子分释》（2016年9月北京第1版），商务印书馆陈高傭的《老子今解》（2016年6月北京第1版），上海古籍出版社陈剑的《老子译注》（2016年1月上海第1版）等。《老子》原文的引用主要依据上述陈鼓应《老子注译及评介》，但文内标点符号使用、分段及部分文字则参考了其他版本，并以我个人的理解作了取舍。译文则在充分理解原文的基础上更追求准确化、个性化和文学化。

第三卷　涡河边的老子，涡河边的我

风雪天静宫

过了年，时序还在正月里，“雨水”节气却来得特别早，农历才正月初九，公历才2月18日，“雨水”就到了。“雨水”的节气，下的却不仅仅有雨，还有雪，暴雪。

这一天早晨是阴天，上午更阴，中午开始下小雨，下午飘小雪花，继而又下起了小冰粒，然后飞起了所谓的鹅毛大雪。

涡河是淮河的大支流，从安徽怀远县城附近入淮。涡河流域的涡阳县，大点儿的路实在太坎坷，多次前往，都视为畏途，还有一次，好好的路突然断掉，急刹车也刹不住，车底盘砸在水泥路缺口上，真是可怕！但通往村庄的路，有沥青的，有水泥的，有土石的，虽然不宽阔，但都较平坦，车在上面走，还真轻松悠然。孟春季节，冬小麦尚未返青展叶，视野却是极宽敞的。如果你能体会淮北平原的内蕴，你的视线就能自然而然地穿越平原上的村庄、树丛、河堤、坟堆这些有一定相对高度的地物，对它们熟视无睹，看往极远极远，远到无极。这其实是一种心灵或精神、思维的视线。

涡阳县城居涡河南岸，山北为阴，河北为阳，涡阳似乎应该叫涡阴才对，不知涡阳命名的内里有些什么缘由。在中国传统文化里，昼为阳、夜为阴，天为阳、地为阴，时间为阳、空间为阴，山南为阳、山北为阴，暑为阳、寒为阴，山为阳、水为阴，日为阳、月为阴，南为阳、北为阴，男为阳、女为阴，凸为阳、凹为阴，等等，都很好理解，因为这大多与阳光、硬软有关。但为何河北为阳呢？我想这可能是因为非人工的河流，水面都是切流于地面以下的，在北半球，北纬23.5度左右北回归线以北，阳光从南方斜射而来，河岸会形成阴影，因此河南岸为阴，而河北完全暴露在阳光普照之下，因而为阳。这是中原文化的地理基础。如果在南北回归线以内，那就没有这个问题了，或者不会产生这种文化了。因为阳光在某个季节会直射而下，直射时，就都是照射得到的，就都是阳的，没有阴的、阴影的。

关于河南河北阴阳的另外一种说法也十分有趣，说中国位于地球北半球，地面上物体运动受地转偏向力影响会向右偏，而我国的河流又大都是东向流的，因此一般情况下流动的河水就总是会把河的南岸打湿，因此河的南岸就阴湿阴湿的了。

天静宫在涡阳县城城北5公里的郑店村，这里距古称谷水的武家河入涡口约1公里。天静宫是道教的宫观。车停在天静宫整齐阔大的南广场上。冰粒后的雪花飘舞而下，逐渐模糊了视野里的村舍、道路、冬麦地、杨树和刺槐树。第一次来天静宫，是20世纪八十年代，那时的天静宫，破败不堪，和隔壁的普通村庄，鸡犬相闻，也相往来，相连互通，更没有围墙诸物。1990年代，天静宫翻新扩建，蔚为大观。可也失却了野趣，不太能找得到老子出生地的“原始面貌”了。

当然，这个所谓的“原始面貌”，只是人们一种怀旧的情结。老子的出生地，总在涡阳、亳州、鹿邑这左近吧。这些地方，约略都是平原。放眼一望，平原中有水切下地面，有树生长于莽苍，有人迹断续于离草荒茫。我最喜欢关于老子出生的那些传说，说老子的母亲理氏在村头水里洗衣裳，望见从上游流下来一个黄澄澄的大李子，她捞了放在岸边的石头上，口渴时吃了它，就怀上了老子。母亲怀老子81年，生下一个白眉毛、白胡子的小老头，生下来就会说话，能看世界万物，更会思维，有头脑，这就是老子。

老子生下来都这么老了，他的名字就叫老，或者他就姓老。“子”呢？子是古人对有知识有学问的人的尊称，所以老子后来就叫“老子”了。老子可能又姓李，叫李耳。叫耳，是由于他的耳朵大，耳朵大的有福，有帝王相，中国民间都这么说。姓“李”呢，是因为老子生下来时，看见他家院子里有一棵李子树，他就自作主张，指着李子树说：“我就姓李吧。”在古代社会，男尊女卑，女人要么听父亲的，要么听丈夫的，丈夫不在了，就听大儿子的。既然老子说了，她又没有丈夫，就听儿子的，就让他姓李，老子就姓李了。

在封邦建国的时代，那些不一般的人物，都不是一般的人。例如所谓天子，那是上天之子，不然怎么可能统治芸芸众生。除帝王外，那些太有创造性的智者，像老子，也都一定不是凡人，而是神灵之后，不然就不能解释他们非凡智慧的出处了。相对于凡人的世界，上天和神灵，那是正统，而凡人出于正统，才能名“正”言顺，顺理成章。

淮北平原上的雪越飘越大，视野里和天静宫南广场上，人迹已绝，飞鸟不现。阴阳转换之间，晨曦晃眼，整个淮北大地都铺上厚厚一层白雪。今春这场雪可下得真大，不见水，不见地，不见村落，不见车辆，不见城镇，不见观宇，不见万物，这正是天地不仁、以万物为刍狗的典型写照。我拉开车门，推开堆雪，走到车外。白雪的世界上，天地万物间，唯我独尊似的。呵呵，李耳，你不过是抽象了你所眼见的物质世界罢了。呵呵，罢了，罢了，呵呵，呵呵。

在怀远县河溜镇涡河渡口看河北岸麦田记

2月初，冬小麦尚未返青，从涡河河溜津口的这岸望过去，北岸的小麦厚实浓绿，让人涌起更多的愿望和想象。今年淮河流域的冬小麦都很棒，我的小麦情结也更旺盛了，整个意识里都是平原性质的，甚至是冬雪覆盖之下有一个戴棉耳朵帽的老农从雪地麦田趟过的场面。这是一种习惯性的记忆。我们姑且认为两千年以前整个华夏的中东部尚未普及冬小麦的种植，那么隆冬腊月覆盖裸土的会是何种农作物？水稻不可能，水稻需要水和较高的温度；小米（粟）吗？小米是春季才种植的旱粮；玉米和红芋？它们虽是旱作农物，可那时也都还没引进呢！但到了曹操的时代，他就已经严格要求手下官兵不要随意对麦类加以侵犯了，“士卒无败麦，犯者死”，侵犯了麦田里的麦，就得死！为了一种农作物，在某种情况下，人命变得不值钱，变得贱了。当然，这里的“麦”只是一种“引子”，引出它是要确立一种威权，是要保证一种民心战略的成功，是要留一条“后路”，是一种长远的眼光。

但并不了解曹操时代“士卒无败麦”句中的“麦”，是大麦，还是小麦，是宿麦即冬麦，还是春麦。曹操活动的主要区域，是江淮特别是淮河以北地区，也即旱作区。传统上后来生长着冬小麦的北方旱作区，要比长江以南种植水稻的水田区，政治和军事上有更强悍和强势的基因与天分。为什么？我至今仍未找到能令我自己信服的完整原因和理由。隆冬季节，我们曾专程驱车去苏北的扬州、泰州、淮安和南通地区直到黄海看冬小麦在当地的种植情况。上述地区在纬度上基本仍属江淮之间，稻麦间作以稻为主的特性有点儿明显。当我们从江北与南京擦肩而过时，一个一直困扰着我的老问题立刻又蹦了出来，即南京的、南方的政权为什么总是不长久或“偏安一隅”的？为什么总是在走下坡路的？当然，这和种不种、能不能种冬小麦似乎没有直接的因果关系。但这种历史的境况却总是存在的，这总是一个问题啊。而旱作区的“黄帝文化”一直和最终成为了“正统”。这里或有许多的“道”或“道理”值得探讨。

在怀远双沟到河溜的涡河南大堤上

涡河河堤宽坦而宁静，阳光下的麦苗在刚刚立了春的河滩里慵懒地伸展。一位着灰棉袄的淮北老汉，赶着超出想象的一大群绵羊（大约百余只，在淮北地区这绝对算超大的一群），在河堤里让它们慢慢儿地晃着、吃枯草。

涡河此刻是安澜的。

但如果夏汛来得早且大，河滩地里的麦子就很难保得住。这叫人想起来有点儿心里疼。

河堤外是更宽泛的慵懒的冬麦田。我想象我能轻飘了轻飘了隐逸而去……呵，我这隐于“野”只是一种小小的小小的隐呢……隐于市，或隐于党政机关，才算得上中隐或大隐吧？隐于冬麦田自然不会再有酒喝，好在杯中物并非我之所愿。或者让我化为老汉手鞭下一只埋头啃草的小羊更为可取：间或偷吃几口田里的麦苗，那种甜滋滋的味道，一定特别可口、可情、可心。其实心隐了，也就是隐了，不在乎别的。再说隐不隐的，或致力于素食，当下实在已经不那么盛行了。我还是向西南走我自己的路吧。

涡　河

5 月 28 日夜下了较大的雨，早晨雨暂时停了，我凌晨 4 时多离开酒店，前往河南省鹿邑县玄武镇。天渐渐亮了，空气清新，树木也都鲜亮。这一带，田原里这段时间持续的黄黄的小麦颜色，时常被鲜绿的颜色代替，甚至是绿色占上风。这不是因为小麦已经收割。淮河以南的小麦才正在收割，淮北北纬 34 度还没有到收割的时候。这说明这里农作物的构成发生了一定的变化。但田地里的绿色到底是什么植物，我还不知道。时断时续的雨、淡淡的水汽、泡软了的田地，都防碍我轻易地知道田地里绿色的农作物是什么。

玄武镇有两座涡河大桥，一座老一点的桥在东，是 S210 省道的过河桥。桥东的河道里似乎并不利落，总感觉流水不畅，虽然看不见，但水里好像有许多沙滩和暗岛。由老桥过河北西转，沿河堤去往西桥。堤外有村庄，是桥北行政村，村庄里有拟古的建筑，起初以为是道观或景点，近前去看，才知道就是普通人家。约 1 公里路到西桥。西桥是一座新桥，从桥上西看，河床里土堆土埂似乎更多，河道总有被阻断的趋势，水倒是清凌凌的。桥东的两桥之间，正在进行“通航工程”，所以无水，河床被挖得有些深，还没有完工。河两岸多为杨树；另有少数几棵泡桐，这在淮河的许多支流上已经不容易得见了。

玄武镇可不是个小镇，虽然雨又大了起来，但玄武镇长长的街道两边，仍支起了许多摊点和物资，看样子赶集的人又不会少。由玄武镇南进入 S210 省道南行，田野里到处都湿漉漉的，麦穗看上去都沉重得很。路上还是有不少收割机冒雨往南开，大概是要去淮河干流或淮南寻找机会、碰一碰运气，不过也许是事先联系好了活儿的。过李古洞小桥、李古洞馍店、十里香饭店，过大白庄，约 4 公里后到盆刘庄。从盆刘庄左转东行，这里的小麦又占据了地物的优势，乡道两边连片的麦地里小麦都湿漉漉地半低着或稍低着头。呵，雨最好是不要再下了好不好，再下小麦就要减产了。

过梁楼公墓，这公墓就是在路边地里砌了个几百平方米正方形的围墙，围墙约1米高，漆成了深蓝色，对着路有一个简单的门楼，上面写着公墓的名称，略显得有点草率。到小厂，这是个小集，过集中心是看上去很怀旧的辰光小学。出小厂集，过哥俩好饭店。田野里有少数麦子倒伏了，让人忧虑。过刘佰纯村。清早，天气凉意尚浓，路上的人和村里的人都穿着夹衣、雨衣。

从盆刘行9公里到穆店乡（当地人多写作“木店”）。涡河从穆店乡西北流来再往东南流去。穆店涡河桥在乡集北，大致南北向。河道里流水显得较深，近期连续两场较大的降雨，一定为涡河增添了不少体量。河水仍较清净。小雨中，桥栏上悬挂的红布条幅上写着“太空肥，肥万钾，肥万家，卫星搭载，替代追肥，促花坐果，抗病增产，高抗重茬盐碱”。路面和桥面上都是沙子或沙土。黄河泛淮对涡河的影响很大。在濉河见到的沙土就很少，甚至可以忽略不计。但黄河故道就在濉河以北不远几十公里的地方，不知道为什么濉河会是另外一种情形。

过穆店桥后，涡河转东略偏南流。顺涡河南岸河堤东行，下穿永登高速公路桥。河滩里都是沙土。河堤路面上坑洼积水，右手南侧河堤下的麦田里时不时见得小片倒伏的小麦，这不是我想见到的景象。雨时断时续地下。道路和河流之间的距离也时大时小。过黄庄行政村公墓，左手还是那种模式：一个围起来的小块地方，大约几百平方米，里面栽了几排小松，围墙1米高下，漆成了深蓝色，围墙里没有一座墓或碑，面路有一个简易的门楼子，上横字是“黄庄行政村公墓”，有对联，上联是“辞世逸仙境”，下联是“入梦养天年”。

河堤较低矮。过小薛行政村公墓和关庙行政村公墓，两公墓并连。小薛行政村公墓简易门的对联是：立德齐古今，存厚传子孙；关庙行政村公墓简易门的对联是：紫气盈福地，祥云拥洞天。都是拉了1米高的墙框子，都漆成了深蓝色，里面是正在成熟的小麦。总体感觉这些公墓都是临时性的，过于草率。

过阎楼村，过解堂，过赵楼，过刘堂液化气站。过刘堂小学，几间挤在一起的房子，一个极小的小院。麦田都是沙土地。接近鹿邑时有乡村酒店，广告写道：猪头肉，蒸面条。不知蒸面条是什么好吃的。到鹿邑，想起鹿邑的夹烙馍，那是相当的好吃。烙馍都是两张，但里面夹的菜可荤可素，夹肉的，5元，夹素的，3元，荤的是猪肉，素的是绿豆芽等等。

东行进入G311国道，鹿邑城附近称为紫气大道。过王庄、李庄、马庄、大陈庄、八里庙，约3公里到太清宫镇。太清宫镇可能是老子的出生地之一，路北有太清宫，路南有老子文化广场。涡河在太清宫镇北约2公里处由东而西流去。

继续沿G311线东行，过中央粮食储备库河南鹿邑直属库，过蒋营，左转北行，进入村道。地都下透了，都是沙土地。左手有大片的泡桐树，树下一行一行的，种了绿色的植物，仔细看去，原来是芍药。安徽亳州、河南鹿邑这附近，是中药材种植基地，怪不得看到许多田地里不是当下黄熟的小麦色，而是青绿的颜色呢。再看看地里还有什么不是小麦的植物，有玉米、红芋，还有一些叫不出名字的植物，大约都是中药材。1.5公里到涡河。涡河堤外到处都是沙土，涡堤也是沙堤，距地面2米上下，并不高。

由G311线东行过吕庄，进入皖境。过十八里铺镇，涡河几乎就在左手路北数十米处东去。接近亳州西郊。左转北行，由G105国道上涡河大桥。在这里涡河已较宽展，河道的浅水里有些养鱼的网箱，还有正在网箱附近工作的小渔船，在水里划动。

过亳州，从岳桥上S307省道，东偏南行，1.8公里后到十九里镇。在镇里买了一大块卤猪头肉，且行且啃着。左转进入X007县道，东偏北行，过济广高速立交，过沈营村，地里的辣椒和地头的黄花菜都长得旺盛。时有小雨。到涡河大寺闸。这里有船闸和大寺枢纽浅孔闸，浅孔闸为2006年12月建成。涡河到大寺这里水量已经颇大，上下游的河道都较宽阔，两岸堤树密布。浅孔闸正在放水，声势不小。

过涡河闸右转东行。过大寺乡，过元升环保新村。地里的绿色又压倒了正在成熟的小麦黄。有玉米，红芋也不少，还有多种认不出来的中药材，无法细辨。过田大村，过田沟小学，涡河在路南不远处与路相邻东行。有河流穿过县道，流往涡河。这段水泥路面比较平坦，路两边和附近田地里种满了杨树，遮蔽了路面的天日，使路面显得幽暗；几位老太太搬了小板凳坐在村外路边说话，想必也没有多少车辆行人叨扰她们。地里几乎看不到小麦了，这里一定种了多多的中药材和春夏作物。

仍在X007县道东南行。过孝大中学，过联合饭店，过大杨楼备料场，过孔庄小学，到沙土镇。涡河就在镇南。雨停了，有许多燕子低空飞翔。有一只燕子迅疾地从车后顶上往车前窗低空掠过，它突然出现在车前窗，惊得我怕碰了它。右转南行上涡河堤。堤很浅，树又多又密。堤右即堤南是河滩和河床，堤左即堤北是沙土镇的村舍。

回到X007县道北行或东行。沙土镇附近有多条小河南流入涡。过沙土镇后田野里的小麦又占了优势，成为农田里的主角了，扫眼望去，满目皆黄，全是小麦。过闫楼学校，过王汉桥闸（刚竣工的新闸）。东行，然后转西南行。过董庄、姜桥、周桥，过涡阳县互利种植专业合作社、涡阳县锦晖食品公司、陶赵村卫生室，到义门镇。

义门镇可真不是个小镇。镇南有涡河大桥，河道弯曲，河水显得宽深，河里有运输船行驶，两岸则堆青垒翠。义门镇跨涡河两岸，镇区规划也算得上宽敞、整齐、有条理。至涡河南岸，左转进入S307省道，东行，25公里左右到涡阳县。涡阳县城北有涡河船闸和节制闸，这里水面平阔，水势显得浩大，船闸里则多是运沙船。

由涡阳枢纽至涡河北，右转进入X019县道，东行，过刘楼社区卫生服务站，转东南，再转东。路北有涡阳县重点文物保护单位“台寺遗址”，碑文上写明此重点保护单位为“一九九〇年十一月二十五日公布”，“涡阳县人民政府立”。过赵楼，右转南行。过高耿，至席楼，左转东行。天开始发亮了，此时已过午时，气温宜人。小麦正在干、黄、熟。好不容易从憋屈的县城里转出来，又见到舒展开来的黄熟的麦原，心胸也顿然开阔起来。

过青阜铁路立交。过涡阳县涡北街道涡东社区党支部、社居委。涡北街道的郑店村据说就是老子的诞生地，可能是老子的出生地之一。这一天是公历2013年5月29日，农历四月二十日。路边一户人家正在为一位叫“纽长林”的老人办丧事，涡阳某演艺公司在路边搭了台子（大篷车），唢呐吹着清亮的哀曲，曲子响得很远，吹得人心酸。这一路不像在濉河等地，一个婚礼的场子也见不到。在乡村，选日子还真有点那个呢。

下午2时11分，过闵子料场南转，从杨楼村东转，过党支部、村委会及卫生服务站，过杨寨，依然是小麦平原，依然是X019县道。到赵窝村转南再东，过“赵沃卫生室”路牌，前行不远，县道突然被挖断，原来是在修路。掉头回到“赵沃卫生室”路牌，南行，进入村庄。道路难行，泥泥水水，在庄里东拐西钻，一群妇女七嘴八舌地为我支招。离开村庄，又看见麦原和涡河了，再次快乐起来。

从何楼上涡河北岸的小土堤，东行。河堤低矮。过马沟涵，左转北行下堤，由高炉酿酒总厂右转上021县道。这里是涡阳县的高炉镇。南行过涡河大桥。涡河在这里仍旧自然弯曲，河道可以通航。桥右近河南岸，有一只小渔船停在离岸不远的水里，一个老头在水里撒网，河岸上有一个老太婆，坐在地上，放着几只白羊，看着他撒网。从他们那个地方，还传来大鼓书的声音，可能是放的收音机吧。

沿021县道南行至郭寨，左转进入S307省道东偏南行。过葛圩，过大葛楼，过西阳镇。下午3时26分，天又下起了不大不小的雨。过桥至蒙城境。过驼涧村。路好了许多，看着田原、事物，也更顺眼、顺心些。过驼店村、岳坊镇、姜饭棚、前李村、王寨村，到蒙城县。

蒙城是庄子故里（又有说在商丘东北）。蒙城城北有涡河船闸和节制闸。河里的船上都堆着满满的黄沙。节制闸闸东涡河的北岸，黑压压站满了钓鱼的人。这是蒙城涡河的老闸，闸桥已是危桥，大车不允许通行。老闸北又有新的“蒙城节制闸”，很排场，但大车也不允许通行。

过蒙城，上S307省道继续东偏南行。涡河流域是纯平原区，除人工建筑外，地表大致平坦如砥。过后楼村、马店村、老马店、窑厂、龙泉寺。一边走一边想着淮河及其支流。淮河的辉煌都发生在其支流上，主干上倒没有什么特别了得的思想和光辉。过老集、双涧、隋寨、白杨林场、曹店。麦原依然坦荡，到了秋天又都会种上大白菜、大萝卜、大葱；白菜、萝卜和大葱都是当地的特产。

过龙亢农场，龙亢镇在 S307 线北 3 公里的涡河北岸，那里是桓氏家族的地望。过王大郢村、康郢村、毛园村、河溜镇。左转，进入镇中心路，北行直至涡河河溜码头。有大船在河里行驶，渡口并不显得浮躁。右转，沿涡河大堤东行，左手是流动的涡河，右手是堤外的田地、村庄和树木。下午 5 点 11 分，雨不再时断时续地下了，天重新亮了起来。河境、滩境、麦境、林境和村庄的境界，都较渺远，眼界显得漫阔。由于近些天的雨水，河滩里涨水了，有些地方已经漫上河滩，没到麦脚了。

5 公里后到一座新涡河大桥。右转南行，过付圩村，至唐店左转进入 S307 线。东行，过罗新庄村、牛王庄村、沈郢村、大庙村、支湖村、猴洞村、涡南村、东庙村，约 12 公里到怀远县城。怀远县汽车站对面，有一爿“梅家羊肉汤”，薄薄的羊肉片，白花花的汤，辣子、香菜、葱花自己放，配上门口的薄烧饼，煞是好吃！每次从附近高速经过，只要时间来得及，我们都会专程赶来饱餐一顿，有一次还专程请女儿来吃了一次。只要不纠结于当地环境，中国的小吃和美食，配上当地特有的“不干净”“不卫生”和嘈杂，才找得到那种感觉。呵，这都是现状。

左转北偏东行，上怀远涡河二桥。至桥东，右转，在涡河左岸大堤上东南行。涡河依然是浩大的样子，河堤上干净，水泥路，看得远。河滩里有柳树，河滩外有杨树。东行，1 公里左右到怀远涡河老桥。继续东行。堤外都已盖起多层和小高层住宅楼。又 1 公里后，下午 5 点 58 分，到另一座新桥。再约 1 公里，到怀远涡河三桥，桥也较新。

沿涡河北堤继续东行。约 2 公里后，涡河与淮河相汇。淮河在此地由南方流来，涡河由西略偏北流来，两河相汇后向正东方向流去。三河口处有大水漫漶感，长长的运沙船你来我往。淮河东南有山，叫涂山，淮河西涡河南也有山，叫荆山，两山夹峙南北而来的淮河，让人感觉非同一般。相传荆、涂二山原是同一座山，大禹治水时劈山让水，才有了荆、涂二山。20 世纪七八十年代，怀远荆山上的石榴十分有名，不过现在品种略有些儿退化了。

堤里堤外的隙地都被人种上了蔬菜，这是必然的，是中国人的习惯。傍晚 6 点 18 分，离开涡口，在淮河北岸大堤上东行约 3 公里，左转可上 G3 京台高速。这条高速，一头连着北京，另一头呢，设想中是要连着台北的。

2014 年 2 月 8 日至 2015 年 2 月 25 日

全书稿成于巢湖北岸中庙善水轩

2018 年秋增补修改于合肥淮北佬斋

后记

后　记

《涡河边的老子》2015 年 9 月由江苏人民出版社出版，2018 年 2 月由台湾龙图腾文化有限公司出版繁体版。2018 年秋，作者对《涡河边的老子》作了增补修订，主要增加了各章“音义”部分。现更名为《涡河边的〈老子〉》，由黄山书社纳入“同一条河流”系列丛书出版。

许　辉

2018 年 10 月 18 日于淮北佬斋

图书在版编目(CIP)数据

涡河边的《老子》/ 许辉著. —合肥 : 黄山书社,2019.5
ISBN 978-7-5461-8287-2

Ⅰ.①涡…　Ⅱ.①许…　Ⅲ.①道家　②《道德经》-研究
Ⅳ.①B223.15

中国版本图书馆 CIP 数据核字(2019)105128 号

涡河边的《老子》
Guo He Bian De Lao Zi

许辉　著

出 品 人	王晓光
策划编辑	李玲玲
责任编辑	朱莉莉　郑　程
责任印制	李　磊
装帧设计	观止堂_未　氓
出版发行	时代出版传媒股份有限公司(http://www.press-mart.com) 黄山书社(http://www.hspress.cn)
地址邮编	安徽省合肥市蜀山区翡翠路 1118 号出版传媒广场 7 层 230071
印　　刷	安徽联众印刷有限公司
版　　次	2019 年 5 月第 1 版
印　　次	2019 年 5 月第 1 次印刷
开　　本	700mm × 1000mm　1/16
字　　数	300 千
印　　张	15.25
书　　号	ISBN 978-7-5461-8287-2
定　　价	29.80 元

服务热线　0551-63533706

销售热线　0551-63533761

官方直营书店(https://hsss.tmall.com)